【佛教十三经注疏】
楼宇烈 主编

四十二章经注疏
附佛遗教经、八大人觉经注疏

[宋]真宗皇帝、守遂 [明]智旭 [清]续法 等撰
张景岗 点校

线装书局

图书在版编目（CIP）数据

四十二章经注疏：附佛遗教经、八大人觉经注疏 /（宋）真宗皇帝等撰；张景岗点校. -- 北京：线装书局，2016.5

（佛教十三经注疏 / 楼宇烈主编）

ISBN 978-7-5120-2020-7

Ⅰ．①四… Ⅱ．①真… ②张… Ⅲ．①佛经 ②《四十二章经》—注释 Ⅳ．①B94

中国版本图书馆CIP数据核字（2015）第303769号

佛教十三经注疏

四十二章经注疏（附佛遗教经 八大人觉经注疏）

作　者	[宋] 真宗皇帝　守遂　[明] 智旭　[清] 续法　等撰
主　编	楼宇烈
点　校	张景岗
责任编辑	赵鹰
策　划	云在阁文化　德衍景文化
出版发行	线装书局
地　址	北京市西城区鼓楼西大街四一号
邮　编	一〇〇〇九
电　话	六四〇四五二八三（发行部）六四〇四五五八三（总编室）
网　址	www.xzhbc.com
印　刷	北京艺堂印刷有限公司
印　张	一八点五
字　数	二五〇千字
版　次	二〇一六年五月第一版第一次印刷
印　数	一六〇〇套
定　价	一四〇元

佛教十三经注疏·序

楼宇烈

中国佛教作为中华传统文化的重要组成部分，以其博大精深的理论体系与普度众生的济世情怀，具有特殊的思想文化与社会价值。佛教有三藏十二部经，典籍浩瀚，要了解与研究佛教文化，如何选取第一手资料是一个现实问题。为此，历史上曾有过多种佛教十三经选本，为人们研习佛经提供了很大便利。另一方面，我们知道，中国佛教的各个宗派都是以佛经注疏的形式来构建自己的理论体系，因此佛经注疏在中国佛教的传承发展中占有特别重要的地位。为了对中国佛教的基本精神有准确把握和深入理解，了解各个宗派据以立宗的佛教经典文本十分重要，而了解和研究中国高僧特别是那些创宗立派、开山祖师们的经文注疏更有必要。

此前的"佛教十三经"选本，往往只是经文的汇编，而对中国高僧们注疏资料的系统整理工作还很缺乏。为此，本丛书选取对中国佛教及中华传统文化影响最大、最能体现中国佛教基本精神的十三部佛经，及其最具影响力的经典注疏，较之前人的工作，更能兼顾这些典籍在中国佛教史上的实际影响，同时也能让读者深入了解中国佛教各个宗派注释经典、构建自身理论体系的方法，因而具有较高的学术价值。

本丛书具体收录情况如下：

一、唐澄观撰《大方广佛华严经疏》。

《华严经》是贤首宗（华严宗）的根本经典，论说如来自证及一切众生自性本具之菩提觉道，及法界缘起无尽无碍的妙旨，是佛教最圆顿、最根本的经典，自古就有经中之王的美誉。华严宗四祖唐清凉澄观所撰《华严经疏》（通常称为《华严大疏》），继承贤首法藏的五教判释与十玄缘起说，发展华严性起的教义，在《华严经》诸注疏中流传最广、影响最大，被后世学人奉为圭臬，对中唐以后的中国佛教思想影响极其深远。

二、《圆觉经》注疏。包括：唐宗密撰《圆觉经大疏》和明德清撰《圆觉经直解》。

《圆觉经》既是贤首宗（华严宗）的根本经典，也是禅宗要籍，经中直指圆觉妙心，为十法界凡圣迷悟修证之本。华严宗五祖唐圭峰宗密所撰《圆觉经大疏》，是这部佛经的最权威阐释。宗密上承贤首法藏、清凉澄观的华严教系，又承荷泽神会的南宗禅系，从而融会教禅，盛倡教禅一致，主张佛儒一源，是中国佛教史上重要的佛教思想家之一。明末四大高僧之一的憨山德清所撰《圆觉经直解》，深入浅出，直截了当，为禅家解经的典范，是一部后出转精之作。

三、《梵网经》注疏。包括：隋智𫖮疏、明袾宏发隐《梵网经菩萨戒义疏发隐》，新罗太贤撰《梵网经古迹记》，明智旭撰《梵网合注》。

《梵网经》上卷概述菩萨心地法门及修行位次，下卷结示行菩萨道众生应当受持之戒法，即十重戒、四十八轻戒，为大乘菩萨戒之根本。在古代经录中，该经有时列入华严部，通常列入律部。本经之注疏，现存最早的是隋天台智者大师所说《菩萨戒义疏》二卷，是一部专就下卷菩萨戒内容加以诠释的律学名著；明代莲池袾宏撰《梵网经菩萨戒义疏发隐》，对其再加详释。而全经注疏，现存最早的是唐代新罗太贤著《梵网经古迹记》三卷，依唯识宗观点随文释义，简要明晰。至明末蕅益智旭，于此经深究力行，依天台教观详加阐释，著《梵网合注》，为后世所重。

四、南朝竺道生等撰《大般涅槃经集解》。

《涅槃经》阐述"如来法身常住"、"一切众生悉有佛性"等大乘佛教思想，被称为大乘佛教之极谈，在中国佛教流传史上，被认为是佛陀最后最高的教说。《涅槃经》的涅槃佛性论，成为当时南北朝时期的显学，促成了涅槃学派的建立。《涅槃经》的佛性如来藏思想，实际上已成为我国佛教自隋唐以来主要宗派天台宗、华严宗、禅宗、净土宗等的思想基础，对中国佛教界产生极大影响。早在昙无谶所译大本《涅槃经》传入宋地以前，著名高僧义学大师竺道生即依法显所译六卷《泥洹经》，孤明先发，提倡一阐提人可以成佛，道生也被时人尊称为"涅槃圣"。在诸家注疏当中，《大般涅槃经集解》是现存中土最古的《涅槃经》注疏汇编，总集了宋、齐、梁间著名高僧竺道生、僧亮、法瑶、昙济、僧宗、宝亮、昙爱、智秀、法智、法安、昙准、慧朗、昙谶、明骏等诸家涅槃学者对《涅槃经》经义的解说，即是研究南北朝涅槃师学最为重要的资料，更是研习《涅槃经》经义的重要典籍。

五、明智旭撰《法华经会义》。

《法华经》是天台宗的根本经典，该经融汇三乘方便，同归一极，所谓欲令众生开示悟入佛之知见，是流传最广、最具影响力的佛经之一，自古就有"成佛《法华》、开悟《楞严》"之说，被佛教学人奉为圭臬，历代高僧大德均注重弘传。《法华经》诸注疏中，以天台智者大师《法华玄义》《法华文句》二书最具影响力，为著名的天台三大部之二。至唐荆溪湛然，又以《法华玄义释签》《法华文句记》分别加以疏释，天台宗教观于是大备。然而由于文辞浩博，义理深玄，非初学者之所能入。加之原来体例是《法华经》、《法华文句》及《法华文句记》三书各自独立成篇，故疏文于经义之深奥者则发挥不厌其详，而于经文之显著者

3

则分科点示而已。明末四大高僧之一的蕅益智旭有鉴于此，乃将《法华文句》及《法华文句记》稍事节略，稍更科判，合于《法华经》中，称为《法华经会义》，可谓《法华经》诸注疏中的最佳读本。

六、《金刚经》注疏（附《心经》注疏）。 包括：明朱棣集《金刚经集注》、唐宗密述《金刚般若经疏论纂要》和明智旭撰《金刚经破空论》，并附《心经》注疏：唐法藏撰《心经略疏》、明真可撰《心经说》和德清撰《心经直说》。

《金刚经》和《心经》是大乘佛教基本精神所在的般若系经典的精华，是中国佛教各个宗派共同依据的圣典，历来广为流传，对中国佛教及中华传统文化产生了深远影响。《金刚经》诸注疏中，署明成祖朱棣集的《金刚经集注》，是流传最广、影响最大的一部《金刚经》注疏，同时也是一份非常珍贵的文献资料。唐圭峰宗密所撰《金刚般若经疏论纂要》，依据印度天亲《金刚般若波罗蜜经论》、无著《金刚般若论》及功德施《金刚经破取著不坏假名论》，并参考当时流行的《青龙疏》《大云疏》《资圣疏》等诸家注疏，纂集而成，辞精理极，自古被称为《金刚经》众释之最。明蕅益智旭有感于学般若不得意者取著于空，拨无因果，因撰《金刚经破空论》，为后世所重。《心经》以二百余言，括尽《大般若经》六百卷奥义。自唐以来，《心经》注释之作几于汗牛充栋，其中华严宗三祖贤首法藏《心经略疏》被称为第一释。明紫柏真可《心经说》与憨山德清《心经直说》，言简意赅，如骊龙探珠，单刀直入，为禅家解说《心经》的典范。将这三部《心经》注疏作为附录收入本书，有助于更全面、深刻地领会《般若经》的精髓。

七、后秦僧肇等撰《注维摩诘经》。

《维摩诘经》，鸠摩罗什译，又称为《净名经》，玄奘译为《说无垢称经》，是最受欢迎、影响最为深远、流传最为广泛的佛经之一。这部经典主要阐发佛法不离世间法，心净则佛土净，不离俗染而得圣智，践行空有不二的菩萨行等大乘佛教思想。鸠摩罗什译出《维摩诘所说经》后，曾亲自为此经作注。鸠摩罗什不仅是具有里程碑意义的佛经翻译家，也是久负盛名的佛教义学大师。协助罗什译事的著名高僧僧肇、道生、僧叡和道融等人也曾分别为此经作注。这些注解的单行本早已失传。现存《注维摩诘经》十卷，署名僧肇述（或选），实际上是糅合罗什、僧肇、道生三家的注解而成。僧肇是东晋时期著名的义学高僧，中国佛教三论宗的先驱者，人称"解空第一"，其不朽之作《肇论》，对于中国佛学思想及中国传统哲学具有广泛与深远的影响。这部汇集了诸位义学大师真知灼见的注疏，确能透发经义，阐发微旨，弥足珍贵。

八、明德清撰《观楞伽经记》。

《楞伽经》既是法相唯识宗的基本经典，列为该宗典据五经十一论之一，同时又是法性宗的重要经典，作为法性宗纲领的马鸣《大乘起信论》即依据《楞伽经》而造。尤其是传佛心印、不立文字的禅宗，自达摩大师东来传法，即以《楞伽经》印心。在《楞伽经》诸注疏中，明憨山德清所撰《观楞伽经记》，融会三种译本，注重贯通经文脉络，既单提向上，直指一心，而又深入浅出，条分缕析，可以说是《楞伽经》注疏中的最佳读本。

九、明智旭撰《楞严经文句》。

《楞严经》是流传最广、最具影响力的佛经之一，历来被佛教学人奉为圭臬，自古就有"自从一见《楞严》后，不读人间糟粕书"的诗句。该经开阐三世诸佛圆满菩提之密因，一切菩萨趣向觉道之妙行，对于中国大乘佛教主要流派禅宗、华严宗、天台宗、净土宗、律宗均有极其深刻的影响，为修学佛法的必读书。历史上《楞严经》的注疏有百余种，现存五十余种，其中明蕅益智旭所撰《楞严经文句》，遍采众长，条分缕析，折衷于一心之理，为《楞严经》注疏中的翘楚，为后人所重。

十、《金光明经》注疏。包括：隋智𫖮撰《金光明经文句》和唐慧沼撰《金光明最胜王经疏》。

《金光明经》在古代印度、西域诸国以及中国、朝鲜、日本等广大地区是一部盛行流传、极具影响力的佛典。该经不仅涵括如佛寿无量、法报化三身论、空观以及十地说等重要的大乘佛教义理，而且经中所说的忏悔灭罪方法、诸天护国思想、王法正理的论议、流水长者的护生行、王子舍身饲虎的菩萨道精神等内容，都对后世佛教发展产生了深远影响。天台智𫖮所撰《金光明经文句》是此经的权威注疏，也是天台宗的重要文献。被称为唯识宗二祖的唐慧沼所撰《金光明最胜王经疏》，是以法相唯识宗观点，对《金光明经》诸译本中最后译出同时也是最完备的唐义净译《金光明最胜王经》的注疏，因此极有价值。

十一、唐圆测撰《解深密经疏》（含观空法师后六卷还译本）。

《解深密经》是印度瑜伽行派和中国法相宗的根本经典。自此经汉译之后，慈恩宗即依据此经分判释迦如来一代教法，为有、空、中道三时教，并依此经以三性说及唯识说为一宗的根本教义。唐圆测《解深密经疏》根据玄奘法师的师说，广引有关经论，于大小乘比类发明，是法相宗的重要理论著作，也是一部重要的文献资料。圆测是玄奘的著名弟子之一，原为新罗王孙，自幼出家，十五岁时入唐游学。他在玄奘门下与慈恩寺的窥基并驾齐驱。因他在西明寺继承玄奘弘传唯识教义，因此后世称他为"西明"。《测疏》原本惜以年代久远，致有残缺。幸好《测疏》在藏文《丹珠尔》中保存有完整的译本。译者法成法师为西藏佛教前弘期著名译师，精娴梵、藏、汉文。《测疏》得其译存，全文得以不泯，诚为千古幸事。中国佛学院观空法师将《测疏》佚文从藏文中还译出来，由金陵刻经处刊刻印行，补全了这一佛学名著。

十二、《阿弥陀经》注疏（附《观经》注疏）。包括：明大佑略解、传灯钞《弥陀略解圆中钞》，明袾宏撰《阿弥陀经疏钞》，及明智旭撰《阿弥陀经要解》。并附《观无量寿佛经》注疏：隋智顗疏、宋知礼钞《观无量寿佛经疏妙宗钞》，及唐善导撰《观无量寿佛经疏》。

《阿弥陀经》为净土宗根本经典之一，千百年来广为持诵，历代注疏解说者众多，影响最大的当属明代三种注疏，即明初天台宗大佑法师述解、明末传灯法师造钞的《弥陀略解圆中钞》，净土宗八祖明莲池袾宏所著《阿弥陀经疏钞》，净土宗九祖明蕅益智旭所著《阿弥陀经要解》。近代高僧印光大师赞言："《弥陀》一经，得此三疏，法无不备，机无不收。随研一种，亦可知其指归。遍阅三书，方堪彻其阃奥。"《阿弥陀经注疏》汇集了这三部权威注疏。书后还收录了《观无量寿佛经》两种重要注疏，即隋天台智顗撰疏、宋知礼述钞的《观无量寿佛经疏妙宗钞》，及净土宗二祖唐善导大师所著《观无量寿佛经疏》，以备学人研读之需。

十三、《四十二章经》注疏（附《佛遗教经》注疏及《八大人觉经》注疏）。包括：宋真宗赵恒撰《四十二章经注》、宋守遂撰《四十二章经注》，明智旭《四十二章经解》和清续法撰《四十二章经疏钞》。并附《佛遗教经》注疏：天亲菩萨《遗教经论》、宋守遂《佛遗教经注》和明智旭《佛遗教经解》；《八大人觉经》注疏：明智旭撰《八大人觉经略解》和清续法撰《八大人觉经疏》等。

《四十二章经》为最早传至我国之佛经。全经共有四十二章，阐示佛教出家学道、断欲去爱、修行证果之要义。经文平实简练，寓意深远，为后世所尊尚。该经与《佛遗教经》、《八大人觉经》一起，合称佛遗教三经，是修学佛法的基础。《四十二章经注疏》汇集了现存历代注疏，书后还收录了《佛遗教经》及《八大人觉经》注疏多部，以备学人研读之需。

本丛书点校者均有较为丰富的佛教文献点校整理经验，每部注疏选取最佳版本及多种校本，所有文献都标明具体出处，体现了对古籍整理认真、细致的工作精神。希望对于这些佛典要籍的详细校勘整理，可以为广大佛学爱好者及研究者深入研读佛经、了解中国佛教思想以及中华传统文化精神，提供一种基础资料。

二〇一六年元月

出版说明

《四十二章经》,后汉迦叶摩腾、竺法兰共译,为最早传至我国之佛经。全经共有四十二章,阐示佛教出家学道、断欲去爱、修行证果之要义。《古今译经图纪》云:"《四十二章经》,本是外国经抄。腾以大化初传,人未深信,蕴其妙解,不即多翻,且撮经要,以导时俗。"经文平实简练,寓意深远,为后世所尊尚。

本经有多种异本,考历代大藏收录之版本,主要有三种:一、《高丽藏》本,后收于《大正藏》第十七册。二、宋真宗注本,与唐怀素草书本同,收于《永乐北藏》、《嘉兴藏》、《乾隆大藏经》、《大正藏》、《卍续藏》等。三、宋守遂注本,收于《嘉兴藏》、《卍续藏》等,明代智旭所作注解即采用此本,为现今流传最广之版本。此外清代续法《疏钞》之经文,为真宗、守遂二本之会编本。

本书收录宋真宗皇帝《御注四十二章经》、守遂禅师《佛说四十二章经注》、明智旭《佛说四十二章经解》、清续法《佛说四十二章经疏钞》,均依各藏本参校而成。此外还附录了天亲菩萨《遗教经论》、宋守遂《佛遗教经注》、明智旭《佛遗教经解》、《八大人觉经略解》、清续法《佛说八大人觉经疏》,以供研阅之需。

点校者
二〇一六年元月

目　　录

佛教十三经注疏·序……………………………………………………………1
出版说明……………………………………………………………………………9

御注四十二章经
　　佛教西来玄化应运略录…………………………………………………1
　　四十二章经序………………………………………………………………2
　　御注四十二章经……………………………………………………………4
　　题焚经台诗…………………………………………………………………19

佛说四十二章经注……………………………………………………………21

佛说四十二章经解……………………………………………………………36

佛说四十二章经疏钞
　　序……………………………………………………………………………56
　　四十二章经疏钞序…………………………………………………………57
　　佛说四十二章经……………………………………………………………58
　　佛说四十二章经疏钞卷第一………………………………………………66
　　佛说四十二章经疏钞卷第二………………………………………………95
　　佛说四十二章经疏钞卷第三………………………………………………132
　　佛说四十二章经疏钞卷第四………………………………………………165

附录：

遗教经论···199
佛遗教经注
    唐太宗文皇帝施行《遗教经》敕·····················218
    宋真宗皇帝刊《遗教经》·····························219
    重刊《遗教经注解》序·······························220
    佛遗教经注···221
    重刻跋···238
佛遗教经解···239
八大人觉经略解···259
佛说八大人觉经疏·····································262

佛教西来玄化应运略录

宋正议大夫安国军节度使开国侯程辉编

准《五分律》说，释迦牟尼佛生中印土迦维罗城刹帝利家，父名白净饭王，母号摩耶，右胁而生，紫磨金色。不绍王位，十九逾城，至雪山中，六年苦行，日食麻麦。又至象头山，学不用处定，三年知非遂舍。又至郁头蓝，学非想定，三年知非亦舍。即以无心意而受行，悉摧伏诸外道。世尊时年三十，于二月八日，明星出时，成等正觉。于鹿野苑中，度憍陈如等五人，为教兴之始也。

又准《周书异记》说，周昭王二十四年甲寅岁四月八日，有光来照殿前。王问太史苏由，对曰："西方当有大圣人生，后一千年，教流此土。"至后汉孝明帝永平七年正月十五日，帝夜梦金人，身长丈六，赫奕如日，来诣殿前曰："声教流传此土。"帝旦集群臣，令占所梦。时通人傅毅对曰："臣览《周书异记》云：'西方有大圣人出世，灭后千载，当有声教流传此土。'陛下所梦，将必是乎！"帝遂遣王遵等一十八人，西访佛法，至月氏国，遇摩腾、竺法兰二菩萨，将白氎上画释迦像，及《四十二章经》一卷，载以白马，同回洛阳，时永平十年丁卯十二月三十日也。因以腾、兰译经之所名白马寺。后六年，摧伏异道，二菩萨踊身虚空，为王说偈曰：

狐非狮子类，灯非日月明，
池无巨海纳，丘无嵩岳荣。
法云垂世界，法雨润群萌，
显通稀有事，处处化群生。

四十二章经序

昭文馆大学士中奉大夫掌诸路头陀教
特赐圆通玄悟大禅师头陀僧溥光奉敕撰

伏闻无上法王,为一大事因缘,出现世间,随机接物,演河沙妙义,设无量行门,运神通四十九年,度众生百千万亿。将般涅槃,嘱累国王、大臣,宣扬正法,续佛慧命,斯乃为未来世众生,作无穷之利益。大慈远被,其至矣乎!

钦惟圣上,道贯百王,智周庶品。每万机之暇,弘崇三宝,景仰一乘,思所以答列圣在天之灵,皇太后鞠育之恩。既创建大招提,博施诸贝典。又以为《四十二章经》乃释迦如来初成正觉,大弟子众记诸圣言,沙门释子、臣寮士庶,率可遵行。适有以前代注本为进者,特敕有司,一新板本,遍颁朝野,将使或缁或素,若见若闻,顶戴奉行,咸登觉地。其深心、愿心、广大心,非聪明睿智,孰与于此!诏头陀僧臣溥光为之序,臣溥光幸在空门,忝为佛子,夙承隆眷,不敢以固陋辞。

窃惟能仁所演三藏十二分一切修多罗,数等尘沙,如《华严》、《般若》、《宝积》、《大集》、《涅槃》等部,文富义博,事备理周,在龙宫海藏,烂若日星。而腾兰东迈,独持此经,适符汉明西迓声教之运,而大振玄风于天下后世,是其可以常情卜度拟议哉?意其必有冥数潜通,诸佛密证,为震旦万世五乘之大本,五性之通途,妙道至理,存乎其间者欤!研其义味,盖为佛者在日用修进之际,造次颠沛,不可须臾离之要旨乎。明明天子,流布宣扬,其犹捧佛日而曲照昏衢,霪法雨而普滋群槁,上不负如来之嘱累,下广开叔世之津梁,娑婆界中莫大之良因也。昔唐太宗敕书手十人，录《遗教经》，遍付诸郡，用伸劝勉。方之今辰，其有间矣。

臣叹咏不足，无任欢喜踊跃，焚香再拜，书于经之首云。

皇庆元年正月　日上

御注四十二章经

迦叶摩腾共竺法兰奉诏译
宋真宗皇帝注

夫至真不宰，岂隔于含灵。群动无明，自迷于正觉。是以慈悲之上圣，因谈归救之妙门，接物而利生，随机而演教，布法云而润物，揭智炬以烛幽，示忘言之言，为无说之说。《四十二章经》者，盖能仁训戒之辞也，自腾兰之传译，即华夏以通行。朕尝以余闲，潜加览阅，冀协宣扬之谊，因形注释之词。晦朔屡更，简编俄就。导群氓之耳目，虽愧精深。资众善之筌蹄，庶符利益。其有相传之疑误，累句之难分，亦用辨明，庶臻演畅。粗题篇首，以达予衷云尔。

【经题】佛说四十二章经

【注】"佛"者，梵语"佛陀"，此云为"觉"，盖觉悟之义也。觉有三义：一者自觉，胜凡夫，凡夫汨没生死，无暂觉者故。二者佛能觉他，胜声闻、缘觉，二乘人不能觉他故。三者觉行圆满，胜诸菩萨，为菩萨虽行二利，行未满故。至佛果位，三觉方满。佛口所宣，故云"佛说"。"四十二章经"者，即下文佛因事诫约，劝诸弟子，成四十二章也。"经"者，梵语云"修多罗"，此云为"经"。"经"训"常"也，常者言其真常不易之法也。

【经】尔时世尊既成道已，作是思惟："离欲寂静，是最为胜。住大禅定，降诸魔道。今转法轮，度众生。"于鹿野苑中，为憍陈如等五人，转四谛法轮，而证道果。时复有比丘，所说诸疑，陈佛进止。世尊教诏，一一开悟，合掌敬诺，而顺尊敕。尔时世尊为说真经四十二章。

【注】夫爱欲长于贪痴，禅定资于智慧，故世尊首言离欲之最胜，次劝住禅而降魔。鹿野苑中，证道之净土。憍陈如等，闻法之弟子。四谛，即苦、集、灭、道也。接物度生，随机演教，开彼疑惑，示其戒敕，叙以轮贯，乃成四十二章焉。

【经】佛言："辞亲出家为道，识心达本，解无为法，名曰沙门。常行二百五十戒，为四真道行，进志清净，成阿罗汉。"佛言："阿罗汉者，能飞行变化，住寿命，动天地。次为阿那含，阿那含者，寿终魂灵上十九天，于彼得阿罗汉。次为斯陀含，斯陀含者，一上一还，即得阿罗汉。次为须陀洹，须陀洹者，七死七生，便得阿罗汉。爱欲断者，譬如四肢断，不复用之。"

【注】凡经首标"佛言"者，皆是弟子阿难等结集之时，叙佛平生所说，故云"佛言"。

"沙门"梵语，合云"沙迦门囊"，已略其二字，此云"勤息"，谓能勤修众善，勤息诸恶；又云"息恶"，取止息之义也。盖谓辞其亲，出其家，息诸恶，勤诸善，乃为道人也，故名曰沙门。

二百五十戒，其条目具载大藏中小乘律四分戒，此不繁云。四真道行，即知苦、断集、证灭、修道，为四谛真实道行也。若坚持清净，进志不退，即渐成圣果也。

梵语"阿罗汉"，此云"应"。"应"具三义也，一、应断烦恼障，二、应不受后有身，三、应受人天妙供养。既成此圣果，能以六通，飞行往来，又变化形体，凡俗莫测。住寿命者，或生或灭，延促自在，若要住世久长，则经劫不灭。又能以神通震动天地，盖妙用难测也。

梵语"阿那含"，此云"不还"，言得此果位，断尽欲界分别，更不还来生欲界也。故此一报命终，生于色界，一十九天。十九天者，谓初禅三天，二禅三天，三禅三天，四禅九天。于彼十九天中，断尽烦恼，当得阿罗汉果。

梵语"斯陀含"，此云"一来"，唯一生天上，一还人间，乃得阿罗汉果。

梵语"须陀洹"，此云"预流"，言此果位，断尽三界分别烦恼，初预圣流也。七生七死者，于七度生死中，断尽烦恼，即得阿罗汉。

爱欲断尽而得圣果者，譬如断其四肢，更不可续。圣流断其爱欲，更不再生惑也。

【经】佛言："出家沙门者，断欲去爱，识自心源，达佛深理，悟佛无为。内无所得，外无所求。心不系道，亦不结业。无念无作，无修无证。不历诸位，而自崇最，名之为道。"

【注】夫能断爱欲，则心源自明。善达深理，则法本超悟。趣或归当，道匪外求。是以不系道而道有，不结业而业解。念作修证，复何为哉？

【经】佛言："剃除须发而为沙门，受佛法者，去世资财，乞求取足。日中一食，树下一宿，慎不再矣。使人愚蔽者，爱与欲也。"

【注】剃除须发，盖欲睹形厌俗。饥寒之患，求乞度时。故知日中一食，树下一宿，自然身心澄静，贪欲不生，则可日进其道法也。夫不绝爱欲，即为前境所转。既为前境所转，则爱欲习气依然复生，故使真智蒙蔽，无由证觉矣。

【经】佛言："众生以十事为善，亦以十事为恶。何者为十？身三，口四，意三。身三者，杀、盗、淫。口四者，两舌、恶骂、妄言、绮语。意三者，嫉、恚、痴。不信三尊，以邪为真。优婆塞行五事不懈退，至十事，必得道也。"

【注】假众缘依，故曰众生。夫为善者，不杀、不盗、不邪行，是为身之三善；不两舌、不恶口、不妄言、不绮语，是为口之四善；不嫉、不恚、不痴，是为意之三善。若背此者，即谗构离间，谓之两舌；咒诅毁谤，

谓之恶骂；语无诚实，谓之妄言；谄谀巧诳，谓之绮语；妒贤掩善，名之为嫉；愤彼衔怨，谓之为恚；不忧生死，唯恣贪欲，谓之为痴也。三尊者，佛、法、僧也。

梵语"优婆塞"，此云"清信男"。五事，即五戒也，谓不杀、不盗、不邪行、不妄语、不饮酒。懈退者，谓行之不专也，或中道而废也。十事，即上文十善也。得道，谓精勤不退，乃证道也。

【经】佛言："人有众过，而不自悔，顿止其心，罪来归身，犹水归海，自成深广，何能免离？有恶知非，改过得善，罪日消灭，后会得道也。"

【注】愚迷之人，日作众罪，既无退悔，恶积于心，致百殃之及身，若众流之朝海，积彼岁时，自成深广。夫人善自知非，能改其过，日新之善渐积，过去之恶潜消，即于后会得明道也。

【经】佛言："人愚，以吾为不善，吾以四等慈护济之。重以恶来者，吾重以善往。福德之气，常在此也。害气重殃，反在于彼。"有愚人闻佛道守大仁慈，以恶来，以善往，故来骂佛。佛默然不答，愍之痴冥狂愚使然。骂止。问曰："子以礼从人，其人不纳，实理如之乎？"曰："持归。""今子骂我，我亦不纳，子自持归，祸子身矣。犹响应声，影之追形，终无免离，慎为恶也。"

【注】四等慈，谓慈、悲、喜、舍，谓之四无量心，以护济愚人。愚人不知恩，复以恶意来相侵也，我亦复以善心诫之。我常以德报怨，故福德之气常在于我。彼唯以恶行重凌善人，故害气重殃，彼自贻也。

愚人闻佛守大仁慈，乃恣恶辱骂于佛，佛即默然不答，盖惜彼痴愚使如是也。愚人止其骂，佛乃问之曰："如子施礼于人，彼若不纳，即子所施礼，其理如何？"愚人对曰："我自持归。"佛复告曰："汝今骂我，我亦不纳，子自持归，祸及汝身。"子者，男子之通称也。

【经】佛言："恶人害贤者，犹仰天而唾，唾不污天，还污己身；逆风坌人，尘不污彼，还坌于身。贤者不可毁，祸必灭己也。"

【注】奸恶之人害于贤者，犹如怨天仰唾，徒污于己；逆风坌人，唯坌自身。如彼害贤之人，祸终灭己。

【经】佛言："夫人为道，务博爱，博哀施。德莫大施。守志奉道，其福甚大。睹人施道，助之欢喜，亦得福报。"质曰："彼福不当减乎？"佛言："犹如炬火，数千百人各以炬来，取其火去，熟食除冥，彼火如故。福亦如之。"

【注】博爱，博行爱人。博哀施，见彼危厄，博哀而救之。德莫大施，言施之德最为大也。夫学道之人，既能博爱哀施，加以精进，则其福弥大。见彼行施奉道，而能为彼欢喜赞叹，亦获福报。

"质曰"者，求质其疑也。言助之欢喜亦获其福，疑谓减彼哀施福报。佛乃答曰："犹如一炬之火，有数千百人各以炬来求之，或熟饮食，或照冥暗，而本之一炬亦不减少故。哀施福报，亦犹于此。"

【经】佛言："饭凡人百，不如饭一善人。饭善人千，不如饭持五戒者一人。饭持五戒者万人，不如饭一须陀洹。饭须陀洹百万，不如饭一斯陀含。饭斯陀含千万，不如饭一阿那含。饭阿那含一亿，不如饭一阿罗汉。饭阿罗汉十亿，不如饭辟支佛一人。饭辟支佛百亿，不如饭一佛。学愿求佛，欲济众生也。饭善人，福最深重。凡人事天地鬼神，不如孝其二亲，二亲最神也。"

【注】此十等校量，盖德有大小，障有厚薄，故饭之者福报不同。又梵语"辟支佛陀"，此云"独觉"，故言饭百亿独觉，不如饭一佛。何者？盖运大慈，普济群生，其福深广，不可思议，而供佛之报，亦最大也。饭善人福最深重者，此言饭凡世善人，福亦深重。然善人中有二种，或能事天地鬼神，或能孝养父母，比量福报，不及能事亲者。

【经】佛言："天下有二十难：贫穷布施难，豪贵学道难，判命不死难,得睹佛经难,生值佛世难,忍色离欲难,见好不求难,有势不临难,被辱不瞋难,触事无心难,广学博究难,不轻未学难,除灭我慢难,会善知识难,见性学道难,对境不动难,善解方便难,随化度人难,心行平等难,不说是非难。"

【注】贫穷布施难者,凡人贫乏,自逼饥寒,而能辍己济人,斯亦难矣。

豪贵学道难者,豪贵恣逸,无诸苦恼,而能厌其尘累,折节求道,故为难矣。

判命不死难者,"不"字当为"必"字,盖传之讹也。若世人明达因果,决志判命,或舍命身饲其猛鸷,济彼鱼鳖,乃至忠臣烈士,以死殉义,斯皆难也。何知当为"必"字?缘佛言二十难,并说凡夫境界,非论不生不灭之理,其义明矣。又据西戎、南蛮语音,呼"必"为"不"。

得睹佛经难者,凡人不具信根,罔忧生死,则出世之教,安得见闻?

生值佛世难者,夫人若不结胜因,不修众善,则诸佛出世,岂得遭遇?实知难矣。

忍色离欲难者,六尘之中,多为情欲所惑,而能制伏妄念,防其越逸,甚为难矣。

见好不求难者,彼之所好,此或干求,遂之贻贪冒之名,违之招忿戾之患,故能不求为难矣。

有势不临难者,势利之人,威福之地,而能唯道是从,不形趋附,亦为难矣。

被辱不瞋难者,不忍小忿,则兴诤端;非理相干,能以情恕,斯亦难矣。

触事无心难者,心求清净,触境而兴;若能遇事不徇物情,斯为难矣。

广学博究难者,怠惰则陷无明,多闻则有饶益,若能广究谊理,以资智虑,斯为难矣。

不轻未学难者,凡曰群生,同禀真性,而以能格物俗之常情,故不轻未学为难也。

除灭我慢难者,愚冥徇情,彼我慢生,违善兴诤,罔不由兹,若能除灭,故为难矣。

会善知识难者，感物生情，理兹染习，善恶之性由是而迁，故知识之善者亦难矣。

见性学道难者，性本澄湛，迷于妄情；道本真常，昧于爱欲；能复本而见性，背伪而学道，为难矣。

对境不动难者，前尘妄境，致惑真性，故悟之而寂照，对之而不动者，难矣。

善解方便难者，常怀大慈，以视众生，种种方便以为饶益者，难矣。

随化度人难者，众生之性，亦有利钝，能于高下之中，随化而度之者，亦难矣。

心行平等难者，痴冥之类，合尘背真，若能冤亲彼我，一皆平等，斯为难矣。

不说是非难者，两舌妄言，世尊所戒；众生无明，而有差别，若能平等，不构是非者，难矣。

【经】有沙门问佛："以何缘得道？奈何知宿命？"佛言："道无形相，知之无益，要当守志行。譬如磨镜，垢去明存，即自见形。断欲守空，即见道真，知宿命矣。"

【注】真如之性与虚空等，故言无形相。夫知而不学，与不知同。必假修证，乃可得道。夫欲通宿命者，当须志行清净，常在禅寂，久则尘障尽消，潜通宿命，如磨镜去垢，乃见形矣。苟非断欲守空，何以得证道真也？

【经】佛言："何者为善？唯行道善。何者最大？志与道合大。何者多力？忍辱最健。忍者无恶，必为人尊。何者最明？心垢除，恶行灭，内清净无瑕。未有天地，逮于今日，十方所有，未尝不见。得无不知，无不见，无不闻，得一切智，可谓明矣。"

【注】佛言"何者"，盖各引一设之义。唯精进行道，渐至证圣，最为善也。断诸攀缘，得无漏智，志道吻合，最为寂大。忍辱之人，不怀仇怨。如彼勇健多力之人，能拒强敌。内不怀恶，终为人所尊也。内清净无

瑕者，如白圭无玷，晴空绝云，心之最明也。未有天地，逮于今日，极言其远大也。此已证果位，得一切种智，故于三世具正遍知，明之至也。

【经】佛言："人怀爱欲不见道者，譬如浊水，以五彩投其中，致力搅之，众人共临水上，无能睹其影。爱欲交错，心中为浊，故不见道。若人渐解忏悔，来近知识，水澄秽除，清净无垢，即自见形。猛火着釜下，中水踊跃，以布覆上，众生照临，亦无睹其影者。心中本有三毒，涌沸在内，五盖覆外，终不见道。恶心垢尽，乃知魂灵所从来，生死所趣向，诸佛国土，道德所在耳。"

【注】浊水譬染心，五欲喻五彩，心欲相投，交错其中也。浊水、五彩已不可分，仍用力搅之，喻世人妄想贪爱发，乱其五欲也。浊水之上，虽众临之，无能睹影。爱欲交乱，真心昏惑，岂得明道？若秽浊尽去，心归清净，即自然见道也。釜者，喻染心。水踊跃者，喻染心中贪瞋痴三毒烦恼踊跃也。以布覆上者，喻凡夫被五盖蒙翳，终不得见道也。五盖谓：一、贪欲，二、瞋恚，三、痴，四、掉举恶作，五、昏沉睡眠，俱为盖覆也。精勤坚固，渐证果位，于禅定中乃知魂灵之所从来，乃无常报尽，生诸国土，道德所在矣。

【经】佛言："夫为道者，譬如持炬火入冥室中，其冥即灭，而明犹存。学道见谛，愚痴都灭，无不明矣。"

【注】冥，暗也。"犹"字当为"独"，"犹"字殊无义。夫已见道，愚痴自灭，渐证佛智，德无不明。犹如持火入诸暗室，冥暗都灭，而明独存也。

【经】佛言："吾何念？念道。吾何行？行道。吾何言？言道。吾念谛道，不忘须臾也。"

【注】佛训诱弟子，言我常念道，更无杂念。应物利生，常行于道。佛所言说，唯谈于道，利益有情。念真谛圣道，未尝须臾忘也。

【经】佛言："睹天地，念非常。睹山川，念非常。睹万物形体丰炽，念非常。执心如此，得道疾矣。"

【注】夫对天地，睹山川，及万物形体虽然丰盛，当念皆是有为生灭，终归无常。修行之人，若常如此起念，即证圣必速矣。

【经】佛言："一日行，常念道行道，遂得信根，其福无量。"

【注】谓终一日，念念修行也。若人于一日之中而能修习，常念于道，忆持不忘，或于一日而常行道，修习不息，乃能成就信等诸根，得无量福。一日尚然，而况多日，其福弥盛。

【经】佛言："熟自念身中四大，名自有名，都为无吾我者。寄生亦不久，其事如幻耳。"

【注】有情之身，俱是四大假合，以成其形，仍假虚名也。且地、水、火、风，是名四大。以要言之，即骨肉毛发是地，津液精血是水，暖触是火，四肢百脉摇动是风，各以假名，成此幻身。若熟念之，何者为我？寄生浮世，倏忽而灭，都如幻梦尔。

【经】佛言："人随情欲求华名，譬如烧香，众人闻其香，然香以熏自烧。愚者贪流俗之名誉，不守道真，华名危己之祸，其悔在后时。"

【注】凡世之人，但恣情欲，唯求虚华之名，不忧生灭，罔慕真实之道。譬如上妙之香，被人所焚，虽得远近普闻，其如形质速尽。亦同愚者徒慕虚名，而丧道真，及祸至危己，悔在后时也。

【经】佛言："财色之于人，譬如小儿贪刀刃之蜜甜，不足一食之美，然有截舌之患也。"

【注】夫耽嗜财色，少时快心，及恶积祸来，沉沦六趣。亦如小儿，刀刃之蜜，其甜味至少，徒截舌之祸尔。

【经】佛言:"人系于妻子宝宅之患,甚于牢狱,桎梏桹档。牢狱有原赦,妻子情欲虽有虎口之祸,己犹甘心投焉,其罪无赦。"

【注】牢狱之苦,或值赦免。夫世人为妻子羁绊,宝宅萦心,祸患难免,甚于牢狱。

【经】佛言:"爱欲莫甚于色。色之为欲,其大无外。赖有一矣,假其二同,普天之民无能为道者。"

【注】世间诸欲,缠缚难解者,莫甚于色,故知色欲之过,其大无比也。滋生死,障涅槃,唯色欲一端。《楞严》亦云:"淫心不除,尘不可出。"

【经】佛言:"爱欲之于人,犹执炬火,逆风而行,愚者不释炬,必有烧手之患。贪淫、恚怒、愚痴之毒,处在人身,不早以道除斯祸者,必有危殃。犹愚贪执炬,自烧其手也。"

【注】凡世有贪淫、恚怒、愚痴之毒,处人心中。若有智者,须早以道消去,乃免危殃之祸。犹如愚人,不早释逆风之炬,必自烧其手也。

【经】时有天神献玉女于佛,欲以试佛意,观佛道。佛言:"革囊众秽,尔来何为?以可诳俗,难动六通。去!吾不用尔。"天神愈敬佛,因问道意。佛为解释,即得须陀洹。

【注】天神者,主天界之神也。玉女,天女也。盖天欲试佛之意,观佛之道如何也。去,遣去也。如皮囊中贮诸秽恶,难惑六通之佛。六通,谓神境通、天眼通、天耳通、他心通、宿住通、漏尽通。天既知神通不可惑乱,因问道意,佛为说法,得证初果。

【经】佛言:"夫为道者,犹木在水,寻流而行,不左触岸,亦不右触岸,不为人所取,不为鬼神所遮,不为洄流所住,亦不腐败,吾保其入海矣。人为道,不为情欲所惑,不为众邪所诳,精进无疑,吾保其得道矣。"

【注】木喻于人,海喻于道。修行之人坚持戒行,不被情欲所惑,如

木在流，不为二岸所触。正见之人坚持操行，不被众邪诳惑，如沿流之木，免其人鬼所取。木无众滞，自至于海。如人之精进，免其诳惑，必得其道矣。

【经】佛告沙门："慎无信汝意，汝意终不可信。慎无与色会，色会即祸生。得阿罗汉道，乃可信汝意耳。"

【注】言当慎守正心，勿信纵邪意。若信纵之，即为烦恼牵惑也。唯举色者，盖色能惑乱，入生死苦海，为祸根最大者也。得阿罗汉道者，缘阿罗汉烦恼断尽，任纵其意，必不入邪见也。

【经】佛告诸沙门："慎无视女人，若见无见，慎无与言。若与言者，敕心正行，曰：吾为沙门，处于浊世，当如莲花，不为泥所污。老者以为母，长者以为姊，少者如妹，幼者如女，敬之以礼。意殊当谛惟，观自头至足，自视内，彼身何有？唯盛恶露、诸不净种，以释其意。"

【注】熟视其色，当生欲情。若每见之，想如无见，仍诫勿与交言也。若不护己，为缘事故，须至言语者，即默自诫如下文。曰，默语也。若欲发言，先正其心，自诫之曰："我持净戒，处兹浊世，当如莲花，虽在淤泥，不为所污。"老者以为母等，凡见女人，当作此观想，仍皆接之以其礼。谛，审也。惟，思也。言当审思之。意殊者，谓情炽盛，用前观想未能息者，即想自己头至足，收视于内也。既内视，当想身中盛诸不净，秽恶之物，露泄不止，即邪意当息。彼身，自谓此身也。

【经】佛言："人为道，去情欲，当如草见大火，来已劫。道人见爱欲，必当远之。"

【注】佛诫修道之人去其情欲，当如枯草已被大火焚劫，言急切速避之。

【经】佛言："人有患淫情不止，踞斧刃上，以自除其阴。佛谓之曰：若使断阴，不如断心。心为功曹，若止功曹，从者都息。邪心不止，断阴何益，斯须即死。"佛言："世俗倒见，如斯痴人。"

【注】功曹，主者之称。从者，谓功曹之从人。在上位者，若严率其下，则从者自然凛惧。故以心喻功曹，欲情喻从者。若自净其心，欲情岂得生也。

【经】有淫童女与彼男誓，至期不来，而自悔曰："欲吾知尔本，意以思想生。吾不思想尔，即尔而不生。"佛行道闻之，谓沙门曰："记之，此迦叶佛偈，流在俗间。"

【注】过去诸佛知众生罪业皆从妄想生起，妄想若息，即无诸恶。故迦叶佛曾作此偈，流传于后。及释迦佛，因行道，闻此女自悔而诵，故令沙门记之。

【经】佛言："人从爱欲生忧，从忧生畏。无爱即无忧，不忧即无畏。"
【注】夫为前境所诱，乃起爱欲。既为爱欲所惑，忧畏从之而生。若本无爱欲，即忧畏何由而至矣。

【经】佛言："人为道，譬如一人与万人战。被甲操兵，出门欲战，意怯胆弱，乃自退走，或半道还，或格斗而死，或得大胜，还国高迁。夫人能牢持其心，精锐进行，不惑于流俗狂愚之言者，欲灭恶尽，必得道矣。"

【注】夫一人敢敌万人者，勇猛之极也，譬修道之徒，发精进果决之志矣。意怯胆弱，乃自退走，以至半道而还，皆喻修行之人中路退心也。格斗而死，譬学道之人无坚刚之志，毙于诸魔也。夫将兵者，或立殊勋而施，则爵赏自然超于众也。夫被精进甲，仗智慧剑，坚持戒行，魔障尽灭，证无漏智，乃得道矣。

【经】有沙门夜诵经，其声悲紧，欲悔思返。佛呼沙门问之："汝处于家，将何修为？"对曰："常弹琴。"佛言："弦缓何如？"曰："不鸣矣。""弦急何如？"曰："声绝矣。""急缓得中何如？"曰："诸音普调。"佛告沙门："学道犹然，执心调适，道可得矣。"

【注】佛闻声悲,将施诲诱,乃询其在家所为。既对弹琴,故佛因以琴声急缓喻之。夫修行之人,必使妄念不生,身心虚寂,则自然调适,可得道果矣。

【经】佛言:"夫人为道,犹所锻铁,渐深垂去垢,成器必好。学道以渐深去心垢,精进就道。异即身疲,身疲即意恼,意恼即行退,行退即修罪。"

【注】"垂"字,当作"尽"字。垢乃铁中滓也。异者,谓不能尽去心垢,精进成道,故使身心疲倦则烦恼,烦恼则戒行退,戒行退则翻成罪。

【经】佛言:"人为道亦苦,不为道亦苦。惟人自生至老,自老至病,自病至死,其苦无量。心恼积罪,生死不息,其苦难说。"

【注】夫求道之人,不惮众苦。寻师访道,不避寒暑,不惮驱驰。昼夜不卧,修习禅定。或舍身判命,救一切苦。此则学道之士虽有此苦,及证果之后,乃出没三界,逍遥自在。若尘世之徒,唯恣三毒,不思出离,轮回六趣,无有休息。生老病死,常在盖缠。罪业报应,其苦无量。

【经】佛言:"夫人离三恶道,得为人难。既得为人,去女即男难。既得为男,六情完具难。六情已具,生中国难。既处中国,值奉佛道难。既奉佛道,值有道之君难。既值有道之君,生菩萨家难。既生菩萨家,以心信三尊,值佛世难。"

【注】三恶道,谓地狱、饿鬼、畜生。故言免此三恶,而得人身,知其难也。女人之业,经中具载,得转男身,斯为难也。既得男身,六根具足,免诸残废之疾,亦为难矣。边鄙之地,多诸障难,生在中国,实为难也。夫人得生中土,而能奉道勤修者,鲜矣。既勤修奉,而时值明主,则自在精进,无诸障难,故为难也。得生正见之家,复有信心,乃值佛世,诚哉难矣。

【经】佛问诸沙门："人命在几间？"对曰："在数日间。"佛言："子未能为道。"复问一沙门："人命在几间？"对曰："在饭食间。""去！子未能为道。"复问一沙门："人命在几间？"对曰："呼吸之间。"佛言："善哉！子可谓为道者矣。"

【注】此佛诲诱学者，令知念念无常，在于呼吸，自然绝诸妄想，密密精进。若谓命在数日，或在食顷，则自宽其限，妄念随生，涉于懈怠，安得成道也。

【经】佛言："弟子去，离吾数千里，意念吾戒，必得道。若在吾侧，意在邪，终不得道。其实在行，近而不行，何益万分耶？"

【注】佛劝弟子，若忧生死事大，坚持戒行，虽别师数千里，其心如一，必得道也。若学者虽在师左右，而其意染邪，必不成道。何者？其要在闻而行之，虽常近师，而不能修习，无益于万分之一也。

【经】佛言："人为道，犹若食蜜，中边皆甜。吾经亦尔，其义皆快，行者得道矣。"

【注】佛言：我所说经，犹如蜜味，若人食之，中外尽甜，更无二味。慕道之士，若悟经深旨，身心快乐，当证道矣。

【经】佛言："人为道，能拔爱欲之根，譬如摘悬珠，一一摘之，会有尽时，恶尽得道也。"

【注】夫欲出生死苦，得大自在，必须坚持戒行，断尽爱欲。如高处悬众珠，一一摘之，苟心无懈怠，即珠必有尽时。若修行之徒，销其众恶，积诸善行，久而不退，即诸恶断尽，乃得道也。

【经】佛言："诸沙门行道，当如牛负行深泥中，疲极不敢左右顾，趣欲离泥，以自苏息。沙门视情欲，甚于彼泥，直心念道，可免众苦。"

【注】言沙门直心行道，欲出生死苦海，须念念相应，勿起妄念。如

牛负重于深泥中，求避泥淖，以自苏息，亦念念忧惧，不敢左右顾也。

【经】佛言："吾视王侯之位，如尘隙。视金玉之宝，如瓦砾。视纨素之服，如敝帛。视大千世界，如一诃子。视四耨水，如涂足油。视方便门，如筏宝聚。视无上乘，如梦金帛。视求佛道，如眼前花。视求禅定，如须弥柱。视求涅槃，如昼夜寤。视倒正者，如六龙舞。视平等者，如一真地。视兴化者，如四时木。"

【注】夫至圣圆通，道无不在，岂于世谛而有分别哉？盖以大慈利生，随机悟物。谓王侯之贵不可恃，金帛之宝不足贪，故兴尘隙、瓦砾之喻，以制其欲心。又以方便之门、无上之乘，佛道、禅定之名，涅槃、平等之类，可循而不可致滞，可习而不可迷方，因广去就之喻，以防执缚之蔽也。闻道之士，可以叩寂而悟之焉。

【经】诸大比丘，闻佛所说，欢喜奉行。

题焚经台诗

唐太宗文皇帝制

门径萧萧长绿苔，一回登此一徘徊。
青牛谩说函关去，白马亲从印土来。
确定是非凭烈焰，要分真伪筑高台。
春风也解嫌狼藉，吹尽当年道教灰。

此台在洛阳，台者，坛也。考此烧经比论之坛，乃后汉明帝筑也。原此《四十二章经》，皆有来因。是永平七年，明帝夜梦一人，体有金色，项有日光，飞空而至殿前。明旦，宣问群臣。有通人傅毅，占梦奏曰："臣闻西域有得道者，号曰佛，轻举能飞，具六神通，今应此梦。"帝悟大悦，即遣羽林郎蔡愔、博士秦景、王遵等十二人，望葱岭而往寻西土，求迎佛法。行至中路月氏国，众乃骇然得瞻迦叶摩腾共竺法兰二梵僧，圆项方袍之异相。乘白马，携释迦真像白氎之图，并此《四十二章》一卷回朝，时永平十年也。帝喜，躬亲迎奉，宣委鸿胪，以陈国礼，敕令彩画释迦顶相于清凉台。因建立白马寺，请此二尊者住院，与帝说法至冬。值岁旦，五岳道士贺正之次，道士褚善信、费叔才等，共六百九十人，互相语曰："帝弃我道教，远求胡教。"乃自率众，各将所持道经，共上表，愿与胡佛教比试其真伪。帝遂降敕，尚书令宋庠引入长乐宫前，宣曰："道士与僧，就元宵日，骈集白马寺。"南门外立两坛，至期试之。西坛烧道经六百余卷，顷刻烧尽，唯取得老子《道经》一卷是真，其余是杜光庭撰，今云杜撰也。帝观东坛，佛像并此《四十二章》烧不能坏，但见五色神光，天雨宝花，天乐自振，叹未曾有，帝共群臣称悦。太傅张衍语诸道士曰："既试无验，可就佛法。"其道士褚费等，深有愧恧，皆气盛自死。余有吕惠通等六百二十人，皆弃冠帔，投佛出家。因此流通佛教，州县建寺敬僧，始从《四十二章》。自后人续去取五千余卷，至今益显于世间。三界之中，含识之类，蒙恩受赖，绵绵不绝也。

佛说四十二章经注

后汉迦叶摩腾、竺法兰同译
宋郧郊凤山兰若嗣祖沙门守遂注
明永祥禅师古灵了童补注

△将释此经疏,科文分四:初、释经题目,二、译经人时,三、注述名号,四、释经本文。

△初、释经题目

【经题】佛说四十二章经

【注】此一题之中,有人有法,有能有所。人法双题,能所合目,故曰"佛说四十二章经"。此是总标,向下别释。

"佛说"者,乃我佛金口之宣扬,纵无碍之辩才,谈合机之妙法,故曰"佛说"。又"佛"者,梵语"佛陀",华言"觉者",十号之一,究竟觉了诸法实相,名圆满觉。又"说"者,悦也,得机而说,称悦佛怀,所谓震圆音而警众,扬妙义以符机,故为说也。

"四十二章"者,章,篇也,言此经四十二篇,使人人舍恶趣善,断障除惑,超凡入圣,到菩提岸,故为四十二章也。

"经"者,具串、摄、常、法也,谓串穿义理,摄化机宜,三世不迁,十界同轨,故为经也。

是故"佛"即人也,"四十二章"即法也。"经"之一字,是能诠之文。上六字,是所诠之义。是以人法双题,能所合目,故曰"佛说四十二章经"。

△二、译经人时

【译者】后汉迦叶摩腾、竺法兰同译

【注】后汉者,对前曰后,亦名东汉。即汉明帝时,永平七年,帝梦金人身长丈六,项佩圆光如日,飞空而至,旋绕殿庭,指其帝座,曰:"立教。"且问群臣,时傅毅奏曰:"臣按《周书异记》云:周昭王甲寅二十四年四月八日子时分,有五色祥光,贯太微宫。时王问群臣所以,有太史苏由对曰:'西方有大圣人生焉,却后千年,教法流于此土。'陛下所梦者,将必是乎!"明即遣秦景、蔡愔、王尊等一十八人,同往西域求觅,至月氏国,遇摩腾、竺法兰二梵僧,所持释迦佛画像一轴,《四十二章经》、《十住断结经》等,白马驮之,还于洛阳汉地。即永平十年十二月三十日,奏引入阙,献金佛像,帝大喜,馆于鸿胪寺。帝敕于城西雍门外立寺,亦名鸿胪寺。因有五岳道士褚善信、费属才等,上本奏云:"陛下不信华夏之言,反信夷狄之语。臣等与伊,将经焚验真假。臣等若胜,将胡人贬逐戎狄。伊若得胜,臣当斩首。"帝准其奏,遂立焚经台,并辩验神通。褚等寻常神通变化,或骑草龙飞升,或虚空往来等。及至台下焚经之时,道经悉为灰烬。有尹喜于火中抢出道德二经,其余尽焚。褚等亦不能飞升往来,神通皆无。佛像佛经,火遂变为莲花,涌在空中,不损一毫。道士既败,或自缢有之,或落发者有之,或奔井有之。褚等头目,尽皆斩首,云云。帝遂敕旨,改鸿胪为白马寺,安制佛像。摩腾、竺法兰居之,翻译诸经等,云云。

△三、注述名号

【注者】宋郧郊凤山兰若嗣祖沙门守遂注

【注】郧郊者,即湖广郧阳府是也。凤山,就形得名,此山似凤,又即山名也。兰若者,即梵语,此云"寂静处"。嗣祖者,言其老师绍续佛祖之位也。沙门者梵语,此云"勤息",谓勤修戒定慧,息灭贪瞋痴,故号为沙门。上守下遂,是老师之名也。註[1]者,言边有主曰註,又分文析

---

[1] "註",简体字为"注"。

义曰註。

　　△四、释经本文二：初、经家标序，二、金口亲宣。

　　△初、经家标序三：初、序始成正觉，二、序传法度人，三、序怀疑请教。

　　△初、序始成正觉

　　【经】世尊成道已，作是思惟："离欲寂静，是最为胜。住大禅定，降诸魔道。"

　　△二、序传法度人

　　【经】于鹿野苑中，转四谛法轮，度憍陈如等五人，而证道果。

　　【注】净界法身，本无出没。大悲愿力，示现受生，八相道成，佛宝也。思惟方便，离欲为戒，生定发慧，降魔显正，转法度人，法宝也。四谛，谓苦、集、灭、道，真俗两重因果，随根修证，大小有异。

　　憍陈如五人：佛初出家，雪山修道。净饭王命家族三人，一、阿湿婆，二、跋提，三、摩诃男；舅氏二人，一、憍陈如，二、十力迦叶；五人随卫。后各舍往鹿苑，共修异道。世尊始成正觉，先为三转法轮，五人皆获果证，僧宝之始也。

　　△三、序怀疑请教

　　【经】复有比丘所说诸疑，求佛进止。世尊教敕，一一开悟。合掌敬诺，而顺尊敕。

　　【注】"比丘"，宋言或名"持净戒"，或名"破烦恼"，或名"净乞食"，或名"能怖魔"。天竺一名，该此四义，故译者存义名焉。怀疑请教，应病授方。信悟获安，敬顺流布。

　　昔世尊入灭，经于千载，后汉永平年中，明帝因梦金像，乃知佛教将被东夏，遣蔡愔使西国，遇摩腾、竺法兰二梵僧，白马驮贝叶梵文，届止洛都，译梵成汉，首出此经，被机启训，最为精要，文约义备。序分、流通，见于上。下四十二章，明舍恶趣善，除惑断障，超凡入圣之深旨也。

△二、金口亲宣，分四十二：初、出家证果，至四十二、达世知幻。
△初、出家证果

【经】佛言："辞亲出家，识心达本，解无为法，名曰沙门。常行二百五十戒，进止清净，为四真道行，成阿罗汉。阿罗汉者，能飞行变化，旷劫寿命，住动天地。次为阿那含，阿那含者，寿终灵神上十九天，证阿罗汉。次为斯陀含，斯陀含者，一上一还，即得阿罗汉。次为须陀洹，须陀洹者，七死七生，便证阿罗汉。爱欲断者，如四肢断，不复用之。"

【注】"沙门"，宋言义训"勤行"，勤行趣涅槃也。三界轮转，爱欲为因。割爱辞亲，身出家也。识心达本，心出家也。出家有三：一、辞亲，出世俗家；二、悟道，出五蕴家；三、证果，出三界家。

大比丘二百五十戒，以杀、盗、淫、妄四法为根本，其余枝末，并依此四法而生。若犯根本，枝末难生，则无由证果。若一一坚持不犯，随见修所断烦恼，阶渐不同，故所证随异。

初果须陀洹，宋云"入流"。二果斯陀含，宋云"一来"，谓一来天上，一来人间，便证涅槃。三果阿那含，宋云"不来"。欲、色二界，至无想天，共十九天，以上即五不还天。四果阿罗汉，宋云"不生"。烦恼断尽，已证生空，如四肢断，即无为果也。

△二、断欲绝朕

【经】佛言："出家沙门者，断欲去爱，识自心源，达佛深理，悟无为法。内无所得，外无所求。心不系道，亦不结业。无念无作，非修非证。不历诸位，而自崇最，名之为道。"

【注】达本情忘，知心体合。外绝攀缘，内非守寂。一相一行，无证无得。灵机绝朕，阶级哪收？

△三、割爱去贪

【经】佛言："剃除须发而为沙门，受道法者，去世资财，乞求取足。日中一食，树下一宿，慎勿再矣。使人愚蔽者，爱与欲也。"

【注】须发除而息爱，资财去而舍贪。头陀上行，无恋着也。暗蔽愚痴，爱欲所致。

△四、善恶并明
【经】佛言："众生以十事为善，亦以十事为恶。何等为十？身三，口四，意三。身三者，杀、盗、淫。口四者，两舌、恶口、妄言、绮语。意三者，嫉、恚、痴。如是十事，不顺圣道，名十恶行。是恶若止，名十善行耳。"
【注】善恶性空，犹如反掌。止恶行善，是顺圣道。自性本无杀，持不杀戒；乃至自性本无贪瞋痴，持不贪等戒。八万四千烦恼，变为波罗蜜门。随机差降，分上中下品，具载大经。

△五、转重令轻
【经】佛言："人有众过，而不自悔，顿息其心，罪来赴身，如水归海，渐成深广。若人有过，自解知非，改恶行善，罪自消灭，如病得汗，渐有痊损耳。"
【注】罪始滥觞，祸终没顶。恶心不息，业海转深。改过自新，罪随心灭。病得汗则身安，人改过则心净。

△六、忍恶无瞋
【经】佛言："恶人闻善，故来挠乱者，汝自禁息，当无瞋责。彼来恶者，而自恶之。"
【注】彼已齐致，被挠何瞋。怨亲等观，魔自退衄。

△七、恶还本身
【经】佛言："有人闻吾守道，行大仁慈，故致骂佛，佛默不对。骂止。问曰：'子以礼从人，其人不纳，礼归子乎？'对曰：'归矣。'佛言：'今子骂我，我今不纳，子自持祸归子身矣。犹响应声，影之随形，

终无免离，慎勿为恶。'"

【注】慈善根力，假引世喻，骂佛自祸，其理昭然。身口由心，影响难舍。

△八、尘唾自污

【经】佛言："恶人害贤者，犹仰天而唾，唾不至天，还从己堕。逆风扬尘，尘不至彼，还坌己身。贤不可毁，祸必灭己。"

【注】害贤招报，如唾天、扬尘，反自污坌。昔歌利害佛，佛不瞋恨，而成正觉；歌利罪毕，遇佛得记。

△九、返本会道

【经】佛言："博闻爱道，道必难会。守志奉道，其道甚大。"

【注】世智辩聪，博闻强记，增长我慢，去道远矣。坚志体道，量包法界。

△十、喜施获福

【经】佛言："睹人施道，助之欢喜，得福甚大。"沙门问曰："此福尽乎？"佛言："譬如一炬之火，数千百人各以炬来分取，熟食除冥，此炬如故。福亦如之。"

【注】施为万行之首，助喜尚尔，况施福乎？火逢炬而火事无穷，福随心而福报无尽。

△十一、施饭转胜

【经】佛言："饭恶人百，不如饭一善人。饭善人千，不如饭一持五戒者。饭五戒者万，不如饭一须陀洹。饭百万须陀洹，不如饭一斯陀含。饭千万斯陀含，不如饭一阿那含。饭一亿阿那含，不如饭一阿罗汉。饭十亿阿罗汉，不如饭一辟支佛。饭百亿辟支佛，不如饭一三世诸佛。饭千亿三世诸佛，不如饭一无念无住无修无证之者。"

【注】上以择田投种，优劣倍增。住相求报，还滋爱本，以生心动念，即乖法体。今既无念无住无修无证，则取舍情亡，三轮空寂。亦如《维摩》云："若施主等心施一最下乞人，犹如如来福田之相，无所分别，等于大悲，不求果报，是则名为具足法施。"即斯义也。

△十二、举难劝修
【经】佛言："人有二十难：贫穷布施难，豪贵学道难，弃命必死难，得睹佛经难，生值佛世难，忍色忍欲难，见好不求难，被辱不瞋难，有势不临难，触事无心难，广学博究难，除灭我慢难，不轻未学难，心行平等难，不说是非难，会善知识难，见性学道难，随化度人难，睹境不动难，善解方便难。"

【注】难事众多，略开如上。顺己情为易，逆己意为难。若顺理而逆情，纵弃命而可作。若顺情而背理，虽见好而不求。有势不临，心行平等。好广学而谦下，见未学而不轻。贫穷而随力行檀，豪贵而回光学道。知色欲之过患，悟是非之颠邪。更能触境无心，善解方便。常会善友，随化度人。处处值诸佛出兴，念念转大千经卷。运用成菩萨大行，施为入无量妙门。正眼常明，诸尘莫惑，岂封滞于难易情执者哉！

△十三、问道宿命
【经】沙门问佛："以何因缘，得知宿命，会其至道？"佛言："净心守志，可会至道。譬如磨镜，垢去明存。断欲无求，当得宿命。"

【注】心净无欲，真智显露，旷劫之事，一念皆知。

△十四、请问善大
【经】沙门问佛："何者为善？何者最大？"佛言："行道守真者善，志与道合者大。"

【注】行道守真，万行无取。志与道合，修证双忘。

27

△十五、请问力明

【经】沙门问佛："何者多力？何者最明？"佛言："忍辱多力，不怀恶故，兼加安健。忍者无恶，必为人尊。心垢灭尽，净无瑕秽，是为最明。未有天地，逮于今日，十方所有，无有不见，无有不知，无有不闻，得一切智，可谓明矣。"

【注】能行忍者，乃可名为有力大人，持戒苦行所不能及。忍有四种，谓安受苦忍、耐怨害忍、谛察法忍、无生法忍。今言忍辱，耐怨害也，理亦通四，思之可见。心垢净尽，独耀无私，具一切智，对扬有准。

△十六、舍爱得道

【经】佛言："人怀爱欲不见道者，譬如澄水，致手搅之，众人共临，无有睹其影者。人以爱欲交错，心中浊兴，故不见道。汝等沙门，当舍爱欲。爱欲垢尽，道可见矣。"

【注】心水浊而影像昏，欲垢尽而道可见。

△十七、明来暗谢

【经】佛言："夫见道者，譬如持炬入冥室中，其冥即灭，而明独存。学道见谛，无明即灭，而明常存矣。"

【注】妄觉无明既灭，本觉性明常存。

△十八、念等本空

【经】佛言："吾法念无念念，行无行行，言无言言，修无修修。会者近尔，迷者远乎。言语道断，非物所拘。差之毫厘，失之须臾。"

【注】念即无念，行即无行，言即无言，修即无修。归根得旨，唯证乃知。言思路绝，分别意穷。第一义谛，拟议则堕。

△十九、假真并观

【经】佛言："观天地，念非常。观世界，念非常。观灵觉，即菩提。

如是知识，得道疾矣。"

【注】有为之法，毕归磨灭。灵知寂照，本来是佛。悟无常之法，识灵觉之性。一念相应，前后际断，照体独立，物我皆如。

△二十、推我本空

【经】佛言："当念身中四大，各自有名，都无我者。我既都无，其如幻耳。"

【注】坚者名地，润者名水，暖者名火，动者名风。推穷四大，其性各异，谁为我者？知身无我，起灭如幻，以如幻智，入如幻法门。

△二十一、名声丧本

【经】佛言："人随情欲，求于声名，声名显著，身已故矣。贪世常名，而不学道，枉功劳形。譬如烧香，虽人闻香，香之烬矣。危身之火，而在其后。"

【注】世名浮利，唐劳其功。人不学道，虚生浪死。贪求声名，非徒无益，迷真逐妄，抑致身后之祸，良可悲夫！

△二十二、财色招苦

【经】佛言："财色于人，人之不舍。譬如刀刃有蜜，不足一餐之美，小儿舐之，则有割舌之患。"

【注】味着财色，如舐利刃之蜜，贪少滋味，自招长劫之痛苦也。

△二十三、妻子甚狱

【经】佛言："人系于妻子舍宅，甚于牢狱。牢狱有散释之期，妻子无远离之念。情爱于色，岂惮驱驰？虽有虎口之患，心存甘伏。投泥自溺，故曰凡夫。透得此门，出尘罗汉。"

【注】堂堂丈夫，情色驱役，殒身没命，迷不为苦。知非离欲，即凡夫而非凡夫，居尘不染，乃出尘阿罗汉也。

△二十四、色欲障道

【经】佛言："爱欲莫甚于色。色之为欲，其大无外。赖有一矣，若使二同，普天之人无能为道者矣。"

【注】爱欲过患，义类多种。障道长恶，无甚女色。滋生死，障涅槃，唯色欲一端。《楞严》亦云："淫心不除，尘不可出。"

△二十五、欲火烧身

【经】佛言："爱欲之人，犹如执炬，逆风而行，必有烧手之患。"

【注】逆境界之风，执无明之炬，岂免自烧者也？

△二十六、天魔娆佛

【经】天神献玉女于佛，欲坏佛意。佛言："革囊众秽，尔来何为？去！吾不用。"天神愈敬，因问道意。佛为解说，即得须陀洹果。

【注】佛初成道，天魔波旬以三女娆乱耳。人见女色，妄起净想，故生染着，不知原是不净，薄皮包裹。魔不得便，回邪归正，问道开悟，证小乘初果。

△二十七、无着得道

【经】佛言："夫为道者，犹木在水，寻流而行，不触两岸，不为人取，不为鬼神所遮，不为洄流所住，亦不腐败，吾保此木决定入海。学道之人，不为情欲所惑，不为众邪所娆，精进无为，吾保此人必得道矣。"

【注】不触生死、涅槃两岸，不为人天有漏善业所取，不为邪见鬼神所遮，不为三界洄流所住，亦不腐败于二乘灭定，决入萨婆若海。情欲不能惑，众邪不能娆，正进无为，道远乎哉？

△二十八、意马莫纵

【经】佛言："慎勿信汝意，汝意不可信。慎勿与色会，色会即祸生。

得阿罗汉已，乃可信汝意。"

【注】意马难调，戒为辔勒。色欲染习，败道丧身。意根灭尽，证阿罗汉也。昔西国有道人，山中修行，得五神通。一日因雨泥跌倒，遂以咒力，令十二年不雨。国王知是道人咒力，乃生忧戚，下诏云："若有人降得此道人者，赏金千斤。"有一淫女来白王言："我当能降。"王听往彼。礼拜道人，摩触身体，因起染心，便失神通，雨泽滂流。女人骑道人颈，来见国王，王乃嘉赏。故知败道丧志，祸由女色。可不慎欤？可不慎欤？

△二十九、正观敌色

【经】佛言："慎勿视女色，亦莫共言语。若与语者，正心思念：我为沙门，处于浊世，当如莲花，不为泥污。想其老者如母，长者如姊，少者如妹，稚者如子，生度脱心，息灭恶念。"

【注】习近生情，迷失正念。正念观察，心净意解。生居浊世，如莲花出水。善巧方便，假想对治，观诸众生无始轮回，皆我亲属，悉愿度脱，则恶念妄想自然息灭也。

△三十、欲火远离

【经】佛言："夫为道者，如被干草，火来须避。道人见欲，必当远之。"

【注】情染如干茅，欲火当远离。

△三十一、心寂欲除

【经】佛言："有人患淫不止，欲自除阴。佛谓之曰：'若断其阴，不如断心。心如功曹，功曹若止，从者都息。邪心不止，断阴何益？'佛为说偈：'欲生于汝意，意以思想生。二心各寂静，非色亦非行。'"佛言："此偈是迦叶佛说。"

【注】颠倒由心，徒伤身体。兵随印转，将逐符行。彼已心寂，妄想不生，五蕴本空，欲情何起？引先佛偈，以为明证。

△三十二、我空怖灭

【经】佛言："人从爱欲生忧，从忧生怖。若离于爱，何忧何怖？"

【注】众生妄认四大以为我身，顺情生爱，违情生忧，乃有五种怖畏，所谓不活怖、恶名怖、大众威德怖、死怖、堕恶道怖。若能悟我本空，则分别顿息，谁为爱者，复何忧怖哉！

△三十三、智明破魔

【经】佛言："夫为道者，譬如一人与万人战，挂铠出门，意或怯弱，或半路而退，或格斗而死，或得胜而还。沙门学道，应当坚持其心，精进勇锐，不畏前境，破灭众魔，而得道果。"

【注】道人与众魔战，当挂净戒铠，持禅定心，秉智慧剑，无一法可当情，则破魔得胜。亦如《法华》云："见贤圣军，与五阴魔、烦恼魔、死魔共战，有大功勋，灭三毒，出三界，破魔网。尔时如来亦大欢喜。"义同此也。

△三十四、处中得道

【经】沙门夜诵迦叶佛《遗教经》，其声悲紧，思悔欲退。佛问之曰："汝昔在家，曾为何业？"对曰："爱弹琴。"佛言："弦缓如何？"对曰："不鸣矣。""弦急如何？"对曰："声绝矣。""急缓得中如何？"对曰："诸音普矣。"佛言："沙门学道亦然，心若调适，道可得矣。于道若暴，暴即身疲。其身若疲，意即生恼。意若生恼，行即退矣。其行既退，罪必加矣。但清净安乐，道不失矣。"

【注】学道之人，善用其心，不急不缓，内不滞空，外不取相，上无攀仰，下绝已躬，即清净安乐，行可进矣，道可得矣。

△三十五、垢净明存

【经】佛言："如人锻铁，去滓成器，器即精好。学道之人，去心垢染，行即清净矣。"

【注】逐情造业，是谓垢染。顺理进修，乃名清净。

△三十六、展转获胜

【经】佛言："人离恶道，得为人难。既得为人，去女即男难。既得为男，六根完具难。六根既具，生中国难。既生中国，值佛世难。既值佛世，遇道者难。既得遇道，兴信心难。既兴信心，发菩提心难。既发菩提心，无修无证难。"

【注】前列二十难，未说发菩提心。今此自离恶道，至无修无证，略尽修行始末。虽宿植善根，历修万行，发广大心，甚为稀有。然恐尚存希冀，取舍未忘，毫厘系念，还成有住之功，瞥尔情生，堕在修证之位，故末云无修无证，则不落功勋，方谓难中之难矣。

△三十七、念戒近道

【经】佛言："佛子离吾数千里，忆念吾戒，必得道果。在吾左右，虽常见吾，不顺吾戒，终不得道。"

【注】近佛违戒，不免轮回。忆戒远佛，得道证果。

△三十八、生即有灭

【经】佛问沙门，"人命在几间？"对曰："数日间。"佛言："子未知道。"复问一沙门："人命在几间？"对曰："饭食间。"佛言："子未知道。"复问一沙门："人命在几间？"对曰："呼吸间。"佛言："善哉！子知道矣。"

【注】以依业引第八识，不断功能曰命。凡夫一念有九十刹那，一刹那有九百生灭，念念迁谢，不知不觉，焉能悟解无常、苦、空之道？

△三十九、教海无差

【经】佛言："学佛道者，佛所言说，皆应信顺。譬如食蜜，中边皆甜。吾经亦尔。"

【注】教海一味，随机万差。信顺修行，皆离苦得乐。喻似食蜜，中边皆甜。亦如饮海，巨细众生皆得饱满。

△四十、行道在心

【经】佛言："沙门行道，无如磨牛，身虽行道，心道不行。心道若行，何用行道。"

【注】动止四仪，是生灭法。心本不生，寂而常照。体斯理者，乃真行道。

△四十一、直心出欲

【经】佛言："夫为道者，如牛负重行深泥中，疲极不敢左右顾视，出离淤泥，乃可苏息。沙门当观情欲，甚于淤泥，直心念道，可免苦矣。"

【注】五欲深泥，没溺可畏。非直心念道，何由出离乎？

△四十二、达世知幻

【经】佛言："吾视王侯之位，如过隙尘。视金玉之宝，如瓦砾。视纨素之服，如敝帛。视大千界，如一诃子。视阿耨池水，如涂足油。视方便门，如化宝聚。视无上乘，如梦金帛。视佛道，如眼前花。视禅定，如须弥柱。视涅槃，如昼夕寤。视倒正，如六龙舞。视平等，如一真地。视兴化，如四时木。"

【注】视王侯之位如过隙尘者，扰扰不停，似有非实。

视金玉之宝如瓦砾者，积聚山高，无益于道。

视纨素之服如敝帛者，假以蔽形，不取饰好。

视大千界如一诃子者，大千之广阔，众生之依报，有漏善法共业而成，观之如诃子，本为小耳。《楞严》云："空生大觉中，如海一沤发。有漏微尘国，皆依空所生。沤灭空本无，况复诸三有。"

视阿耨池水如涂足油者，"阿耨"，宋言"无热恼"，以龙得名，池深广也。以藕池之深广，比智海如涓滴耳。

视方便门如化宝聚者，化现法财，济诸贫乏。

视无上乘如梦金帛者，开导未悟，令生信乐。

视佛道如眼前花者，随机赴感，本自不生。

视禅定如须弥柱者，识浪境风，不能漂动。

视涅槃如昼夕寤者，圆寂照永，离诸梦想。

视倒正如六龙舞者，六龙升降，本非正倒，随见妄执，生正倒想。若了见妄，谁为正倒？

视平等如一真地者，实际理地，不受一尘。

视兴化如四时木者，造化之法，古今迁变，生住异灭，春夏秋冬，以因众生业缘，遂有荣枯衰盛之相。若了缘起不思议解脱法门，则知起唯法起，灭唯法灭。须信道："劫火洞燃毫末尽，青山依旧白云中。"

佛说四十二章经解

明古吴蕅益释智旭著

【经题】佛说四十二章经

【解】经题七字，通别合举，人法双彰。"经"之一字是通名，一切大小乘修多罗藏，同名经故。"佛说四十二章"六字是别名，异众经故。

就别名中，"佛"为能说之人，"四十二章"为所说之法。

"佛"者，梵语具云"佛陀"，此翻"觉者"，谓自觉、觉他、觉行圆满。自觉不同凡夫，觉他不同二乘，觉满不同菩萨。即是释迦牟尼如来万德慈尊，娑婆世界之教主也。

"说"者，悦所怀也。佛以度生为怀，机缘未至，默然待时。机缘既熟，应病与药也。

"四十二章"者，约数标名。盖从一代时教之中，摘其最切要、最简明者，集为一册，以逗此土机宜。所以文略义广，该通四教，未可辄判作小乘也。

【译者】后汉迦叶摩腾、竺法兰同译

【解】后汉，即东汉，对前汉而言之。孝明皇帝永平三年，岁次庚申，帝梦金人项有日光，飞来殿庭。以问群臣，太史傅毅对曰："臣闻西域有神，号之为佛。陛下所梦，其必是乎！"博士王遵亦奏曰："按《周书异记》，载佛诞于周昭王二十六年甲寅，时江河泛溢，大地皆动，五色光贯太微。太史苏由卜之，得《乾》之九五'飞龙在天'，是西方大圣人也，后一千年，声教流被此土。王命刻石为记，埋之南郊。后于周穆王时，乾坤震动，有白虹十二道，贯日经天。太史扈多占之，谓是西方大圣人入灭之象。"明帝乃于七年岁次甲子，敕郎中蔡愔、中郎将秦景、博士王遵等一十八人，西寻佛法，至印度国，请迦叶摩腾，及竺法兰，用白马驮经，并将舍利，及画佛像，以永平十年，岁次丁卯，至洛阳。帝悦，造白马寺，译《四十二章经》。至十四年正月一日，五岳道士褚善信等，负情不悦，表请较试。乃于十五日，大集白马寺南门。信等以《灵宝》诸经，置道东坛上。帝以经像、舍利，置道西七宝行殿上。信等绕坛涕泣，启请天尊，词情恳切，以旃檀柴等烧经，冀经无损，并为灰烬。先时升天、入火、履水、隐形等术，皆不复验。而佛舍利，光明五色，直上空中，旋环如盖，遍覆大众，映蔽日轮。摩腾以神足通，于虚空中飞行坐卧，神化自在。天雨宝花，及奏众乐。时众咸喜，得未曾有。此即佛法入震旦之始也。

按迦叶摩腾，及竺法兰，皆中印度人，二名俱不见有翻。所云"译"者，谓以华言易彼梵语，令此方之人得解义也。

【经】世尊成道已，作是思惟："离欲寂静，是最为胜。住大禅定，降诸魔道。"于鹿野苑中，转四谛法轮，度憍陈如等五人而证道果。复有比丘所说诸疑，求佛进止。世尊教敕，一一开悟。合掌敬诺，而顺尊敕。

【解】诸经通序，皆有六种证信：一、法体，二、能闻，三、机感，四、教主，五、处所，六、同闻。所谓"如是我闻，一时，佛在某处"等。今文次第，与通途稍异。盖由佛法初来，且顺此方文字之体，贵在简略。然细绎之，六义俱备。"世尊"二字，即标教主。"成道已"三字，即标机感。"鹿野苑中"，即标处所。"憍陈如等"及"复有比丘"，即标能闻及余同闻。"法轮"、"教敕"，即标法体。

就此一文，仍分四节：初"世尊成道已"一句，乃总叙一化之由；次从"作是思惟"至"降诸魔道"，乃追叙成道之法；三从"于鹿野苑"至"证道果"三句，乃别叙法轮之始；四从"复有比丘"至"顺尊敕"，乃正叙此经发起也。

初文，"世尊"者，即我释迦牟尼如来，乃天中之天，圣中之圣，于一切器世间、一切众生世间、一切正觉世间，独称尊也。"成道"者，若论世尊实成佛道以来，已经不可说微尘数劫，如《法华经·寿量品》中所明。今为此土有缘众生，故于过去人寿二万岁时，迦叶佛会，示居补处位中。上生兜率内院，以净天眼，观可化机。直至人寿百岁时，机缘方熟，乃示降神于中印度迦维卫国，父名净饭，母名摩耶，处胎十月，从左胁生。一手指天，一手指地，目顾四方，周行七步，自言："天上天下，唯吾独尊。"次复示为童子，遍学众艺，无不超伦。至年二十九岁，游城四门，睹老、病、死及沙门相，决志出家。子夜逾城，金刀剃发，尽弃珍饰，披树神所献麻衣，游学诸国。先从阿蓝迦蓝习无所有处定，不久得证，知非究竟，舍之而去。次从郁头蓝子习非想非非想处定，亦不久得证，知非究竟，舍之而去。见诸外道，竞修苦行，希冀得道，各以三年为期，终无克获。将欲度之，遂往雪山，示修六年苦行，每日只食一麻一麦，皮骨连立，终不成道。乃舍苦行，受牧女十六转乳糜之供，精气充足。次往熙连河中，浴身而出，取天帝释化现童子所施吉祥草，诣摩竭提国金刚场菩提树下，敷草结跏趺坐，以慈心三昧，降伏魔军，深入四禅，观察四谛。于腊月初八夜，明星出时，豁然大悟，证无漏道。是为佛宝初现世间也。

次文，"作是思惟"等者，乃追叙坐树下时，以无师智、自然智，了知离欲寂静为胜。故先诃弃欲界恶不善法，与觉观俱，而入初禅。次复离于觉观，内净一心，而入二禅。次又离喜而证妙乐，入于三禅。次又双弃苦乐，舍念清净，入第四禅。从四禅中，顿发三明，破魔王之爱网，断外道之见缚也。

或初"成道"句，是根本智，自证菩提。次"作是思惟"等，是后得智，重观四谛，以为说法之本。寂静最胜，即观灭谛；住大禅定，即观道谛；诸魔外道，即苦、集二谛也。

第三文中，"鹿野苑"者，亦名"鹿园"，在波罗奈国，即佛初转法轮之处。"转四谛法轮"者，苦、集、灭、道名四谛。苦是世间之果，即指三界、六道、色心五蕴。集是世间之因，即指见思烦恼，及有漏善、恶、不动等业。灭是出世之果，谓因灭故果灭，便得寂静无为安乐。道是出世之因，谓略则戒、定、慧，广则三十七品，所谓四念处、四正勤、四如意足、五根、五力、七觉支、八正道也。此四皆名"谛"者，审实不虚故。复名"四圣谛"者，唯有圣智乃证知故。佛既证见此四谛理，转令一切众生咸使闻知，从佛后得智中，流出法音，度入众生心中，故名为轮。又轮者，摧碾之义。以此教法，转破众生见思诸惑，故名为轮。说此四谛法轮，凡有三转：一者示转，谓此是苦，逼迫性；此是集，招感性；此是灭，可证性；此是道，可修性。二者劝转，谓此是苦，汝应知；此是集，汝应断；此是灭，汝应证；此是道，汝应修。三者证转，谓此是苦，我已知；此是集，我已断；此是灭，我已证；此是道，我已修。是为法宝初现世间也。

"憍陈如等五人"者：一、阿湿婆，此翻"马胜"。二、跋提，此翻"小贤"。三、拘利，或名摩诃男。此三人皆佛父党。四、憍陈如，此翻"火器"。五、十力迦叶，或名婆敷。此二人皆佛母舅。初太子逾城出家，父王思念不置，命此五人寻之。太子既誓不肯归，五人不敢归国，遂相待从。太子既修苦行，二人不堪苦行者先自遁去。太子后受美食，三人乐苦行者亦复舍去。于鹿苑中，各修异道。佛既成道，观此五人应先得度，遂往就之。初转法轮，陈如先悟。次说布施持戒生天之法，诃欲不净，赞叹出离为乐，阿湿、跋提寻悟。第三说法，迦叶、拘利亦悟。是为僧宝初现世间也。

第四文中，"复有比丘"等者，佛既度此五比丘已，次复度耶舍等五十五人，三迦叶等一千人，舍利弗、目犍连等二百人。从是以后，度人无量，咸令成比丘性。言"比丘"者，此翻"除馑"，谓其具持二百五十净戒，堪为人世福田，除彼众生因中果上之饥馑也。又含三义：一、破恶，二、乞士，三、怖魔。

所说诸疑，求佛进止，犹言决择可否也。合掌表于一心听法，不惰不散。

以上序分，下皆正说。

【经】佛言："辞亲出家，识心达本，解无为法，名曰沙门。常行二百五十戒，进止清净，为四真道行，成阿罗汉。阿罗汉者，能飞行变化，

39

旷劫寿命，住动天地。次为阿那含，阿那含者，寿终灵神上十九天，证阿罗汉。次为斯陀含，斯陀含者，一上一还，即得阿罗汉。次为须陀洹，须陀洹者，七死七生，便证阿罗汉。爱欲断者，如四肢断，不复用之。"

【解】此第一章，总明沙门果证之差别也。欲证沙门四果，必须辞亲出家，识心达本，解无为法。盖父母不许，则佛法中不听出家。出家而不识心达本，则身虽离俗，仍缚有为，不得名为沙门。识心者，了知心外无法，即悟遍计本空。达本者，了知心性无实，即悟依他如幻。解无为法者，了知真如与一切法不一不异，即证圆成实性。

梵语"沙门"，此翻"勤息"，谓勤修戒定慧，息灭贪瞋痴也。常行二百五十戒，即增上戒学。进止清净，即增上心学。为四真道行，即增上慧学，谓观察四谛而修道行也。

"阿罗汉"，具含三义：一、杀贼，二、应供，三、不生。乃沙门所证第四无学之果，断尽三界见思二惑。飞行变化，聊举六神通之一事。旷劫寿命，谓三种意生身，堪能随愿久住。住动天地，言罗汉所住之处，天神地祇皆为感动；或可一行一住，皆能震动天地也。

"阿那含"，此云"不还"，即第三果。十九天者，从四王天，上至无烦，为第二十，则超过下十九天。由彼已断欲界九品思惑，即于五净居天中证阿罗汉，不复还来欲界也。

"斯陀含"，此云"一来"，即第二果。已断欲界六品思惑，余三品在。故一上欲天，一还人中，即证阿罗汉也。

"须陀洹"，此云"预流"，即是初果。已断三界见惑，初预圣流，不复堕三恶道。但欲界九品思惑全在，故能更润七生，谓欲界上上品任运贪瞋痴慢，能润二生；上中品惑，能润一生；上下品惑，亦润一生；中上品惑，亦润一生；中中品、中下品惑，共润一生；下上品、下中品、下下品惑，共润一生。七番生死之后，方证阿罗汉果。此约任运断者，若加行断，则复不定。

然三界见思，虽有多品多类，总以爱欲为本。爱欲一断，便出苦轮，故喻如四肢一断，决不复用也。

【经】佛言："出家沙门者，断欲去爱，识自心源，达佛深理，悟无为法。内无所得，外无所求。心不系道，亦不结业。无念无作，非修非证。不历诸位，而自崇最，名之为道。"

【解】此第二章，明沙门果证虽有差别，而所证之理无差别也。

断凡圣同居欲爱，识自心源我执本空，达佛真谛深理，悟生空所显真如无为之法。断方便有余欲爱，识自心源法执本空，达佛俗谛深理，悟法空所显真如无为之法。断实报无障碍欲爱，识自心源俱空不生，达佛中谛深理，悟俱空所显真如无为之法。

又了知三土欲爱即空，名断欲去爱；识自心源遍计本虚，达佛真谛深理，一空一切空，无假无中而不空，悟如来藏如实空义，名无为法。了知三土欲爱即假，名断欲去爱；识自心源依他如幻，达佛俗谛深理，一假一切假，无空无中而不假，悟如来藏如实不空义，名无为法。了知三土欲爱即中，名断欲去爱；识自心源圆成本具，达佛中谛深理，一中一切中，无空无假而不中，悟如来藏离即离非、是即非即义，名无为法。

此无为法，本自有之，非属新生，故内无所得。唯一真心，心外无法，故外无所求。知法如筏，故心不系道。已断惑种，故亦不结业。证无分别根本实智，故无念。证不思议后得权智，故无作。称性之修，修即无修，故非修。全性作证，证无别证，故非证。

诸位如丈尺显虚空，而虚空元非丈尺，又如入海虽辨浅深，而浅深无非大海，故云"不历诸位，而自崇最，名之为道"也。藏教则因灭会真，灭非真谛，故真谛不历诸位。通教即事全真，故真谛不历诸位。别教则中道随缘不变，故中道不历诸位。圆教则一色一香无非中道，故中道不历诸位。

由上一章，方知性不废修；由今一章，方知修不碍性。由上一章，方知即而常六；由今一章，方知六而常即。四教皆论性修，皆论六即。通此旨者，则于一代时教，思过半矣。

【经】佛言："剃除须发而为沙门，受道法者，去世资财，乞求取足。日中一食，树下一宿，慎勿再矣。使人愚蔽者，爱与欲也。"

【解】此第三章，赞叹头陀胜行，以为证道要术也。上文既云非修非证，恐人错会，执性废修，故今特申抖擞尘劳之行，以为断欲去爱之方。譬如古镜，虽复本具光明，理须磨拭，方得莹净耳。

【经】佛言："众生以十事为善，亦以十事为恶。何等为十？身三，口四，意三。身三者，杀、盗、淫。口四者，两舌、恶口、妄言、绮语。意三者，嫉、恚、痴。如是十事，不顺圣道，名十恶行。是恶若止，名十善行耳。"

【解】此第四章，明善恶无性，犹如反掌。而生死、涅槃，唯此三业，更非他物也。

断他物命，名之为杀。不与而取，名之为盗。两相交会，名之为淫。斗乱彼此，名为两舌。咒诅骂詈，名为恶口。心口相违，名为妄言。无义浮辞，名为绮语。悭鄙贪欲，不耐他荣，名之为嫉。暴戾残忍，怀恨结怒，名之为恚。于诸事理盲无所晓，名之为痴。身、口七支，唯是业道。意地三支，属烦恼道。由惑造业，必招苦果，长系三界，故不顺圣道。是恶若止，即名十善。譬如破暗即是光明，泮冰即便成水也。

然恶既有事恶、理恶，故翻恶为善，亦有事善、理善。就事善中，下品十善为修罗因，中品十善为人道因，上品十善为天道因。就理善中，真谛善为二乘因，俗谛善为菩萨因，中谛善为佛乘因。此三理善，俱名上上品十善。以行事善者，未必能达理善。而行理善者，必兼圆满事善故也。

【经】佛言："人有众过，而不自悔，顿息其心，罪来赴身，如水归海，渐成深广。若人有过，自解知非，改恶行善，罪自消灭，如病得汗，渐有痊损耳。"

【解】此第五章，承上止恶行善之意，而劝勉改过迁善也。有过不悔，则如水赴海，日深日广。知过必改，则如病发汗，客邪自除。

【经】佛言："恶人闻善，故来扰乱者，汝自禁息，当无瞋责。彼来恶者，而自恶之。"

【解】此第六章，申明善能胜恶，而恶不能破善也。上文劝人止恶行善，改过迁善，恐有愚者畏彼恶人挠乱，遂不敢行，故诫以慎勿瞋责恶人，以恶乃在彼，于我无涉故也。如明镜中现于丑容，彼容自丑，镜何丑哉？倘一生瞋责，则反揽彼之恶成我之恶矣。

【经】佛言："有人闻吾守道，行大仁慈，故致骂佛，佛默不对。骂止。问曰：'子以礼从人，其人不纳，礼归子乎？'对曰：'归矣。'佛言：'今子骂我，我今不纳，子自持祸归子身矣。犹响应声，影之随形，终无免离，慎勿为恶。'"

【解】此第七章，即上章"彼来恶者，而自恶之"之明证也。今人闻骂，鲜不发瞋，大似领谢帖子，正中骂者之计耳，思之思之。或问：佛既大慈，何不令骂者无祸耶？答曰：佛岂欲令其得祸，无奈彼人自招祸患。今诫以慎勿为恶，即是除其祸源，慈悲甚矣。

【经】佛言："恶人害贤者，犹仰天而唾，唾不至天，还从己堕。逆风扬尘，尘不至彼，还坌己身。贤不可毁，祸必灭己。"

【解】此第八章，深诫恶人令勿害贤，而兼以勖贤人也。人若果贤，则如天，亦如上风，岂受唾尘？倘可受毁，便非贤矣。

【经】佛言："博闻爱道，道必难会。守志奉道，其道甚大。"

【解】此第九章，诫劝禀教行人，须闻而思，思而修，不宜但贵口耳之学也。博闻者，不知随文入观，唯图强记名言也。爱道者，不知道本即心，妄于心外取道也。守志者，念念趋向菩提，不杂名利心也。奉道者，念念体会心源，不复向外觅也。

【经】佛言："睹人施道，助之欢喜，得福甚大。"沙门问曰："此福尽乎？"佛言："譬如一炬之火，数千百人各以炬来分取，熟食除冥，此炬如故。福亦如之。"

【解】此第十章，明随喜功德，自他兼利，福无穷尽也。施道有三：一、资生施，谓以财济其贫穷；二、无畏施，谓于难中拔其忧苦；三者法施，谓以三学令得四益。不唯自行三种施道，得福甚多。即使见他行施，助令欢喜，福亦无尽。

"沙门"下，释疑。恐有愚人正行施时，见他随喜，惧他分我功德，故以炬火如故晓之。盖不唯无减于我，而福报展转殊胜矣。昔有二人采花，一自供佛，一转施人供佛，以问弥勒。弥勒曰："自供者成辟支佛果，施人者成无上菩提。"盖独乐不若与人，与少不若与众。世出世道，无不皆然也。

熟食，喻成圣果。除冥，喻破三障。

【经】佛言："饭恶人百，不如饭一善人。饭善人千，不如饭一持五戒者。饭五戒者万，不如饭一须陀洹。饭百万须陀洹，不如饭一斯陀含。饭千万斯陀含，不如饭一阿那含。饭一亿阿那含，不如饭一阿罗汉。饭十亿阿罗汉，不如饭一辟支佛。饭百亿辟支佛，不如饭一三世诸佛。饭千亿三世诸佛，不如饭一无念无住无修无证之者。"

【解】此第十一章，较量福田胜劣不等，令人知所归向也。

一善胜百恶人，显易可知。

一持五戒人胜千善人者，以世间善人所奉十善，仅属旧医之法，不以三归为体，不成出世津梁。若能受三自归，奉持五戒，为佛弟子，便知四谛、四念处门，于一生中，堪证三果，故得千倍胜于常流也。

一须陀洹胜万五戒者，须陀洹已断见惑，已预圣流，故得远胜内外凡也。

一斯陀含胜百万须陀洹者，斯陀含已断欲界六品思惑，烦恼渐薄。正使百万住果须陀洹，未修胜进行时，终不能知二果境界，何况能到耶？

一阿那含胜千万斯陀含者，阿那含已断欲界思惑九品皆尽。正使千万斯陀含，终不能知三果境界，况能到耶？

一阿罗汉胜一亿阿那含者，万万曰亿，阿罗汉断尽见思，超出三界，尤非住三果人能知能到故也。

辟支佛有二种：一者出有佛世，禀十二因缘教，悟道侵习，名为缘觉；二者出无佛世，观物幻化，自悟无生，断结侵习，名为独觉。以阿罗汉但断正使，辟支佛兼侵余习，故一辟支能胜十亿阿罗汉也。

三世诸佛，约藏头佛果言之。三大阿僧祇劫修行六度，正习皆悉断尽，利益无量众生，故一佛能胜百亿辟支佛也。

无念无住无修无证之者，指圆教初住以上，亦可兼摄别教初地、通教佛地。盖通教体色入空，知一切法无性，故念即无念，住即无住，修即无修，证即无证，至成佛时，能于色究竟天示现最高大身，统王三千世界。别欢喜地、圆发心住，皆已分证法身，皆能示现百界作佛，八相成道。所以供此一人，胜于千亿三世诸佛也。

复次前之八番，皆是约田。此第九番，即是约心。盖未达一切诸法念本无念、住本无住、修本无修、证本无证，故于平等法中，分胜分劣。若了达无念无住无修无证妙理，则下自恶人，上至诸佛，罔非无念无住无修无证之者。所以人上佛饭，佛施饿狗，功德无异。维摩以一分奉难胜如来，一分施一最下乞人，福亦平等。若不知福胜劣差别，则无以显修德之足贵。若不达生佛本自平等，则无以悟性德之渊源。是谓常同常别，常别常同，法界法尔微妙法门。

【经】佛言："人有二十难：贫穷布施难，豪贵学道难，弃命必死难，得睹佛经难，生值佛世难，忍色忍欲难，见好不求难，被辱不瞋难，有势不临难，触事无心难，广学博究难，除灭我慢难，不轻未学难，心行平等难，不说是非难，会善知识难，见性学道难，随化度人难，睹境不动难，善解方便难。"

【解】此第十二章，略举二十难事，以为劝诫也。顺情则易，逆情则难，然能深发肯心，则虽难而易，其或但随流俗，则虽易亦难。

夫贫穷则布施为难，故虽少许之施，得福甚多，不可不勉力也。然现见有贫而能施者，乃富人反不肯施，则悭鄙为何如耶？豪贵学道，例施可知。

人所最重者身命，诚能弃命，则何事不可为者？然未闻保命畏死之人，果能长生不死，则亦何事贪惜耶？

佛经难睹，今幸睹佛经而不研精殚思，则与不睹何异？

佛世难值，今幸值佛世而不及时进修，则与不值何殊？

色欲虽恒情所好，然或察其味少苦多，或观其如幻如影，则亦何难忍制。

若见好时，知其未必可求，则贪心自息。

若被辱时，但以情恕理遣，则瞋意自平。

视富贵若草头露，何容以势临人。

观事境同梦所缘，何必劳心措置。

广学而不博究，如入海无指南针，安能会理？

恃学而生我慢，如沃壤以滋稊稗，反害良禾。

佛尝言四种不可忽：一者火虽小不可忽，二者龙虽小不可忽，三者王子虽小不可忽，四者沙门虽小不可忽。今有轻未学者，未知其不可忽故也。

心平等，则施难胜如来，与施最下乞人，功德无异。

泯是非，则一切诸法，无非佛法。

是非情见未忘，决不能见法界真善知识。

不见现前一念心之实性，决不可以学无上道。

不学称性权实之道，不能随化度人。

未达随化度人方便，安能睹十法界境而一心不动？

若不能于一一法界中具见一切法界事理，何由善解同体方便？

故知此二十事，后后难于前前也。

【经】沙门问佛："以何因缘，得知宿命，会其至道？"佛言："净心守志，可会至道。譬如磨镜，垢去明存。断欲无求，当得宿命。"

【解】此第十三章，问意重在宿命，答意重在会道。盖知宿命者，未必会至道，而会至道者，决能知宿命也。

【经】沙门问佛："何者为善？何者最大？"佛言："行道守真者善，

志与道合者大。"

【解】此第十四章，明善莫善于真修，大莫大于实证也。行道守真，则万善同会。志与道合，则法界体圆。

【经】沙门问佛："何者多力？何者最明？"佛言："忍辱多力，不怀恶故，兼加安健。忍者无恶，必为人尊。心垢灭尽，净无瑕秽，是为最明。未有天地，逮于今日，十方所有，无有不见，无有不知，无有不闻，得一切智，可谓明矣。"

【解】此第十五章，明忍辱力大，灭垢明远也。忍有三种：一、耐怨害忍，亦名生忍；二、安受苦忍，亦名法忍；三、谛察法忍，亦名第一义忍。今即约耐怨害而入第一义也。余文易知。

【经】佛言："人怀爱欲不见道者，譬如澄水，致手搅之，众人共临，无有睹其影者。人以爱欲交错，心中浊兴，故不见道。汝等沙门，当舍爱欲。爱欲垢尽，道可见矣。"

【解】此第十六章，明吾人心水本澄，即是至道，但由爱欲所搅，故不能于一念中炳现十界影像也。舍三界爱欲，见思垢尽，则真谛道可见。舍偏真爱欲，尘沙垢尽，则俗谛道可见。舍果报爱欲，无明垢尽，则中谛道可见矣。

【经】佛言："夫见道者，譬如持炬入冥室中，其冥即灭，而明独存。学道见谛，无明即灭，而明常存矣。"

【解】此第十七章，深显无明无性，故见道即可永灭，亦显无明未灭，不得名真见道也。知无明之可灭，不致生于退屈。知真见之常明，亦可祛增上慢矣。

【经】佛言："吾法念无念念，行无行行，言无言言，修无修修。会者近尔，迷者远乎。言语道断，非物所拘。差之毫厘，失之须臾。"

【解】此第十八章，明念、行、言、修，皆超有无两关，而不可以有无情见凑泊也。念即无念，故常念此无念之念，岂以不念为无念哉？行等三句，例此可知。会得则触事全真，迷者则转趋转远。言语相即解脱相，故言语道断。一切物即真如性，故非物所拘。才涉有无，便隔霄壤，故差之毫厘。才涉思惟，便成剩法，故失之须臾。

【经】佛言："观天地，念非常。观世界，念非常。观灵觉，即菩提。如是知识，得道疾矣。"

【解】此第十九章，明唯心识观，遣虚存实也。天覆地载，凡情计为常住实有。今观天则寒暑代谢，地则陵谷递迁，既尔生灭非常，岂是心外实法。次观一身之中，世为迁流，界为方位。世固念念不停，界亦互对无定，于中岂有实我实法。此则遣遍计之本虚也。次观现前一念灵觉之性，即离我法二执，便成四智菩提。此则存依、圆之实性也。遣虚则无增益谤，存实则无损减谤，非有非无，速契中道矣。

【经】佛言："当念身中四大，各自有名，都无我者。我既都无，其如幻耳。"

【解】此第二十章，示人以四大观身，而入如幻法门也。身中坚者名地，润者名水，暖者名火，动者名风，觅我了不可得。能成所成，体皆如幻。能观所观，亦复如幻。于一幻喻，便可通达空、假、中理。故知四大观身，实四教之总户也。

【经】佛言："人随情欲，求于声名，声名显著，身已故矣。贪世常名，而不学道，枉功劳形。譬如烧香，虽人闻香，香之烬矣。危身之火，而在其后。"

【解】此第二十一章，甚明好名之人，不唯无益，而且深有损也。

【经】佛言："财色于人，人之不舍。譬如刀刃有蜜，不足一餐之美，小儿舐之，则有割舌之患。"

【解】此第二十二章，甚明财色之味寡，而伤害甚多，有智者不可类彼小儿也。

【经】佛言："人系于妻子舍宅，甚于牢狱。牢狱有散释之期，妻子无远离之念。情爱于色，岂惮驱驰？虽有虎口之患，心存甘伏。投泥自溺，故曰凡夫。透得此门，出尘罗汉。"

【解】此第二十三章，深明妻子舍宅之埋没人，而劝以速远离也。欲界以男女眷属为妻子，种种宫殿为舍宅。色界以味禅为妻子，四禅天为舍宅。无色界以痴定为妻子，四空天为舍宅。爱见所噬，患同虎口。充类言之，二乘以一解脱味为妻子，偏真涅槃为舍宅；权教以游戏神通为妻子，出真涉俗为舍宅。透得空有两门，方成中道无生之果。

【经】佛言："爱欲莫甚于色。色之为欲，其大无外。赖有一矣，若使二同，普天之人无能为道者矣。"

【解】此第二十四章，深明色欲为众生重病也。《佛顶经》云："淫心不除，尘不可出。"

【经】佛言："爱欲之人，犹如执炬，逆风而行，必有烧手之患。"

【解】此第二十五章，甚明爱欲之不可习近也。逆风把炬，未有不烧手者。习近爱欲，安得不损净法身、害方便手耶？

【经】天神献玉女于佛，欲坏佛意。佛言："革囊众秽，尔来何为？去！吾不用。"天神愈敬，因问道意。佛为解说，即得须陀洹果。

【解】此第二十六章，明佛不被魔娆，遂能化魔也。天神即魔王波旬，佛初成道时，先兴甲兵，不能害佛，次献三女，又不能娆佛，乃归佛化，而证初果。人能观彼女人为革囊众秽，则淫意得除，自他俱利矣。

【经】佛言："夫为道者，犹木在水，寻流而行，不触两岸，不为人取，不为鬼神所遮，不为洄流所住，亦不腐败，吾保此木决定入海。学道之人，不为情欲所惑，不为众邪所娆，精进无为，吾保此人必得道矣。"

【解】此第二十七章，喻明学道须远离诸障也。两岸以喻情欲，则有见思情欲、无明情欲。见思情欲，耽染生死，如触此岸。无明情欲，耽染涅槃，如触彼岸。人及鬼神，以喻众邪。爱网所缠，如为人取。见网所覆，如为鬼神所遮。洄流所住，正与精进相反。腐败，正与无为相反。盖不能直心正念真如，每欲进而反退，如流急反洄。不达无为法性，则着相所修福慧，终成腐败。故必不为生死涅槃情欲所惑，不为爱见众邪所娆，正念真如而精进，了达法性本无为，斯得道可保矣。

【经】佛言："慎勿信汝意，汝意不可信。慎勿与色会，色会即祸生。得阿罗汉已，乃可信汝意。"

【解】此第二十八章，深诫意马难调，而色祸宜避也。众生无始以来，只因恣情率意，久受轮回。未证阿罗汉，常与无明、爱、见、慢俱，岂可自信汝意而不事推简耶？

【经】佛言："慎勿视女色，亦莫共言语。若与语者，正心思念：我为沙门，处于浊世，当如莲花，不为泥污。想其老者如母，长者如姊，少者如妹，稚者如子，生度脱心，息灭恶念。"

【解】此第二十九章，申明远女防过、生善灭恶之方便也。先以莲花不染而自期待，则正念自利。复视如母、如姊、如妹、如子，而度脱之，则慈心利他。既与二利相应，恶念自然息灭。

【经】佛言："夫为道者，如被干草，火来须避。道人见欲，必当远之。"

【解】此第三十章，申诫远离诸欲，勿令为欲火所烧害也。六情根犹如干草，六尘境喻若烈火。未到心境两空，应修远离胜行。

【经】佛言："有人患淫不止，欲自断阴。佛谓之曰：'若断其阴，不如断心。心如功曹，功曹若止，从者都息。邪心不止，断阴何益？'佛为说偈：'欲生于汝意，意以思想生。二心各寂静，非色亦非行。'"佛言："此偈是迦叶佛说。"

　　【解】此第三十一章，申明断欲须从心断也。断心之法，推此欲从意生，意复从思想生。只此思想，为自生耶？他生耶？共生耶？无因生耶？又此思想，为在内耶？在外耶？在两中间耶？为在过去耶？现在耶？未来耶？如是推时，思想寂静。思想寂静故，意即寂静。意寂静故，欲即寂静。欲寂静故，观一切色如镜像等，即是非色；观一切行如泡沫等，即是非行。从上诸佛展转传受，不过传此调心方便而已。

　　【经】佛言："人从爱欲生忧，从忧生怖。若离于爱，何忧何怖？"

　　【解】此第三十二章，推忧怖之由爱欲，而劝人断欲去爱也。众生无始以来，妄认四大为自身相，妄认六尘缘影为自心相，执着贪恋，不肯暂舍，遂生种种忧恼，种种恐怖。唯以四大观身，知身无我。以四运观心，知心无常。爱欲既断，忧怖自除。

　　【经】佛言："夫为道者，譬如一人与万人战，挂铠出门，意或怯弱，或半路而退，或格斗而死，或得胜而还。沙门学道，应当坚持其心，精进勇锐，不畏前境，破灭众魔，而得道果。"

　　【解】此第三十三章，喻明为道之人，须具戒、定、慧也。专精学道之心，譬如一人。无始虚妄诸惑习气，譬如万人。受持净戒，譬如挂铠。唯坚持其心，则无怯弱之意，此戒力也。精进勇锐，则无半路之退，此定力也。不畏前境，则无格斗致死，此慧力也。合此三力，破灭无始众魔而证道果，是为得胜而还矣。

　　【经】沙门夜诵迦叶佛《遗教经》，其声悲紧，思悔欲退。佛问之曰："汝昔在家，曾为何业？"对曰："爱弹琴。"佛言："弦缓如何？"对曰："不鸣矣。""弦急如何？"对曰："声绝矣。""急缓得中如何？"对曰："诸音普矣。"佛言："沙门学道亦然，心若调适，道可得矣。于道若暴，暴即身疲。其身若疲，意即生恼。意若生恼，行即退矣。其行既退，罪必加矣。但清净安乐，道不失矣。"

【解】此第三十四章，明学道之法，须善调身心，勿令缓急失所也。儒者亦云："其进锐者其退速。"又云："勿忘勿助。"盖三乘出要类如此。

【经】佛言："如人锻铁，去滓成器，器即精好。学道之人，去心垢染，行即清净矣。"

【解】此第三十五章，喻明垢染不可不除也，但除垢染，即成清净，所谓但尽凡情，别无圣解，但有去翳法，别无与明法也。成佛作祖，岂于心外有法可得哉？不过净除习气而已。

【经】佛言："人离恶道，得为人难。既得为人，去女即男难。既得为男，六根完具难。六根既具，生中国难。既生中国，值佛世难。既值佛世，遇道者难。既得遇道，兴信心难。既兴信心，发菩提心难。既发菩提心，无修无证难。"

【解】此第三十六章，展转明难得之事以深警人，令勿失良缘也。不达无修无证，岂名真正发菩提心？不发真正菩提，岂名信心？不兴信心，岂名遇道？既不遇道，值佛何益？既值犹不值，则中国犹之边方。既中国不异边方，则六根具犹不具。既六根具犹不具，则男子亦非男子。既男子不成男子，则人身何异恶道？静言思之，可不发菩提心，急悟无修无证之要旨乎？

【经】佛言："佛子离吾数千里，忆念吾戒，必得道果。在吾左右，虽常见吾，不顺吾戒，终不得道。"

【解】此第三十七章，深明心近则近，心远则远，而不以形迹论远近也。金口诚言，重戒若此。末世弟子，奈何弗思？《僧祇律》云：波罗脂国有二比丘，共伴来诣舍卫，问讯世尊。中路渴乏无水，前到一井，一比丘汲水便饮，一比丘看水见虫，不饮。饮水比丘问言："汝何不饮？"答言："世尊制戒，不得饮虫水故。"彼复劝言："长老但饮，勿令渴死，不得见佛。"答言："我宁丧身，不毁佛戒。"遂便渴死，即生忉利天上，天身具足，是夜先到佛所，礼足闻法，得法眼净。饮水比丘后日乃到佛所。佛知而故问："汝从何来，为有伴否？"彼即以上事答。佛言："痴人！汝不见我，谓得见我。彼死比丘，已先见我。若比丘放逸懈怠，不摄诸根，虽共我一处，彼离我远。彼虽见我，我不见彼。若有比丘，于海彼岸，能不放逸，精进不懈，敛摄诸根。虽去我远，我常见彼，彼常近我。"

【经】佛问沙门："人命在几间？"对曰："数日间。"佛言："子未知道。"复问一沙门："人命在几间？"对曰："饭食间。"佛言："子未知道。"复问一沙门："人命在几间？"对曰："呼吸间。"佛言："善哉！子知道矣。"

【解】此第三十八章，明人命无常，不可不知也。一期色心连持不断，名为命根，乃依本识种子假立，非有实法，出息虽存，入息难保。况刹那刹那，念念生灭，非沉思谛观，岂能知之？昔西域有一国王，不信佛法，问祖师曰："吾见外道种种苦行，尚不能折伏淫心。而今沙门四事如意，岂能断烦恼耶？"祖师曰："王试取一狱中必死罪人，满器盛油，令其手捧。用四屠人出刃随后，若能一滴不失，便赦其罪，若倾一滴，随手斩之，同彼游于四衢。王更尽出宫女、音乐，遍处歌舞，试问罪人何所见闻？"王如其言，令一罪人手捧满油，遍历四衢女乐丛中，一滴不堕，因赦其罪。召而问之："汝于四衢何所见闻？"罪人答曰："我于尔时，唯恐一滴油堕，白刃加颈，故唯见手中之油，更无他见闻也。"祖白王曰："彼唯惜此一身之死，遂于色声无所见闻。何况沙门秉佛无常无我至教，痛念无量劫数生死之苦，安得不断烦恼？彼外道等，不知无常无我，徒事苦行，故无益耳。"王乃信服。噫！诚知人命在呼吸间，何俟屠人执刀随后，而心始无放逸哉！

【经】佛言："学佛道者，佛所言说，皆应信顺。譬如食蜜，中边皆甜。吾经亦尔。"

【解】此第三十九章，明佛经皆应信顺，不应妄分大小顿渐，而生轻重心也。佛之言教，不出权实，为实施权，开权显实。四教各有四门，门门各具四悉。今有执小谤大，执大谤小，执事拨理，执理拨事者，皆违佛旨者也。

【经】佛言："沙门行道，无如磨牛，身虽行道，心道不行。心道若行，何用行道。"

【解】此第四十章，明行道在心不在形也。心不入道，徒事外仪，与磨牛何异哉？

【经】佛言："夫为道者，如牛负重，行深泥中，疲极不敢左右顾视，出离淤泥，乃可苏息。沙门当观情欲，甚于淤泥，直心念道，可免苦矣。"

【解】此第四十一章，诫人直心念道，当以出离情欲为期也。

【经】佛言："吾视王侯之位，如过隙尘。视金玉之宝，如瓦砾。视纨素之服，如敝帛。视大千界，如一诃子。视阿耨池水，如涂足油。视方便门，如化宝聚。视无上乘，如梦金帛。视佛道，如眼前花。视禅定，如须弥柱。视涅槃，如昼夕寤。视倒正，如六龙舞。视平等，如一真地。视兴化，如四时木。"

【解】此第四十二章，结明佛眼等观一切诸法，所以破众生之法执也。

人间一百年，不过忉利天一昼夜。娑婆一大劫，不过极乐世界一昼夜。则王侯荣贵，与过隙尘何异？

诸天器皿，纯是七宝。极乐国地，黄金所成。弥勒成佛道时，此地亦皆琉璃。况金玉、瓦砾，等是四微所成，何足重哉？

服虽纨素，不过蔽形，苟可遮羞，敝帛何害？

大千界亦是唯心，一诃子亦是唯心。观相原妄，故于是中横计大小。

观性原真，变大千之心非大非多，变诃子之心非小非少也。阿耨池水与涂足油，例此可知。

方便门者，诸佛所设三乘、五乘、七九诸方便也。众生禀此法宝，克果不虚。然在诸佛，不过为实施权，岂有实法？故但如化宝聚耳。

无上乘虽云是最实事，然皆众生性具之理，心外无法，故曰："圆满菩提，归无所得。"如梦中金帛，岂有实物可得哉？

种种佛道，为对凡情，凡情不生，佛道何有？所谓无为无起灭，不实如空花也。

须弥出海，风浪不能漂动。禅定持心，境识不能迁惑。然须弥无实法，不过四宝四微合成。禅定亦无实法，不过诸心心所四分合成耳。

生死如长夜，无明所缠，故昼夕咸寐。涅槃如永日，智慧开朗，故昼夕咸寤也。

流转生死，唯是六根。安乐涅槃，亦唯六根。背觉合尘名为倒，而实无减。背尘合觉名为正，而实无增。故但如六龙舞，不过首尾相换而已。

诸法既皆平等，则随举一微尘法，即与一真如地平等。非离一切法外，别有一大总相法门。直是头头法法，无非大总相法门也。

依一真地而施化道，如依大地而有四时之木，春生夏荣，秋实冬落，番番生，番番荣，番番实，番番落，终而复始，始而复终，遍于十方，亘于三世，皆是如来自在神力也。

序

圣人作，贤人述，而大道弘矣。如来说，菩萨论，而佛教盛矣。然而作者、述者、说者、论者，为经、为传、为藏、为典，几令学者望洋焉。佛氏马鸣作大乘论，先《归真》之博，后《起信》之约。龙树记《华严经》，先上本之详，后下本之略。不特为利钝诸根，均其教泽，且可以总统真如，圣凡一致矣。摩腾、竺法兰之四十二章，即此意也。盖当汉帝兆梦之后，法兰于月氏说法，以三藏之汪洋，五乘之浩瀚也，乃于十二部中，取四十二章，以为诸宗之纲领，东渡之舟航焉。其见性学道者，性也。识自心原者，相也。观灵觉即菩提者，密也。不历诸位而自崇最者，禅也。为四真道，无作无为者，小乘之有宗、大乘之空宗也。如一真地，无不见知者，《华严》之法界、《法华》之知见也。律宗则止恶行善也，净宗则达佛深理也。统摄诸宗，其有过于此者乎？

云栖讲而未遂，凤山注而未详。今慈云伯亭法师，为腾兰使，行佛祖事，重为疏钞，显义则如珠现彩，分科则如光辨相，点睛出髓，当下释黏。缅思我皇上诚孝太皇太后懿旨，刊刻经藏，裕亲王理其事，卿贰咸襄助之，衢忝与焉。今伯亭法师刊此疏钞，是体圣意以广化，亦吾儒之能述，释氏之能论者也。敢不为之序，以使欲通佛国者，得从流沙，以达葱岭；拈茎草者，一阅疏钞，而作丈六金身耶！是为序。

奉直大夫钦天监左监副邵泰衢拜题。

四十二章经疏钞序

六道之所以为凡者，欲而已矣。三乘之所以为圣者，道而已矣。是故徇道则升，贪欲则坠。然道之与欲，俱出吾心。心念道也，道理长而欲情消。心念欲也，欲情强而道理弱。则知自心之动念也，岂可以不识哉？吾佛出世，大事因缘，在于识自心，达佛理，断爱欲，修道行。以是正觉始成，即说三乘之教。鸡园初唱，便空二执之障。直指心源，广明理性，务在得中而守真，慎勿信意以思想。然后欲爱干枯，会其至道。心地澄清，复于本有。是则此经说也，其功不亦大乎！

经虽美矣，奈之何自西天白马驮来，优钵火中开后，竺法、摩腾最先译出，汉明帝缄之石室兰台。晋魏朝固兴像教，所宗尚者皆余法门，而此一典不能传布。唐宋及今，未见善本，亦未曾闻解此章者，犹秘之海藏龙宫，岂不惜哉？嗟夫！三藏十二部，皆佛语也。譬如食蜜，中、边皆甜。何得举后遗前，弃本逐末，将此妙法存而不论，虽欲从之，末由也已。

予于坊间偶得善本，遂乃禀云栖之遗训，随文注释，遵贤首之义门，悬演宗承。欲令微尘刹土，无非四十二章，欲不断而自断。恒沙世界，总为五百余言，道不证而自证。纵文身不到，闻熏处尽作法身。或浅智不解，疑信时亦成佛智。竺法之教光，于今犹放。摩腾之神变，厥后还彰。此述作之真实心也，略叙本致，普告后之览者。

时康熙庚申年九月重阳日，灌顶行者续法题于慈云丈室。

佛说四十二章经

后汉沙门迦叶摩腾、竺法兰同译

〇初、序分

尔时世尊既成道已,作是思惟:"离欲寂静,是最为胜。住大禅定,降诸魔道。当转法轮,度脱众生。"于鹿野苑中,转四谛法轮,度憍陈如等五人而证道果。

复有比丘所说诸疑,求佛进止。世尊教诏,一一开悟。合掌敬诺,而顺尊敕。

〇二、正宗分

尔时世尊为说真经四十二章。

△一、出家证果章

佛言:"辞亲出家,识心达本,解无为法,名曰沙门。常行二百五十戒,进止清净,为四真道行,成阿罗汉。阿罗汉者,能飞行变化,旷劫寿命,住动天地。次为阿那含,阿那含者,寿终神灵上十九天,证阿罗汉。次为斯陀含,斯陀含者,一上一还,即得阿罗汉。次为须陀洹,须陀洹者,七死七生,便证阿罗汉。爱欲断者,如四肢断,不复用之。"

△二、达理崇道章

佛言:"出家沙门者,断欲去爱,识自心源,达佛深理,悟无为法。内无所得,外无所求。心不系道,亦不结业。无念无作,非修非证。不历诸位，而自崇最，名之为道。"

△三、割爱取足章

佛言："剃除须发，而为沙门，受道法者，去世资财，乞求取足。日中一食，树下一宿，慎勿再矣。使人愚蔽者，爱与欲也。"

△四、转恶成善章

佛言："众生以十事为善，亦以十事为恶。何等为十？身三，口四，意三。身三者，杀、盗、淫。口四者，两舌、恶口、妄言、绮语。意三者，嫉、恚、痴。如是十事，不顺圣道，名十恶行。是恶若止，名十善行耳。"

△五、改过灭罪章

佛言："人有众过，而不自悔，顿息其心，罪来赴身，如水归海，渐成深广。若人有过，自解知非，改恶行善，罪自消灭，如病得汗，渐有痊损耳。"

△六、忍恶无瞋章

佛言："恶人闻善，故来挠乱者，汝自禁息，当无瞋责。彼来恶者，而自恶之。福德之气，常在此也。"

△七、呵佛招祸章

佛言："有人闻吾守道，行大仁慈，故致骂佛，佛默不对。骂止。问曰：'子以礼从人，其人不纳，礼归子乎？'对曰：'归矣。'佛言：'今子骂我，我亦不纳，子自持祸归子身矣。犹响应声，影之随形，终无免离，慎勿为恶。'"

△八、害贤灭己章

佛言："恶人害贤者，犹仰天而唾，唾不污天，还从己堕；逆风扬尘，尘不至彼，还坌己身。贤不可毁，祸必灭己。"

△九、守志会道章

佛言："博闻爱道，道必难会。守志奉道，其道甚大。"

△十、助施得福章

佛言："睹人施道，助之欢喜，得福甚大。"沙门问曰："此福尽乎？"佛言："譬如一炬之火，数千百人各以炬来，分取火去，熟食除冥，此炬如故。福亦如之。"

△十一、举田较胜章

佛言："饭凡人百，不如饭一善人。饭善人千，不如饭一持五戒者。饭持五戒者万，不如饭一须陀洹。饭百万须陀洹，不如饭一斯陀含。饭千万斯陀含，不如饭一阿那含。饭一亿阿那含，不如饭一阿罗汉。饭十亿阿罗汉，不如饭一辟支佛。饭百亿辟支佛，不如饭一三世诸佛。饭千亿三世诸佛，不如饭一无念无住无修无证之者。"

△十二、尊亲显孝章

佛言："凡人事天地鬼神，不如孝其二亲，二亲最神也。"

△十三、详难勉行章

佛言："人有二十难：贫穷布施难，豪贵学道难，弃命必死难，得睹佛经难，生值佛世难，忍色离欲难，见好不求难，有势不临难，被辱不瞋难，触事无心难，广学博究难，不轻未学难，除灭我慢难，心行平等难，不说是非难，会善知识难，见性学道难，随化度人难，对境不动难，善解方便难。"

△十四、守道净命章

沙门问佛："以何因缘，得知宿命，会其至道？"佛言："净心守志，可会至道。譬如磨镜，垢去明存。断欲无求，当得宿命。"

△十五、行善志大章

沙门问佛："何者为善？何者最大？"佛言："行道守真者善，志与道合者大。"

△十六、忍力心明章

沙门问佛："何者多力？何者最明？"佛言："忍辱多力，不怀恶故，兼加安健。忍者无恶，必为人尊。心垢灭尽，净无瑕秽，是为最明。未有天地，逮于今日，十方所有，无有不见，无有不知，无有不闻，得一切智，可谓明矣。"

△十七、澄浊见道章

佛言："人怀爱欲不见道者，譬如澄水，致手搅之，众人共临，无有睹其影者。人以爱欲交错，心中浊兴，故不见道。汝等沙门，当舍爱欲。爱欲垢尽，道可见矣。"

△十八、灭暗存明章

佛言："夫见道者，譬如持炬入冥室中，其冥即灭，而明独存。学道见谛，无明即灭，而明常存矣。"

△十九、无相会真章

佛言："吾法念无念念，行无行行，言无言言，修无修修。会者近尔，迷者远乎。言语道断，非物所拘。差之毫厘，失之须臾。"

△二十、观觉得道章

佛言："观天地，念非常。观世界，念非常。观灵觉，即菩提。如是知识，得道疾矣。"

△二十一、推我成空章

佛言："当念身中四大，各自有名，都无我者。我既都无，其如幻耳。"

△二十二、求名危身章

佛言："人随情欲，求于声名，声名显著，身已故矣。贪世名常，而不学道，枉功劳形。譬如烧香，虽人闻香，香之烬矣。危身之火，而在其后。"

△二十三、贪财招苦章

佛言："财色于人，人之不舍。譬如刀刃有蜜，不足一餐之美，小儿舐之，则有割舌之患。"

△二十四、系妻溺泥章

佛言："人系于妻子舍宅，甚于牢狱。牢狱有散释之期，妻子无远离之念。情爱于色，岂惮驱驰？虽有虎口之患，心存甘伏。投泥自溺，故曰凡夫。透得此门，出尘罗汉。"

△二十五、恋色亡道章

佛言："爱欲莫甚于色。色之为欲，其大无外。赖有一矣，若使二同，普天之人，无能为道者矣。"

△二十六、欲损道益章

佛言："爱欲之人，犹如执炬，逆风而行，必有烧手之患。"天神献玉女于佛，欲坏佛意。佛言："革囊众秽，尔来何为？去！吾不用。"天神愈敬，因问道意，佛为解说，即得须陀洹果。

△二十七、逆情顺性章

佛言："夫为道者，犹木在水，寻流而行，不触两岸，不为人取，不为鬼神所遮，不为洄流所住，亦不腐败，吾保此木决定入海。学道之人，不为情欲所惑，不为众邪所娆，精进无为，吾保此人必得道矣。"

△二十八、疏意远色章

佛言："慎勿信汝意，汝意不可信。慎勿与色会，色会即祸生。得阿罗汉已，乃可信汝意。"

△二十九、正念待女章

佛言："慎勿视女色，亦莫共言语。若与语者，正心思念：我为沙门，处于浊世，当如莲花，不为泥污。想其老者如母，长者如姊，少者如妹，稚者如子。应当谛观，彼身何有，唯露秽恶，盛诸不净。生度脱心，息灭恶念。"

△三十、趣道避欲章

佛言："夫为道者，如被干草，火来须避。道人见欲，必当远之。"

△三十一、患淫断心章

佛言："有人患淫不止，欲自除阴。佛谓之曰：'若使断阴，不如断心。心如功曹，功曹若止，从者都息。邪心不止，断阴何益？'佛为说偈：'欲生于汝意，意以思想生。二心各寂静，非色亦非行。'"佛言："此偈是迦叶佛说。"

△三十二、离爱绝忧章

佛言："人从爱欲生忧，从忧生怖。若离于爱，何忧何怖？"

△三十三、坚心得果章

佛言："夫为道者，譬如一人与万人战。挂铠出门，意或怯弱，或半路而退，或格斗而死。意若无惧，或得胜而还。沙门学道，应当坚持其心，精进勇锐，不畏前境，破灭众魔，而得道果。"

△三十四、处中证理章

沙门夜诵迦叶佛《遗教经》，其声悲紧，思悔欲退。佛问之曰："汝昔在家，曾为何业？"对曰："爱弹琴。"佛言："弦缓如何？"对曰："不鸣矣。""弦急如何？"对曰："声绝矣。""急缓得中如何？"对曰："诸音普调。"佛言："沙门学道亦然，心若调适，道可得矣。于道若暴，暴即身疲。其身若疲，意即生恼。意若生恼，行即退矣。其行既退，罪必加矣。但清净安乐，道不失矣。"

△三十五、去垢成行章

佛言："如人锻铁，去滓成器，器即精好。学道之人，去心垢染，行即清净矣。"

△三十六、举胜显难章

佛言："人离恶道，得为人难。既得为人，去女即男难。既得为男，六根完具难。六根既具，生中国难。既生中国，值佛世难。既值佛世，遇道者难。既得遇道，兴信心难。既兴信心，发菩提心难。既发菩提心，无修无证难。"

△三十七、忆戒得果章

佛言："佛子离吾数千里，忆念吾戒，必得道果。在吾左右，虽常见吾，不顺吾戒，终不得道。"

△三十八、知命了道章

佛问沙门："人命在几间？"对曰："数日间。"佛言："子未知道。"

复问一沙门:"人命在几间?"对曰:"饭食间。"佛言:"子未知道。"
复问一沙门:"人命在几间?"对曰:"呼吸间。"佛言:"善哉!子知道矣。"

△三十九、学佛信经章

佛言:"学佛道者,佛所言说,皆应信顺。譬如食蜜,中、边皆甜。吾经亦尔,其义皆快,行者得道矣。"

△四十、尽恶圆觉章

佛言:"沙门行道,应渐拔去爱欲之根。譬如摘悬珠者,一一摘之,会有尽时。恶尽自得道也。"

△四十一、出欲免苦章

佛言:"夫为道者,如牛负重,行深泥中,疲极不敢左右顾视,出离淤泥,乃可苏息。沙门当观情欲,甚于淤泥,直心念道,可免苦矣。"

△四十二、视法了幻章

佛言:"吾视王侯之位,如过隙尘。视金玉之宝,如瓦砾。视纨素之服,如敝帛。视大千世界,如一诃子。视阿耨池水,如涂足油。视方便门,如化宝聚。视无上乘,如梦金帛。视佛道,如眼前花。视禅定,如须弥柱。视涅槃,如昼夕寤。视倒正,如六龙舞。视平等,如一真地。视兴化,如四时木。"

○三、流通分

诸大比丘,闻佛所说,欢喜奉行。

佛说四十二章经疏钞卷第一

清浙水慈云灌顶沙门续法述

　　△释此一经，大分为二：初、叙义门，二、随文注。
　　△初、叙义门二：先略标，次详释。
　　△先略标
　　【疏】将解此经，文分二章：初悬叙义门，次随文疏钞。前有六义：一、教起所因，二、藏乘时摄，三、教义分齐，四、所被机宜，五、能诠体性，六、宗趣通局。
　　【钞】"将"下，通序也。"前"下，别开也。初句标，"一"下列。此例《起信疏》旨，略开六门耳。夫圣人说教，必有因缘，故先辩教因。因缘既兴，有所起教，于藏乘分，何种所摄？故次约藏摄。藏乘时分，虽知其摄，于五教义，判归何教？故三显教义。已知教义深广，未审被何根器？故四明被机。既知教义普被诸机，未识能诠，何为体性？故五论教体。能诠文义，已知赅罗，所诠宗旨，通局若何？故六示宗趣。此即六义之生起也。
　　△次详释六：初、起因，二、藏摄，三、教义，四、被机，五、能诠，六、宗趣。
　　△初、起因
　　【疏】初、教因者，谓如来出现，非以一缘，非以一事。譬如须弥山王，不以无事及小事缘，令得振动。今经兴起，亦复如是，具多因缘：一为欲令在家者改过迁善故；二为欲令出家者速超生死故；三为欲令权乘者不迷圆实故；四为欲令断欲爱轮回根本故；五为观尘界无常苦空故；六令悟根身无我不净故；七欲示修诸行，不沉空寂故；八为欲知幻空，不着法相故；九为欲令明心性，达佛深理故；十为欲令守真常，疾得道果故。

【钞】初句标牒。"谓"下释义二：先总。"如来"等，引《华严》出现文。非一缘一事者，如酬因、应请、显理、度生也。"譬如"等，引《智度论》文，以喻证上法也。"今"下，合也。

"一"下，次别。佛未出时，凡夫造诸恶逆，外道起诸邪见，迷昧六尘，沉沦于四趣之中，缠绵五盖，没溺于三途之下。及佛降灵，说此妙典，能令凡外不起邪非，罪灭福生，离苦得乐也。下云："众生以十事为善，亦以十事为恶。""改恶行善，罪自消灭。"又云："被辱不瞋难，不说是非难。""忍辱多力，不怀恶故。忍者无恶，必为人尊。"（如四、五、六、七、八章等。）

"二"下，虽解在家多诸罪累，剃除须发，而为沙门，未得离生脱死之方，宁有超凡入圣之路？佛说此经，能令戒七支、登四果，知人命呼吸间，一心学道而已。下云："如牛行淤泥中，疲极不敢回顾，急走出之，方可苏息。"（如一、二、三、三十八、四十一章等。）

"三"下，权乘者，即三乘、五乘等人也。未闻经前，菩萨则退大向小，二乘则沉空滞寂，人天则享福受乐。既闻经后，人天也愿超三界，下云："得罗汉乃可信汝意"（二十八章），"视大千如诃子"（四十二章）；二乘也回小向大，下云："发菩提心难"（三十六中），"随化度人难"（十三中）；菩萨也会权归实，从因趣果，下云："知识灵觉即是菩提，得道疾矣"（二十章，总证也），又云："佛涅槃如夕寤，无上乘如梦金"（四十二章，别证，会渐归顿），又云："喜助人之施道，得福还有尽否？佛言：如一炬火，燃百千炬，火尽否耶？"（十章，会偏归圆）。则知开悟权教五乘者，无越此经矣。

"四"下，一切众生皆以淫欲而正性命，是故欲为轮回之本。《楞严》云："想爱同结，爱不能离，则诸世间父母子孙，相生不断，是等则以欲贪为本。"《十住断结经》云："是时座中有四亿众，自知死此生彼，牵连不断，欲为之源。"今说此经，初后皆明断爱离欲，去淫远色，为得解

67

脱之本。爱心不除，尘不可出。下云："慎勿视女色，亦莫共言语。"又云："当观欲情，甚于淤泥"等。（前后共十九章。）

"五"下，六尘色境，如幻泡影；三界火宅，八苦交煎。凡外不了，执真常乐，起诸惑业，轮转不休。故说此经，令悟无常。下云："观天地非常，世界非常"（二十中）。又云："视王位如隙尘，宝玉如瓦砾，纨素如敝帛，兴化如四时"（四十二中）。《净名》云："所见色与盲等，所闻声与响等，所嗅香与风等，所食味不分别，受诸触如智证，观诸法如幻化。"《楞严》云："见闻如幻翳，三界若空花。"《华严》云："住于梦定者，了世皆如梦。"则尘界苦空，岂可贪恋耶？

"六"下，一切男女身分，皆有无量过患。贪欲之狱，恒为烦恼系缠。臭秽之坑，常被诸虫唼食。似行厕而五种不净，若漏囊而九孔常流。瞋恚毒蛇，起害心而戕慧命。愚痴罗刹，执我见而啖智身。不坚似芭蕉水沫，无常如焰影电光。虽灌吞而反作冤仇，每将养而罔知报恩。犹恶贼而举世皆嫌，类死狗而诸贤并弃。奈何凡迷，从无始来，执身为我。因宝我故，贪求名利，欲荣益我；忿恨违情，恐侵损我。非理计较，展转相续。若能常观此身本来无我不净，即三毒自灭，三界自离也。下云："当念身中四大无我"（二十一中）等。又有贪女色者，不知罗衣罩了脓囊，锦被遮却屎尿桶，簪花草于腥臊头上，带麝香于臭皮袋畔，外假粉涂，内唯虫聚，鲍肆厕孔，粪丸疮疱。犹如彩画瓶中，多盛脓血粪秽。亦如西域尸陀林树，果如初生孩子，色甚鲜白，须臾堕在地上，胀烂臭秽。女身亦尔，腥膻垢恶。如何迷昧汉尚逞风流，却似厕虫乐粪。懵懂郎犹生颠倒，好像青蝇逐臭。眼前图快活，不及一时。身后受苦报，经历多劫。纵使妻儿相惜，无计为君。假饶骨肉满前，有谁替汝？佛说此经，令离女色。大患莫切于有身，大苦莫甚于有欲。是故见诸女身，当作粪囊、行厕、脓袋、虫窟观，恶疮、秽器、火坑、花箭观，无底枯井观，杻械枷锁观，痨病痢毒、死尸膖胀观，髑髅骨锁、火烧归尘观等。若能如是，自然出离五欲，成证四果也。下云："于色不舍，如刀上蜜，有割舌患"（二十三中）。又云："系于妻子，甚于牢狱，情爱于色，投泥自溺"（二十四中），"无能为道"

（二十五），"执炬烧手"（二十六），"祸殃横生"（二十八），"种种忧怖"（三十二）等。是则无我观为破身见之本，不净观为断色贪之根，求道者可不修欤？

"七"下，欲阶圣位，须修妙行。万行不修，诸位徒设。拨无因果，堕于断见外道。毕竟寂灭，同于偏空二乘。今则持七支戒，进四真道（一），取足（三），行善（四），悔过（五），孝亲（十二），明大力（十五、十六），灭众魔（三十三），发菩提心（三十六），方便化度（十三），此即入于大乘者也。

"八"下，根身器界，生灭万变，总是水中月影，空里花光。圣人了知虚妄，无取舍心，所以随处自在，得大安乐。凡夫于此执以为实，爱憎取舍，烦恼炽然，因惑造业，因业受苦，皆由不能识破而已。譬如两人，同观水中之月。愚者妄谓实月，欲图捞取，费力懊恼。智者了知虚妄，袖手安坐，快乐自在。《永嘉集》云："心与空相应，讥毁赞誉，何忧何喜？身与空相应，刀割香涂，何苦何乐？依报与空相应，施与劫夺，何得何失？"今教兴也，正令知幻，以般若照五蕴皆空。聚沫之色既虚，水泡之受何有？阳焰之想非实，芭蕉之行唯空。幻识倏尔无依，空大湛然不动。穷四大根本，性相尚无，则六根枝条，影响奚有？身见既不立，妄境又无从，理穷于此，人法俱空。见五阴中无有主宰，即人空慧。见六根上皆如幻化，即法空慧。下云："内无所得，外无所求"（二中），"触事无心，对境不动"（十三），"念无念念，行无行行"（十九），"无修无证"（三十六中），"如化如梦"等（四十二中）。

"九"下，此心凡圣之宅，根境之原。凡愚执作阿赖耶识，成生死苦恼之因。圣者达为如来藏心，受涅槃常乐之果。众生随情执重，不信有如来藏，念念昧如来法界之性，步步造众生业果之因，恶业日新，苦缘无尽。于安隐处，生衰恼心。向解脱内，成系缚果。受焰口针喉之体，经劫而饥火焚烧。作披毛戴角之身，触目而网罗萦绊。或堕无间狱，抱剧苦而常处火轮。或生修罗宫，起斗诤而恒雨刀剑。或暂居人界，刹那而八苦交煎。或偶处天宫，倏忽而五衰陷坠。长沉三障，不出四魔。皆为不知如来藏心，遗失唯识妙性。背真慈父，佣赁外方。舍大智王，依投他国。是以诸佛惊入火宅，说三乘教，引导众生出离三界。开悟之方，唯在明心。心有大小，理有浅深。明六识心性，达我空真如理，成小乘教果。明八识心性，达法空真如理，成大乘分教果。明无生心性，达二空真如理，成大乘始教果。明如来藏心性，达依言不空真如理，成大乘终实教果。明自觉境智心性，达离言真如理，成一乘顿教果。明圆融无尽心，达一真法界真如理，成一乘圆教果。如此理性一通，自可从凡夫而圆妙觉矣。下云："识心达本"（一章），"达佛深理"（二章），"观灵觉即菩提"（二十中）。又云："心如功曹"（三十一中），"学道应当坚持其心"（三十三中），"心若调适，道可得矣"（三十四中）。

"十"下，一切尘境，皆从识变；无尽诸法，并逐想生。离识无尘，离想无法。如此明达，顿悟前非。杌见鬼空，绳消蛇想。终不更待空里之花，将期结果；取梦中之物，拟欲牢藏。遂乃静虑虚襟，若凌空之逸翮；随缘养性，犹纵浪之虚舟。毕故不造新，契真而合道。故《楞严》云："以诸众生从无始来，循诸色声，逐念流转，曾不开悟性净妙常。不循所常，逐诸生灭，由是生生杂染流转。若弃生灭，守于真常，常光现前，根尘识心应时销落，则汝法眼应时清明，云何不成无上知觉？"下云："守志奉道，其道甚大"（九章）。又云："净心守志，可会至道"（十四中）。又云："学道之人，不为情惑，不为邪娆，精进无为，吾保此人必得道矣。"准知居一切时，循常守真，不起妄念，乃是修证之要门也。

此十因中，前三约人，后七约法。四、五、六，小教义也。七、相宗，八、空宗，九、终教，十、顿教。又后二，兼圆教义。若序其生起者：如来说经，专为度生，生可悯者，莫于凡外，故初为在家，令其染者净耳；二、所以染转净者，欲其出三界火宅家故；三、既得超凡入圣，为欲回小向大，会三归一故；四、五性等人，出二死者，必有断绝轮回法故；五、欲断爱根，应观尘界苦空；六、出三界苦，须悟根身无我；七、欲得二空，当修二无我观，六度万行；八、虽常行行度生，而不住于法相；九、欲不着相，在于明心；十、若使明心达理，须当净意守真。又由守真得道，所以令在家改过，出家超生。如此始终钩锁不断，故此教兴，有多缘也。

　　△二、藏摄

　　【疏】二、藏摄者。三藏之中，契经藏摄。二藏之内，声闻藏摄。于五乘中，后三乘摄。十二分教，长行文摄。于三时中，转照初转时摄。十化仪门，随机不定门摄。

　　【钞】"二"下，标章门。"三"下，释义相五：初、藏摄，二、乘摄，三、分摄，四、时摄，五、仪摄。

　　初、藏摄。三藏者，谓经藏、律藏、论藏也。于三学中，经诠定学，律诠戒学，论诠慧学。契经者，契理契机之经也。而云摄者，以此经中，佛自直说四谛观、无我观、无常观、菩提观，乃至对境不动、心行平等、守真合道、定如须弥，故是契经藏摄，诠定学也。下云："吾经亦尔，其义皆快。"亦兼律、论少分，下云"忆念吾戒，必得道果"，兼律义也；又问答人命在几间，兼论义也。二藏者，谓声闻藏、菩萨藏也。此经正为二乘，傍化菩萨，故无菩萨在会。而云"观菩提"、"视佛道"，亦是引摄小乘回向于大乘也，故是声闻藏摄。约兼亦可菩萨藏摄，发心度人，大乘义也。

　　"于"下，二、乘摄。五乘者，谓人、天、声闻、缘觉、菩萨五乘也。人则三归五戒，天则十善八定，声闻四谛法门，缘觉十二因缘，菩萨六度二果。今此经中，谈四果，度众生，视涅槃，守一真。不说归、戒、禅、善，故非人、天。乃是后三摄也。

　　"十"下，三、分摄。十二分者：一、长行，二、重颂，三、授记，四、孤起，五、因缘，六、无问自说，七、本事，八、本生，九、方广，十、未曾有，十一、譬喻，十二、论议。长行摄者，始从"尔时世尊成道"，终至"比丘欢喜奉行"，皆属长行文义，无有重颂等故。略兼自说、譬喻、论议。四十余章，不待请问，自说也。磨镜、澄水、炬室、蜜刀等，譬喻也。问命道，答明力，商火善，较琴道，论议也。

　　"于"下，四、时摄。三时者，谓先照时、转照时、还照时也。初转摄者，盖转照中，又开三时：一、初转时，如日出已，自下转上也；次、中转时，如日升已，自东转西也；三、后转时，如日暮已，自上转下也。今此一经，即在鹿野苑中度五比丘之后而说，故属初转，非中、后也。问：若尔，何以通大乘耶？答：以一时会，不唯局一小乘教故。《密迹力士经》说：佛初成道竟，七日思惟已，即于鹿园中为转法轮，广益三乘众，得大小等果。《大品经》云：佛初在鹿野，转四谛法轮，无量众生发声闻心，无量众生发独觉心，无量众生发菩提心、行六度等。

"十"下，五、仪摄。《华严疏钞》化仪有十：一、本末差别门，二、依本起末门，三、摄末归本门，四、本末无碍门，五、随机不定门，六、显密同时门，七、一时顿演门，八、寂寞无言门，九、赅通三际门，十、重重无尽门。不定摄者，以此经义，随闻一章一句，各各异解不同。如云："识自心源，达佛深理，悟无为法。"亦有人小乘者，或有成相宗者，又有会实教者。如云："心不系道，亦不结业，无念作，非修证，不历诸位，而自崇最。"或有悟偏真者，亦有解无相者，复有住顿教者。余诸文言，例此可知。故下喻云："譬如食蜜，中、边皆甜。"则十门内，不定摄矣。亦可兼差别门、无碍门中，显了三乘通益、三机一分之义。下云："饭一罗汉，不如饭一支佛。饭一支佛，不如饭一诸佛"等。

△三、教义

【疏】三、教义者，分别分齐，开为二门：一、约教诠法通局显分齐，二、约法生起本末显分齐。

一、约教诠法通局显分齐。教类有五：一、小教，唯谈人空故。二、始教，但明法空故；亦名分教，但说法相故。三、终教，复说中道故；亦名实教，多谈法性故。四、顿教，唯辨真性故。五、圆教，直谈法界故。初一小乘，二三大乘，四五一乘。若将此经显分齐者，正属小乘教，下云：世界非常，四大无我，为四真道，成四向果。亦可兼通余四教：发菩提心，随化度人，分教义也，无修无行，会者近尔，始教义也；觉即菩提，得道甚疾，终实义也；识自心源，不历诸位，顿教义也；经如食蜜，边、中皆甜，圆教义也。

二、约法生起本末显分齐。法相亦五：

初、唯一心为本源。所言法者，谓众生心，是心则摄一切世间、出世间法，即《华严》明一真法界心也，圆教齐此。

二、依一心开二门：一者心真如门，所谓心性不生不灭，即顿教分齐也。始教中空义，亦是密说此门，以空宗人不知如来遣相处，以为显真性，故非彼分。二者心生灭门，谓依如来藏故有生灭心，所谓不生不灭与生灭和合，非一非异，名为阿梨耶识，即终教分齐也。分教中识义，亦是密说此门，以相宗人不知佛说如来藏，以为阿赖耶，故非彼分。

三、依后生灭门明二义：一者觉义，谓心体离念，等虚空界。二者不觉义，谓不如实知真如法一故。即破相宗，齐此觉义，以为返本还源之地。以彼宗未明真空相即真如心性，故说诸法无不是空，纵有一法胜涅槃者，我亦说为如幻如梦，凡所有相皆是虚妄，离念相者，即是法身，依此法身，说名为觉。故空宗诠法，唯齐觉义。

四、依后不觉义生三细：一、业相，二、转相，三、现相。即唯识宗，齐此业相，以为诸法生起之本。以彼宗未明此三细等与真如同以一心为源，故说真如无知无觉，凝然不变，不许随缘，但说八识生灭，纵转成四智，亦唯是有为，不得即理。故相宗诠法，唯齐业识。

五、依后现相生六粗：一、智相，二、相续相，法执也；三、执取相，四、计名字相，我执也；五、起业相；六、业系苦相。小乘教明，唯齐第三，但断我执，未证法空故。人天乘教，唯齐第五，但知善恶业相，不识二执惑故。

下云"识心达本"、"无上"、"一真"，即一心也。"心不系道，亦不结业"，即真如也。"心中浊兴"、"心如功曹"，即生灭也。"言语道断，非物所拘，会者近尔，迷者远乎"，即觉不觉义也。"欲生于汝意，意以思想生"，即三细也。"邪心不止，断阴何益"，智、相续义；"人随情欲，求于声名"，取、名字义；"勿与色会，会即祸生"，业、苦相义，即六粗也。是知此经，具诠本末矣。

【钞】"三"下，标章。"分"下，释义，先总列。"一"下，次别明二。初教唯人空者，少说法空故。但法空者，未尽大乘不空理故。但法相者，有不成佛，未尽大乘法性理故。说中道者，谈缘起无性之理，拣非空宗无相、不说妙有也。多法性者，无性阐提悉当成佛，方尽大乘法性之理，拣非唯识多谈法相、少及法性也。唯真性者，拣非终教犹带法相说也。谈法界者，性海圆融，缘起无碍故。"初一"下，依教明乘也。"若将"下，以教判经也。正属小者，四十章中明小多故。如云："佛为解说，得须陀洹。""透得此门，出尘罗汉。""得罗汉已，可信汝意。"此等皆小义也。

"二"下，次法。依《起信论》所诠染法，从本起末，略开五重也。

"即《华严》"下，所宗虽四法界，统唯一真法界故。《行愿钞》云："一真法界，即诸佛、众生本源清净心也。"

密说此者，顿之离言绝相，正为显真如中体性，故于此门名为显了正说；始之离言绝相，但为明真如上空相，故此称名密意傍说。《原人论解》云："破相义通两势：若取破相明空为大乘初门，合入始教，即当觉义；若取破相显性，即属顿教，当真如门。"《长水记》云："此真如门，说心性不生不灭，乃至离言绝虑，故是显谈。《心经》谓诸法空相，即是真如之相，虽明其相，而不克显真如体性，故云密说。""二者"下，《原人论解》云："《论》文于此作两重能所依。初重以如来藏为所依总相，生灭、不生灭二义为能依别相。不生灭心即真如，属前顿教。生灭心即根本无明，属后始分教。真妄和合边，正属此终教也。第二重以赖耶识为所依总相，觉、不觉二义为能依别相。由前不生灭真心，故有觉义。觉义者，是真如气分故，属后始教。由前生灭妄识，故有不觉义。不觉义者，是无明气分故，属后分教。二义未分以前，属此终教。"故云阿梨耶识，即终教分齐也。终教显如来藏中心性，故称显了正说。分教但明如来藏中识相，故于此门名密说也。《长水记》云："分教虽说赖耶，而不说是藏性所成。今说性成，故非彼分。《密严经》云：'佛说如来藏，以为阿赖耶。恶慧不能知，藏即赖耶识。'"

"三"下，约生法。先标。"一"下，后释。《论》云："所言觉义者，谓心体离念。离念相者，等虚空界无所不遍，法界一相，即是如来平等法身。依此法身，说名为觉。所言不觉义者，谓不如实知真如法一故，不觉心起而有其念。"则知悟离念相，便名为觉。迷离念相，便名不觉。故是空宗齐也。"即破相"下，显分齐。返本还源地者，《论》云："依本觉故而有不觉，依不觉故说有始觉。何以故？本觉义者，对始觉说，以始觉者即同本觉。又以觉心源故，名究竟觉。不觉心源故，非究竟觉。"《疏》曰："以始觉同本觉故，则无本觉，平等平等，离言绝虑。尚无始本之殊，况有三身之异？是故佛果圆融，翛然无寄。"问：此觉义与前真如门何别？答：前真如门，但明心体不变。此门觉义，但显染中净相（本觉），及反流（始觉）还源（究竟觉），故有显性、空相之不同也。"以彼"下，出所以。问：云何《起信疏》中无此一段文耶？答：有二意：一、疏主以离言、破相，显真如义同，故于真如门中便预判云：'始教空义，亦密说此。'令人会通也。觉义中不释者，既上二门中，判始、分二教，密说非分；下三细内，配分教唯识。则二觉义中，显说始教真空，义例自可知也，故阙略之。《原人论》解主，以显性、明空义别，故判真如门属性宗顿教，觉义属始教空宗，恐人混滥也。此师解释，不唯开人法眼，而且得《疏》深意，故特称之。二、疏主原本或有，圭山删本去之，未可知也。今准上下文义，不妨重为配释。

"四"下，约法生起，对后事识六粗，名为三细。业相，赖耶自证分也。转相，能缘见分也。现相，所缘相分也。"即唯识"下，显教分齐。彼说诸法生起，但依赖耶，以为其本，故名此识为总报主。一切种子、根身器界，皆此识变。仍独说此以为所熏，熏成种已，后起现行，皆依此识，故云生起本也。"以彼"下，出其缘由。彼宗未说一心为生灭、真如二门之源，以留在终教说故。若尽说之，权、实何分？"故说"等者，以不知真如即心，故说体无知觉，坚如玉石，不可受熏。既非熏性，焉能随缘？由是但执真如不变不随缘也。"但说"等者，既不许真如随缘，成诸染净，故说赖耶为生灭本。由是明法生起，但齐业相。根本既唯生灭，成智亦是有为。然理是无为，安得与之相即？如熔金范土，各成其器，故云不得即也。

智相，俱生法执。相续，分别法执。执取，俱生我执。计名，分别我执。上四皆惑道也。起业，业道也。系苦，苦道也。齐第三者，菩萨始能断法执障，故不至二。齐第五者，二乘方知业从何生，故不至四。

"下云"下，引文证。"欲生"等者，《起信》云："意有五种：一、业识，二、转识，三、现识，四、智识，五、相续识。依此五意，转生意识。随事攀缘，分别六尘，名为意识。"故云欲生于意也。《论》又云："言不觉者，谓不如实知真如法，以有不觉妄想心故。"故云意以想生也。余易可知。

△四、被机

【疏】四、被机者，机开三门：一、三聚。此经正为正定及不定聚，下云："投泥自溺，故曰凡夫。透得此门，出尘罗汉。"兼为邪定作远因缘。二、四乘。正为三乘人，令其成菩提。兼为一佛乘，令增长妙行。下云："观世界，念非常。观灵觉，即菩提。"又云："视方便门如化，视无上乘如梦。"三、五性。正被三乘不定性人，下云："既得遇道，兴信心难。既兴信心，发菩提心难。既发菩提心，无修无证难。"兼被一类无种性人，作远因缘，下云："天神献玉女于佛，因问道意。佛为解说，即得初果。"则知一切众生，无非为所被也。

【钞】"四"下，牒门。"机"下，释相。

"一"下，正定，三乘性也；邪定，凡外种也；无正知决择，不拨无因果，名不定也。正为正定者，下文俱云"学佛道者"，或云"夫为道者"。不定，如疏引。邪定作远缘者，如下谓："恶人骂佛，佛默不对"，"恐祸归身，慎勿为恶"等。

"二"下，四乘者，谓声闻小乘、缘觉中乘、菩萨大乘、最上一佛乘也。"观世界非常"等者，小乘下智，观苦空无常，得声闻菩提；中乘中智，观因缘生灭无常，得缘觉菩提；大乘上智，观诸法如梦幻泡而无常，得菩萨菩提；一乘上上智，观一切法刹那无常，空无生性，得佛菩提。《楞伽》云："一切法不生，我说刹那义。初生即有灭，不为愚者说。""又云"下，方便，三乘也；无上，一乘也。

"三"下，"既得"等，证三乘不定；"既发"等，证一乘性人。天神，六欲中魔天也。"则知"下，一切众生皆有佛性，有佛性者皆得作佛，故尽为机。不同相宗,唯被菩萨性及不定性也。

△五、能诠

【疏】五、能诠者,略作四门:一、随相门,又五:一、名句文身体,二、音声言语体,三、通取四法体,上三皆能诠;四、通摄所诠体,下云"佛所言说,其义皆快";五、诸法显义体,下云"视世界如一诃子,视兴化如四时木"。二、唯识门,前五教体皆是自识之所变故,下云"识自心源,达佛深理"。三、归性门,此识无体,唯真如故,下云"识心达本,解无为法,法无念修,言语道断"。四、无碍门,谓前三门,理事心境,同一缘起,混融无碍,下云"譬如食蜜,中、边皆甜,吾经亦尔"。准此教体,通摄四门也矣。

【钞】"五"下,标门。"略"下,释义总也。"一"下,别也。

随相者,约六尘境相,以出体也。名诠诸法自性,如名色名心等。句诠诸法差别,如言形色、显色、真心、妄心等。文即是字,为性别二所依止故。音声体者,音声实也,名等假也,离声无别名等,摄假从实故。通取四者,名等是声上屈曲假相,音声是名等实体,唯声则不能诠表,唯名等则无自体,今兼四法,是以假实体用兼资也。所诠义理也,若不诠义,教文何用？若无声文,理从何显？经云:"文随于义,义随于文。文义相随,乃成教体。""下云"下,上句证前能诠为体,下句证今所诠为体。诸法显义者,谓遍六尘境,总有生解义,悉为教体,如光明、香饭等。

唯识者,谓说者净识所现文义为增上缘,令闻者识上文义相现故。达理者,上唯明境,此则显心,较前为深也。

无为,真如性也,心之体故,

无碍者,约三门无碍,以出体也。理,性也。心,识也。事,境相也。心境理事,交彻相摄,故云无碍。

约教,初门小,二门始,三门终顿,四门圆也。

△六、宗趣

【疏】六、宗趣者,先总辨诸宗。宗途有六:一、随相法执宗,即小乘诸师,依《阿含》、《缘生》等经,造《婆沙》、《俱舍》诸部论等。二、唯识法相宗，即无著、天亲依《方广》、《深密》等经，造《瑜伽》、《唯识论》等。三、真空无相宗，即提婆、清辨依《般若》、《妙智》等经，造《中观》、《百论》等。四、藏心缘起宗，即坚慧、马鸣依《胜鬘》、《涅槃》等经，造《宝性》、《起信论》等。五、真性寂灭宗，即马鸣、龙树依《楞伽》、《般若》等经，造《真如三昧》、《智度论》等。六、法界圆融宗，即龙树、天亲依《华严》等经，造《不思议》、《十地论》等。今此经宗，当其初一门也。

次别明此经，有总有别。总以断欲去爱、识心达理为宗，悟入无为、超证菩提、归无所得为趣。别有五对：一、教义对，崇教说为宗，会义意为趣。如天神献女，因问道意，佛为解说，即得道果等。二、事理对，举事相为宗，显理性为趣。如云："欲从于意思想生，二心寂静非色行"等。三、境智对，缘理境为宗，观智行为趣。如云："行道守真者善，志与道合者大。""心垢灭尽，净无瑕秽，得一切智。"四、修证对，修成贤为宗，证入圣为趣。如云："学道见谛，无明即灭"等。五、因果对，历因位为宗，克果德为趣。如云："既发菩提心，无修无证难。""心若调适，清净安乐，道可得矣。"此五是从前起后，渐渐相由者也。

【钞】"六"下，章门。当部所崇尚者曰宗，宗旨之所归者曰趣。"先"下，义相。诸宗者，通指大小乘宗一切经论也。小有二十部异，大有性、相、空宗。随相法执者，谓一切我法中，起有无执故。唯识法相者，谓一切诸法，皆唯识现故。真空无相者，谓一切诸法，皆空无相故。藏心缘起者，谓一切诸法，唯是真如随缘，具恒沙性德故。真性寂灭者，谓相想俱绝，直显性体故。法界圆融者，谓无尽法界，如因陀罗网，主伴重重，普融无碍故。然此六宗，后胜于前。初一小乘教，后四大乘。二即相宗分教。三即空宗始教。四终教，五顿教，六圆教，俱性宗。又教与宗，互有宽狭。宗则一宗容具多经，随何经论皆此宗故。教则一经容有多教，若局判一经以为一教，则抑诸大乘矣。

当初一者，正破二乘情执，令其回小向大，菩萨不预会故。依《大疏》分，合二十部为六宗：一、我法俱有，二、法有我无，三、法无去来，四、现通假实，五、俗妄真实，六、诸法但名。前四宗唯小乘，后二义通大乘。今当第五、六也。

"别"下，教说者，即四十二章也。义意者，文下必有义故，若无所诠之义，则同乎篇韵，殊无意况矣。"如天"下，解说，教也；道意，义也。又云："佛所说经，其义皆快。"

"二"下，事理，义所具者。"如"下，上句证事，下句证理。又如举弹琴弦急缓，事也。显身心疲暴、适中，理也。

"三"下，境智，理内出者。守真，境也。与合，智也。心垢净，境现证也。一切智，智发得也。又云："观天地，念非常"等。

"四"下，修证，随智起者。小则资、加为贤，四果为圣。大则住、行、向为贤，十地等为圣。"如"下，学道，贤也，见谛，圣也，大小乘俱通。又云："观灵觉即菩提，视佛道如眼花。"

"五"下，因果，证中成者。小则四向以下为因，四果无学为果。大则等觉以下为因，妙觉佛位为果。"如"下，初句证因，次句证果；"心若"二句因，"道"句果也。又云："得罗汉已，可信汝意。""得一切智，可谓明矣。""视无上如梦，视涅槃如寤。"

从前起后者，谓有教义，然后有理事，而境智又从理事生，故曰相由。以要言之，不出教、理、行、果。亦可教义宗，理事趣；理事义宗，境智修证趣。亦可翻后向前，以明宗趣。举因果为宗，修证智为趣；修证智宗，达理事教义为趣。亦是相由义也。

△二、随文注三：初、题目，二、译人，三、经文。

△初、题目

【经题】佛说四十二章经

【疏】"佛"者，梵语具云"佛陀"，此云"觉者"，谓觉了真妄性相者也。觉有三义：一、自觉，我空拣异凡夫；二、觉他，法空拣异二乘；三、觉满，俱空拣异菩萨。即本师释迦牟尼佛也。"说"者，悦也，四辩宣演，悦所怀故。教颁佛口，畅彼机心，以教合机，故称"佛说"，拣非余四人所说也。"章"，篇也，条也。所说法门约有四十二篇、四十二条，表二乘回小向大，大乘转权成实，超历四十二重位也。"经"者，梵语"修多罗"，此云"契经"，契谓契理、契机也，经谓贯、摄、常、法也。

【钞】先随相释，分四：初、能说佛，二、正明说，三、所说法，四、结说名。

初、能说佛。觉了真妄性相者，妄，小教；真，终教；相，始教；性，顿教；真性、妄相融通交彻，圆教。觉此五者，始名佛也。"觉有"下，复有三觉：一、本觉，二、始觉，三、究竟觉。初则全觉全迷，中则觉而未尽，末乃无所不觉。今指后一觉也。又离心名自觉，离色名觉他，俱离名觉满。三觉俱圆，故曰佛，为自他觉满之者。

"说"下，二、正明说。四辩，法、义、词、乐说也。《中论》云："佛依二谛，为众生说。词、法二无碍智，以世智差别说。乐说、义无碍智，以第一义智善巧说。"悦所怀者，得机而说，畅本怀故。"教颂"下，上离释，此合释也。拣余四者，说通五人：一、佛，二、菩萨，三、天，四、仙，五、化人。今是佛口亲宣，不同后四人说经也。

"章"下，三、所说法。四十二章者，如汉高祖之约法三章也。若陈列之：一、出家证果章，二、达理崇道章，三、割爱取足章，四、转恶成善章，五、改过灭罪章，六、忍恶无瞋章，七、呵佛招祸章，八、害贤灭己章，九、守志会道章，十、助施得福章，十一、举田较胜章，十二、尊亲显孝章，十三、详难勉行章，十四、守道净命章，十五、行善志大章，十六、忍力心明章，十七、澄浊见道章，十八、灭暗存明章，十九、无相会真章，二十、观觉得道章，二十一、推我成空章，二十二、求名危身章，二十三、贪财招苦章，二十四、系妻溺泥章，二十五、恋色亡道章，二十六、欲损道益章，二十七、逆情顺性章，二十八、疏意远色章，二十九、正念待女章，三十、趣道避欲章，三十一、患淫断心章，三十二、离爱绝忧章，三十三、坚心得果章，三十四、处中证理章，三十五、去垢成行章，三十六、举胜显难章，三十七、忆戒得果章，三十八、知命了道章，三十九、学佛信经章，四十、尽恶圆觉章，

四十一、出欲免苦章，四十二、视法了幻章。四十二重位者，谓十住、十行、十向、十地、等妙觉也。表超历者，恐有难云：何以不多不少，而独四十二耶？故此通云：为超四十二地位故，是以不多少也。

"经"下，四、结说名。案五印土，呼线、席经、井索、圣教，皆名"修多罗"。线能贯花，经能持纬，索能汲水，教能诠义。若敌对翻，应名"圣教"。今不取者，滥律、论故。去"线"、"索"者，此方不贵重故。独取"席经"者，古德见此方圣说为"经"，贤说为"传"，彼土佛说名"修多罗"，菩萨、罗汉说名"阿毗达摩"，遂以此圣经代彼佛说修多罗，兼借彼"席经"，以目彼圣教，故不称余而名为"经"。借义助名，更加"契"字，则不同乎"席经"矣。契有二义：一、契理，合道之言也；二、契机，逗根之教也。经有四义：一、贯，谓贯穿所说之理也；二、摄，谓摄持所化之生也；三、常，古今不易也；四、法，近远同尊也。前二《佛地论》义，后二此方释义，则四字中摄尽余义矣。若略明之，谓释迦佛所说四十二章之契经也。

【疏】此一题中，有八事四对。一、教义对，"经"之一字能诠教也，"佛"等六字所诠义也。二、人法对，就前义中分出，"佛说"能说人也，"四十二章"所说法也。三、通局对，就前法出，"章"之一字通也，"四十二"局也。四、应感对，就前人分，"佛"显我能应之主也，"说"悦彼所感之机也。

【钞】次、作对释。先总。"一"下次别。

始从世尊成道，终至比丘奉行，声名句文，皆能诠经也。名下必有意味，文中必有理趣，皆所诠义也。《瑜伽》云："谓经题体，略有二种：一、文，二、义。文是所依，义是能依。"《大疏》云："语言皆能诠，义旨皆所诠。教义相成，成经题体。"

"二"下，亦可名境智对、体用对。"佛说"，法身境体也。"四十二章"，报化智用也。

"三"下，亦可名总别对。四十二条并称为章，总也，通也。前前文义，非同后后，别也，局也。

"四"下，亦可名生佛对、机教对、因果对。佛乃果上能应之教主也，说是因中所感之生机也。

是则依四对义，以立此题名耳。

【疏】离合释之。佛之说经，依主释也。佛说有四十二章，有财释也。四十二章，带数释也。四十二章即经，持业释也。《佛说四十二章经》，非《大方广华严疏钞》，相违释也。

【钞】三、离合释。此且顺题以作五释，详则兼一兼二不同。佛说之四十二章，佛说四十二章之经，皆依主也。若改"之"为"即"，皆持业也。又改为"有"字，有财可知。更改为"非"字，是相违矣。

【疏】诸经立名，不出人、法、喻，或单或复。此经以人、法受称者也。

【钞】后、得名释。单者，《弥陀经》单人，《般若经》单法，《梵网经》单喻也。复者，《佛报恩经》，人、法，无喻；《妙法莲华经》，法、喻，无人；《菩萨璎珞经》，人、喻，无法；《大方广佛华严经》，具足人、法、喻三矣。诸经得名，其类繁广。人、法称者，"佛说"，人也。"四十二章"，法也。有人有法，故标名焉。

△二、译人

【译者】后汉沙门迦叶摩腾、竺法兰同译

【疏】后汉，标代。对前高祖，称之曰后。亦名东汉，都洛阳故。即光武之后孝明帝朝也。

"沙门"下，出名。先通称，梵语具云"沙迦懑曩"，此云"勤息"，谓勤修戒定慧善法，息灭贪瞋痴恶事也。"迦"下，次别号。迦叶摩腾，中天竺人也，婆罗门种，解大小乘经，以游化为任。有一小国，请腾讲《金光明经》，能令邻国不侵，请和求法。竺法兰，亦中印度人，诵经百余万言，学徒千余。

同译者，显德。翻梵语为华言，谓之译。二祖共翻音字，谓之同。《汉纪》云：明帝永平三年，夜梦金人，项有日光，飞至殿上。旦问群臣。太史傅毅对曰："臣闻西域有神，其名曰佛，身长丈六，放金色光。陛下所梦，将非是乎？"博士王遵推《周书异记》佐之。至七年，敕郎中蔡愔、中郎将秦景等十八人，西求佛法，至天竺邻境月氏国，遇梵僧腾、兰二人，请归汉地。将画释迦佛像，并诸经典，用白马驮来，以永平十年腊月三十，入阙进献。帝大悦，遂馆于鸿胪寺，复敕于雍门外立寺，腾、兰居之，名白马寺。不多时日，便善汉言，即为译出《四十二章经》一卷，约有二千余言，缄在兰台石室中。明帝敕画工图写佛像，置清凉台山大孚灵鹫寺内，及显节陵上。后腾卒于洛阳。兰与愔等，复译出五部经，所谓《十地断结》、《佛本生》、《法海藏》、《佛本行》等，凡十三卷。会移都寇乱，四部失本不传，唯《四十二章经》，江左现行。汉地有三宝，自腾、兰始也。故云同译。

【钞】明帝，光武子也。

沙门有四，《瑜伽论》云：一、胜道，即佛菩萨等；二、说道，谓说正法者；三、活道，修诸善品者；四、污道，作诸邪行者。《涅槃》说四比丘：一、毕竟道（无学），二、示道（初二三果），三、受道（通内外凡），四、污道（犯四重者）。义同上。今译主，据本说即毕竟胜道，依迹论是开示说道也。又律明四种沙门：一、威仪沙门，名充像比丘；二、形服沙门，名幢相比丘；三、名闻沙门，名虚诳比丘；四、实行沙门，名如法比丘。《大论》云：僧有四种：一、有羞僧，持戒不破；二、无羞僧，身口不净；三、哑羊僧，根钝无慧；四、真实僧，向四果道。义亦同上。今二三藏，皆是后一种也。

梵语，西天梵国语也。华言，东土华夏言也。

译者，翻也，谓翻梵天之语，转成汉地之言也。译者，易也，以其所有，易其所无，故以此方之言音，换彼土之佛语也。《周礼》掌四方之语，各有其官，东曰寄，南曰象，西曰狄鞮，北曰译。今通西语而云译者，盖汉世多事北方，而译官兼善西语，故腾、兰始至，即译此经，因称译也。

翻音字者。西梵语字，与此全殊。若译佛经，须先随其梵音，以此方之字易之，名为翻字。然亦仍同咒语，不知其为何等，又须兼通两土言者一一翻之，谓之翻音。

推《周书》者，王遵奏曰："臣按《周书异记》云：周昭王甲寅二十四年四月八日子时分，有五色祥光，贯太微宫。时王问群臣所以，有太史苏由对曰：西方有大圣人生焉，却后千年，教流于此，陛下梦者是其人矣。"故云佐也。

佛像者，依优填王旃檀像而画也。大孚灵鹫者，《会玄记》云：明帝时，摩腾天眼，见有阿育王舍利塔在五台焉，请帝立寺。帝信佛理，即立寺以劝人。山形似于灵鹫，故号为大孚灵鹫也。《本行》等者，指《四十二章经》言。《三宝纪》云：永平十六年，摩腾示寂。竺法兰自译经五部，共十三卷。

三宝自腾始者。传云：永平十四年正月十五日，帝敕僧、道，并集白马寺。道士置三坛，别开二十四门。南岳褚善信，华岳刘正念，恒岳桓文度，岱岳焦得心，嵩岳吕惠通，霍山、天目、五台、白鹿等十八山道士祁文信等，六百九十人，各赍《灵宝真文》、《太山玉诀》、《三元符箓》等五百九卷，置于西坛；茅成子、许成子、黄子、老子等二十七家子书，二百三十五卷，置于中坛；馔食尊祀百神，置于东坛。帝御行殿，在寺南门。佛像、舍利、经宝，置于道西。道士以柴荻和沉檀为炬焚经，悉成灰烬。褚善信等相顾失色，南岳道士费叔才自感而死。腾得罗汉果，飞身空中，广现神变。诸天雨花作乐，感动人情。法兰叹三宝德，说善恶业，六道三乘，皆有果报，又称出家功德最高，初立佛寺，同梵福量。后宫阴夫人王婕妤，与诸宫娥等二百三十人出家。司空杨城侯刘善峻，与诸宰官士庶人等一千余出家。四岳诸山道士吕惠通等六百三十人出家，京都张子尚等三百九十人出家。便立十所寺，城外七所安僧，城内三所安尼。故曰自腾始也。

△三、经文三：初、序分，二、正宗分，三、流通分。

△初、序分二：初、证信序，二、发起序。

△初、证信序二：初、序成道思惟以证教主，二、序转轮度人以证处众。

△初、序成道思惟以证教主

【经】尔时世尊既成道已，作是思惟："离欲寂静，是最为胜。住大禅定，降诸魔道。当转法轮，度脱众生。"

【疏】证信者，标列六种成就，以为证据，令总信受也。

"尔时"者，当彼三十成道以后，三七思惟之时也。"世尊"者，十号中一，盖释迦佛为三世间之所尊故。"道"者，梵语"菩提"，此云"觉道"，悟而不迷曰觉，至妙虚通曰道，即识自心源，达法性理也。证知曰成，究竟曰已。

作思惟者，自觉已圆，能觉他者，如来应世，是故始坐道场之时，观树经行，思惟三事也。《过去因果经》云："佛成道初七日，思惟法妙，无能受者；二七日，思惟众生上中下根；三七日，思惟机缘，谁应先闻。"《法华》亦尔。今下寂静，思法妙也；转轮，思谁闻也；度生，思三根也。

欲为三毒之首，十恼之元，六道之本，二死之基。今得离欲，众苦便灭。非如众生深着五欲，入于险道，受苦不断也。不生灭曰寂，无烦恼曰静。诸法体性，离诸欲故，常寂灭故，本不生故。此寂灭场阿兰若处，于诸法中莫能比并，故为最胜。

梵语"禅那"，华言"思惟修"，亦云"静虑"。定者，摄心专注不流散故。深妙曰大，超出世间凡外禅故。住者，能住三业也，所住禅定也。于四住中，当三三昧。梵语"魔罗"，秦言"杀者"，杀慧命故；亦言"能夺"，夺法财故；或言"恶者"，多爱欲故；又翻为"障"，作障碍故。佛以功德智慧度脱众生入涅槃为事，魔以破坏众生出世善根令流转为事。故成道时，波旬怀恶，来恼害也。道有二义，一者道途，二者道法。《楞严》云："纵有多智禅定现前，如不断淫，必落魔道（道途也）。上品魔王，中品魔民，下品魔女。彼等诸魔亦有徒众，各各自谓成无上道（道法也）。"魔有四种，谓烦恼、五蕴、生死、天子，故云诸也。降者，能降禅定也，所降诸魔也。因修观法，果得离欲，住于深禅，降天恼魔。因修止法，果得寂静，住于妙定，降死蕴魔。余如别说。故思此法为最妙也。

转，展也，自我之彼也。法，轨持也。轮如车轮，有摧碾义，能摧障恼也。展开佛心中法，度入他心，碾破其惑业，名转法轮。度脱众生者，济度众生，脱离生死此岸、烦恼中流，到于涅槃彼岸也。当者，正显作思惟相，为谁先闻，何等根也。然此思惟中，实通三时。故释离欲等六法，亦赅五会。今就以方便力，为五人说，且约小教释也。

【钞】所以言三七者，为表如来三时说法也。三世间者，谓情、器、智。情即天龙八部，器即地水火风神等，则摄世间凡也。智正觉即三乘，则摄出世圣也。世出世间共所尊崇，故云世尊。菩提、觉道，略言也，具云"阿耨多罗三藐三菩提"，此翻"无上正等正觉知道"。"菩提"，觉道，拣三途不觉。"三"，正，拣凡外不正。"三藐"，正等，拣二乘不等。"阿耨多罗"，无上，拣大乘菩萨有上。约教乘，初即人天，次即声闻、缘觉，三即始、终、顿菩萨，四即圆佛。故能成此，即名佛也。识、达释觉，心、性释道。识六识心，达我空性，小教佛也。识八识心，达法空性，始教佛也。识藏识心，达缘起性，终教佛也。识真识心，达寂灭性，顿教佛也。识圆融心，达法界性，圆教佛也。今对当经，且依初义。

《法华》亦尔者，经云："我始坐道场，观树亦经行，于三七日中，思惟如是事：我所得智慧，微妙最第一。众生诸根钝，着乐痴所盲。如斯之等类，云何而可度？"所得，思法妙也。对今经，彼约智，此约境，稍有异耳。诸根，思三根也。何度，思谁闻也。

问：若尔，世亲哪云初七思惟因（自所得法）缘（所化机宜）不说，第二七日即说《华严》耶？

答：《十地论》谓初七拟宜得一乘机，故二七中即说。《大经》、《法华》、《因果经》谓奈有三根不同，一乘化之不得，故于二七说《华严》时，重复思惟，至三七后，随宜说三。是以经云："我即自思惟，若但赞佛乘，众生没在苦，不能信是法（《华严》大教法也）。我宁不说法，疾入于涅槃。"故无违也。

"欲为"下，离欲，通教、行；寂静，约理、果，出己所证法相。最胜，赞其妙也。证此最胜，名为世尊。修此最胜，名最胜子。"不生"下，合释也。谓离情爱欲，则转烦恼而得菩提，受用法乐静妙也。离尘境欲，则转生死而得涅槃，法性真乐寂灭也。若开释之，亦可云离烦恼欲，成菩提果；寂静生死，成涅槃果。二果，法中最胜也。"阿兰若"者，此云"无喧净"。事则所居闲处，无诸愦闹。法则所证真理，无有杂染。事理俱寂，名阿兰若。今且约法言也。

超出世间凡外禅者，禅有三：一、世间禅，谓四禅、四空、四无量心；二、出世间禅，谓九想、八念、十想、八背舍、八胜处、十一切处（观禅也）、九次第定（炼禅也）、狮子奋迅三昧（熏禅也）、超越三昧（修禅也），至于六妙门、十六特胜、通明观，亦世间亦出世间禅也；三、出世间上上禅，谓自性禅、清净禅、实相定、楞严定、真如三昧、海印三昧等。今皆证入，故曰深。《圭山集》云："带诸异计，欣上厌下而修者，是外道禅。正信因果，亦以欣厌而修者，是凡夫禅。悟我空偏真之理而修者，是小乘禅。悟我法二空所显真理而修者，是大乘禅。若顿悟自心本来清净，原无烦恼，无漏智性本自具足，此心即佛，毕竟无异，依此而修者，是最上乘禅，亦名如来清净禅。"佛悉成就，故曰妙。约教，且住出世小乘禅故云尔也。

四住者，佛摄众生，随宜而住，或现天住，谓欲天因，即十善道、施戒心也；或现梵住，谓梵王因，即四禅、四无量心也；或现圣住，谓三乘因，即三三昧也；或现佛住，谓一乘因，即首楞严百八三昧也。

"波旬"，此云"极恶"。常有恶意，成恶法故。违佛乱僧，罪莫大故。释尊出时，魔王名也。如别说者，《处胎经》云：菩萨坐阎浮树四十八日，观树思惟，感动天地，光蔽魔宫。波旬恐怖，召臣兵，会千子，告四女曰："汝现姿媚，坏佛道意。"女往佛前，变成老母。《观佛三昧》云：魔王大怒，遍敕八部，各兴四兵，尽其变态。又敕阎罗，阿鼻苦具一切都举，向菩萨所。菩萨徐举眉毫，拟狱罪人，白毫出水，注火灭已，心得清凉，称南无佛。以智慧力，伸手按地，应时地动，魔与兵众颠倒而堕。余如《本起》。

轨持者，持是法体，谓任持自性也，如火性暖、水性湿等；轨是法用，谓轨生物解也，如火熟物、水浮舟等。今苦、集下坠，灭、道上升，性各决定，持也。苦、集成凡，灭、道作圣，业自差别，轨也。

实通三时者，以不别出二七、三七故。

六赅五者：初思华严会，先照时，离十不可说诸法爱欲，无障碍涅槃法胜，住法界禅观，降十无尽魔，转根本轮，度圆顿根熟众生。次思阿含会，初转照时，离有漏情欲，寂静偏空涅槃法妙，住谛缘禅观，降界内四魔，转小乘法轮，度人天中凡夫外道；深密会，中转照时，离无漏法欲，静居无住涅槃胜境，住唯识禅观，降界外四魔，转三乘法轮，度二乘愚法一类；妙智会，后转照时，离漏无漏诸法相欲，寂止无相涅槃胜境，住真空禅观，降界内外取法相魔，转一乘法轮，度三乘权教一类。三思法华涅槃会，还照时，离漏无漏诸法性欲，究竟如来大般涅槃寂静法胜，住诸法实相禅观，降界内外非法相魔，转归本轮，度一乘根熟众生。下文既云鹿苑转谛，则小教义显，余会隐含，自可知矣。

又诸佛出世，必具八相，谓降兜率、托胎、出胎、出家、降魔、成道、转法轮、入涅槃。今成道中摄前四相，度生中摄涅槃相，余思之。

△二、序转轮度人以证处众

【经】于鹿野苑中，转四谛法轮，度憍陈如等五人而证道果。

【疏】鹿野苑者，群鹿所居故；亦名仙苑，古仙栖止故；亦名柰苑，从树为名也。

四谛，谓苦、集、灭、道，四真谛理。苦以逼恼为义，即三苦、八苦等。集以招感为义，即见、思二惑等。灭以累尽为义，即有余、无余二种涅槃。道以除患为义，即三十七道品。前二是世间因果，后二是出世因果。有苦可知，苦定是苦等，故名为谛。

转有三：一、示相转，谓此是苦，乃至此是道；二、劝修转，谓苦应知，集应断，灭应证，道应修；三、作证转，谓苦我已知，不复更知，乃至道我已修，不复更修。此即十二教法轮也。又转四谛法时，即能生圣慧眼，别有三相，名智、明、觉，依去、来、今，而有差别。或眼、智、明、觉，随转随生。此即十二行法轮也。唯行无教，不名为法。有教无行，亦无轮名。为有三根，生三慧，成三道，故三转轮。

憍陈如者，姓也，此翻"火器"，婆罗门种，其先事火，从此命族。

名"阿若",此翻"已知",亦翻为"解",或云"了本际"等。等五人者,即頞鞞、跋提、迦叶、拘利也。頞鞞,此云马胜;跋提,此云小贤;并拘利太子,父之亲也。十力迦叶,及憍陈如,母之亲也。

证道果者。太子入山,父王思念,乃命家属三人、舅氏二人,寻访住止,随侍动静。二人着五欲,太子初食麻麦,勤行苦行,便舍之去。三人着苦行,太子后受饮食,乳糜酥油,舍其苦行,亦复远去。洎成佛果,念谁先度?因思五人侍随劳苦,即往波罗柰(此翻"江绕城",即柰苑也),为说四谛,陈如得法眼净,四人未得。佛又重说四谛,四人得法眼净。因语之曰:"一着五欲,一着苦行,皆非中道。离此二边,是名中道。"次又为说四谛,五人同时得无生忍,成罗汉果。佛三问:"知法未?"即三答云:"已知。"地神唱,空神传,乃至梵世。陈如最前见佛相、闻法鼓(教)、服道香(行)、尝甘露(理)、入圣流(初果)、成无漏(四果果也),在一切人天罗汉之先,故但标陈如,以摄余四也。

转四谛轮,是法。五人证果,是僧。加前世尊,是佛。前思离欲法胜,今令证道。前思转何法轮,今示四谛法药,先闻鹿野。前思度何众生,今度陈如五人。准知前章唯主成就,此章摄余五成就矣。鹿野,处中摄时。《贤首教章》云:"或三七后说,如《法华》等。或六七后说,如《四分律》、《萨婆多论》。或七七日说,如《兴起行经》。或八七日说,如《十诵律》。或五十七日后说,如《智度论》。或第二年方度五人,如《十二游经》。"转轮,闻成就也。证道,信成就也。下之四十二章,皆释四谛相故。五人而言众者,《大论》引《大品经》云:初转法轮时,陈如得初果,八万诸天得无生忍等。六既成就,岂不足征?则遐方异世,自谛信而无余议矣。

【钞】八苦等者,指十苦、百一十苦。凡三界内六道生死,皆苦相也。二惑等者,惑与业俱,能招生死苦故。累,生死也。惑业既尽,则无生死累矣,故云累尽为灭。灭谛之体,是二涅槃。子缚已尽名有余,灰身泯智名无余。虽非真谛,能冥于理故。患,烦恼也。广虽三十七,略唯戒、定、慧。此正助道,能除烦恼,通至涅槃故。因果者,集为因,苦为果;道为因，灭为果也。先果后因者，小乘根钝，知苦断集，慕灭修道故。等者，谓有集可断，集定是集；有灭可证，灭决定灭；有道可修，道必是道。《遗教经》云："苦谛实苦，不可令乐"，乃至"道是真道，更无余道。世尊，月可令热，日可令冷。佛说四谛，不可令异。"谛者，真实不虚也。

"又"下，释有二意：初、会玄约谛。每一谛下，生智等三。谛虽三转，智等无异，故十二也。去、来、今者，智去、明来、觉今也。"或"下，二、文句约转。初转四谛时，生眼、智、明、觉四心。二、三亦然，故十二也。苦法忍（因也）为眼，苦法智（果也）为智，苦类（比也）忍为明，苦类智为觉。余三谛亦尔，共有四十八也。"唯"下，将教释法，用行释轮。法以开解为义，若不解理，非法也。有行无教，岂能解理？轮以摧碾为义，若不摧惑，非轮也。唯教无行，岂能摧惑？故教十二为能转，行十二为所转也。"为"下，难云：何故须三转耶？通曰：为众生有上、中、下三种根故，生闻、思、修三慧各别故，成见、修、证三道有前后故。

"已知"，证知四谛也。或言"无知"，即是知灭耳，亦可以无生智为名也。"解"者，《楞严》云："我初称解。""了本际"者，即是知真谛际耳。《婆沙》、《阿毗昙》，皆称此名。诸经有翻为"得道"，谓最先得道果故，所以言等。

"颇鞞"下，有云"释摩男"，或云"跋提摩男"，或云"摩男拘利"，或单云"摩诃男"。因此诸释，混滥莫辨。今定解云："摩诃男"者，"摩诃"翻"长大"，"男"子也，乃长子之通称。"释摩男"者，指阿若言。四姓出家，同名释氏。佛初成道，最先得度。故《分别功德论》云："佛最长子，即陈如也。最小子者，即须跋也。""跋提摩男"、"摩男拘利"者，跋提，甘露饭王之长子；拘利，斛饭王之长子，故皆称"摩诃男"也。单云"摩男"者，观余四名，知此是某。如云拘邻、颇鞞、摩男、拘利、迦叶，则摩男指跋提也。或云颇鞞、跋提、摩男、拘邻、迦叶，则摩男指拘利也。拘邻，即憍陈，有混作"拘利"者非。

至梵世者。轮王出世，声至他化，以十善生欲天故。陈如得道，声至梵天，以离欲寂静，直彻梵故。佛得道声，至尼吒天，以佛道究竟，上穷有顶故。《杂阿含》说:"毗沙门天王持盖灯随劫宾那,帝释持盖灯随迦叶,梵王持盖灯随陈如,阿难持伞盖灯随如来后。"亦此意也。

问:何先度此五人?

答:宿缘所追。一者,如来昔为忍辱仙人,为诸女说法。歌利王瞋,割身臂等,血变为乳。佛誓令初闻法,得甘露味。王者拘邻是,仙者如来是。二者,佛昔饥世,化为赤目大鱼,木工五人先斫鱼肉。佛誓来世先度此等,与无生忍。三者,世尊昔为太子,名须阇提,与父母避难至邻国,未到粮尽。太子每日割三斤肉,二分奉亲,一分自食。天帝试之,誓言真实,即时身疮平复如故。帝释叹善,愿当来世得菩提时,先度我等。太子者佛是,天帝者陈如是。四者,迦叶佛时,九人学道,五人未得果,誓于释迦佛法中最先开悟,成罗汉果。详如《因果》、《报恩》经明。初二佛愿先度,后二自愿先闻,故先成也。

"转四谛"下,上别释,此总明。

先出三宝,以鹿苑初唱,三宝始名。故《法华》云:"及以阿罗汉,法僧差别名。"

"前思"下,次对三思。《法华》亦云:"思惟是事已,即趣波罗奈。诸法寂灭相,不可以言宣。以方便力故,为五比丘说。是名转法轮,便有涅槃音。"方便为说,有涅槃音,则思法妙无妄也。为五比丘,则思根器不虚也。趣波罗奈,转四谛轮,则思谁闻有在也。

问:何《法华》中名五比丘,今经称人耶?

答:一者,彼约出家僧言,此约在俗人说。《释迦谱》曰:佛为解说三有诸苦,陈如最初悟解,得法眼净(初果见谛也)。次为四人重说四谛,亦离尘垢。时彼五人既见道迹,欲求出家。世尊唤言:"善来,比丘!"须发自落,即成沙门。重说五阴苦、空、无我,证成罗汉。二者,此约最初开渐之始,欲令转凡成圣,故言人。彼约最后剧谈秘妙,欲令转权成实,故言比丘。又佛生人世,人为证故,于六道中唯人能故,天从人中得善利故,唯人道中具四众故,僧佛事业示同人故,是以此经特言人也。

"准知"下,三结六就。六种可证,又何疑哉?故《智论》云:"说时、方、人，令生信故。"

△次、发起序三：初、会众陈疑，二、世尊妙应，三、普会蒙益。

△初、会众陈疑

【经】**复有比丘所说诸疑，求佛进止。**

【疏】发起者，发明生起正宗之法也，如《维摩》示疾，《楞伽》欢笑，《金刚》乞食，《法华》放光，《兰盆》救母，《弥陀》根悦。今经以陈疑开解为发起。何者？疑去则信自生，解来则理自显，由之断惑证真，超凡入圣。若不疑悟，道果何从？所以信相怀疑，才闻寿量之谈。韦提起惑，始明净土之说。则一咨决之间，其利岂曰小哉！

"复有"者，承前，谓佛说四谛时，不但五人与会，复有无量声闻人等，亦所同闻也。"比丘"梵语，此云"乞士"，乞食资身，乞法资心故；亦云"怖魔"，出家离欲，魔大怖畏故；亦云"破恶"，能破一切烦恼恶使故。诸疑者，谓于三有、五蕴、十善、四谛等诸法中，起种种惑也。求，祈恳也。进止，取舍也，谓进取悟门，而舍去疑网也。

【钞】复有无量声闻人者。一、约同会。如《大论》云："诸佛法轮有二种，一者显，二者密。初转时，诸声闻见八万诸天、陈如一人得法眼净，显也；诸菩萨见无量阿僧祇人得二乘，无量阿僧祇人得无生忍，无量阿僧祇人发无上道心、行六波罗蜜，阿僧祇人得初地乃至十地，密也。"准知当会自有无量二乘人矣。二、约别时。《释迦谱》、《会玄记》皆曰：《十二游行经》云："佛成道第二年，度五比丘；第三年，度迦叶兄弟三人；第五年，度身子、目连等。"则于诸处所度，亦复有无量也。

"比丘"下，又有翻为"净戒"，或云"正命"，共成五义。今以乞食摄净命，破恶摄持戒，故三义也。

种种疑者，谓三有中，苦耶？不苦耶？常耶？无常耶？五蕴中，有我耶？无我耶？是净耶？不净耶？十善中，顺圣道耶？不顺圣道耶？四谛中，可修证耶？不可修证耶？等者，断见思时，得四果耶？不得四果耶？证涅槃时，出三界耶？不出三界耶？

"进止"下，又法相隐晦者具释曰进，可通者且缺曰止；言教紧要者细详曰进，不切者节略曰止；义理深难者发明曰进，浅易者类通曰止；见解真正者取上曰进，邪谬者舍置曰止；根机下钝者令对论曰进，上利者令退省曰止。如是妙应，皆在于佛也。疏顺求义，约机。钞顺佛义，约教。二意皆通。

　　△二、世尊妙应
　　【经】**世尊教诏，一一开悟。**
　　【疏】师诲曰教，王命曰诏。今佛为法王，师范人天，所垂言句，犹如君命，故云教诏也。顿破无明曰开，豁然贯通曰悟。又开除惑障，令悟体空也。一一，对诸疑言，所谓大疑大悟，小疑小悟也。
　　【钞】"顿"下，先通能所，上局能化，下通所化。故交光云："启闭曰开，自惺曰悟。""又"下，次局能化，义本清凉。

　　"一"下，如佛在于鹿苑，初为陈如说曰："世有八苦，谓五阴盛苦、生苦、病苦、老苦、死苦、爱别离苦、怨憎会苦、求不得苦。如是诸苦，由我为本。应当知苦断集，证灭修道。若人不知四圣谛者，不得解脱。"次为四人说曰："汝应知色、受、想、行、识，实是无常、苦、空、无我。"又往王城，住于杖林，为瓶沙王说曰："大王当知，此五阴身，以识为本。因于识故（意识也），而生意根。以意根故，而生于色。而此色法，生灭不住。如是观者，则能于身，善知无常。如此观身，不取身相，即能离我，及于我所。若能观色，离我我所，即知色生便是苦生，若知色灭便是苦灭。如此观者，名为解脱。不作斯观，是名为缚。"王闻法已，心开意解，与八万大臣、那由他诸天，各离尘垢，得法眼净。准上所答，则知诸疑无有不悟者矣。

　　△三、普会蒙益
　　【经】**合掌敬诺，而顺尊敕。**
　　【疏】合掌，身手不散也。敬，心意钦仰也。诺，口语信崇也。顺，从也，兼通三业。又顺有三种：一、耳根发识，信闻章句，而不解义，是顺言也；二、意识于言，采取其义，而不得意，是顺义也；三、寻义取意，意旨得时，忘于言义，是顺意也。于斯三者，有一不契，道去远矣，何名为顺？天子制书曰敕，佛之戒敕，亦犹是也。

【钞】"合"下，如来三轮不思议化，故会众三业莫不得益也。若敌对之，教诏，口业说法也，名正教轮，今以诺顺之；开，即身业现化也，名神通轮，今以合掌顺之；悟，即意业鉴机也，名记心轮，今以敬顺之。

"又"下，谓信五蕴苦、空、无常、无我之说，顺言也。推寻此身，色心和合为相，色有地、水、火、风四大，心有受、想、行、识四蕴，若即是我，即成八我。展转推至三十六物，八万毛孔，若皆是我，我即百千。便悟此身，但是众缘，似和合相，原无我人，顺义也。翻覆推我，我不可得，遂不滞心于三界，但修无我观智，以断贪等诸业，证得我空真如，成罗汉果，顺意也。故《智论》云："听者端视如渴饮，一心入于语义中，踊跃闻法心欢喜。"

"天"下，不经凤阁鸾台，不得称敕。佛之金口，不同菩萨、天、仙、化人之说，故云诏敕也。

佛说四十二章经疏钞卷第二

清浙水慈云灌顶沙门续法述

△二、正宗分二：初、略标总相分，二、广明别相分。

△初、略标总相分

【经】尔时世尊为说真经四十二章。

【疏】正宗者，谓此为一经所宗之正义，拣非前是叙述此经之端绪，后是流通此经之文言也。

"尔时"者，当彼说疑、开悟、敬顺之时也。"真经"者，事则水火不坏，理则非物所拘；体也无为为性，相也具诸功德，用也生二因果；理以真如法性为体，教以如来识上显现，行以大悲心中流出，果以修道证灭而成，故云真也。

【钞】"真"下，先约二法释真义。水火不坏者，如《汉明法本内传》云：永平十四年，五岳道士褚善信、费叔才等，正月一日朝贺之次，表请愿与佛教比试。腾、兰白于帝曰："吾佛出世间法，水火不能坏，请验之。"帝令筑坛，敕以正月十五日就火焚之。而道家《灵宝》诸经，并为灰烬。佛家经像，俨然不动。舍利光色，直上空中，旋环如盖，遍覆大众，映蔽日轮。时太傅张衍语褚善信等曰："所试无验，即为虚妄，宜就西域佛家真法。"唐太宗《题焚经台诗》曰："门径萧萧长绿苔，一回登此一徘徊。青牛谩说函关去，白马亲从印土来。确实是非凭烈焰，要分真伪筑高台。春风也解嫌狼藉，吹尽当年道教灰。"非物拘者，言语道断故。

"体"下，次约三大释真义。无为性者，下云："识自心源，悟无为法，名之为道。"《楞严》云："汝观世间可作之法，谁为不坏？然终不闻烂坏虚空。何以故？空非所作，无坏灭故。"事空既尔，无为理然。《俱舍论》说虚空无为，正是此义，故云真也。二因果者，谓世间人天善因乐果、出世二乘等善因乐果也。若夫仙经，杂入凡外，则无世间因果功德；诸天说经，则无出世因果功德，岂得云真？今是佛经，如天子诏，不同诸王、百官等语，故云真也。

问：小乘经中，何有三大？

答：约所被机，通小通大。在能化法，无大小故。又我空真如性中，岂无体、相、用耶？既通少分，配也无妨。

"理"下，后约四门释真义。识上显现者，谓佛自宣说，若文若义，皆是如来妙观察智相应净识之所显现也。大悲心中流者，《梁论》释云："真如于一切法中最胜。由缘真如，起无分别智。无分别智，是真如所流，此智于诸智中最胜。由此智流出后得智，后得智中生起大悲，此大悲心于一切定中最胜。因此大悲，如来欲安立正法，救济众生，说十二部经。此法是大悲所流，此法于一切法中最胜。"故云真也。

△二、广明别相分三：初、十二章显示果德生信分，二、十四章分别因功起行分，三、十六章详明修断证果分。

△初、十二章显示果德生信分三：初、明出世果，二、明世间果，三、明上上果。

△初、明出世果二：先举果令其信乐，次明因令其修习。

△先举果令其信乐三：先总示能修人，次别详所证果，后通结所断惑。

△先总示能修人

【经】佛言："辞亲出家，识心达本，解无为法，名曰沙门。"

【疏】先举德业，有五，谓辞亲、解法等。

辞亲者，谓辞去亲爱也。

出家有二：一、身出家，辞亲是也；二、心出家，识解是也。复有四义：一、出世俗家，亦辞亲也；二、出五蕴家，识心也；三、出烦恼家，达本也；四、出生死家，无为也。

心，指意识，此一意识，于六根中应用，即名六识。本，指贪欲，诸苦所因，贪欲为本。《阿含》云："贪、恚、愚痴，是世间根本。"识达者，谓以此三毒为能熏，现在色心为所熏，造业受报，轮转三界，此为染根本；若以无贪等三善根法为能熏，现在色心为所熏，修道断惑，超出三界，此为净根本。染之与净，由三有无。除此毒识，更无所依。故清凉释小教云："但依六识三毒，建立染净根本。"若不知此，不名为识达也。

无为者，无造作故。又拣有为，故名无为。《会玄》云："略有四义：一、不生不灭，拣四相故；二、无去无来，非三世故；三、非彼非此，离自他故；四、绝得绝失，不增减故。即显无为，离此生等四种。"然无为有三：一、虚空无为，二、择灭无为，三、非择灭无为。《论》曰："虚空但以无碍为性，由无障故，色于中行。择灭即以离系为性，远离系缚，证得解脱。择力所得灭，名为择灭。非择灭者，永碍当生，得灭异前，得不因择，但由缘缺，名非择灭。"了此三法，寂寞冲虚，湛然常住，无所作为，名曰解无为也。心、本，约能修断。无为，约所证灭。

"名"下，后结人名。"沙门"梵语，此云"功劳"，言修道有功劳也；亦云"勤行"，勤行取涅槃也；或翻"勤息"，谓勤行众善，止息诸恶。《汉书·郊祀志》云："'沙门'，汉言'息心'，削发去家，绝情洗欲，而归于无为也。"人依法成，法因人显。则"沙门"名，非易称矣。

【钞】"等"，指出家、识心、达本三德。

"出"下，身心相对，应具四句：一、身心俱不出，凡夫也；二、身出心不出，外道也；三、心出身不出，道心人也，如《净名》等；四、身心俱出家，比丘众也。"复"下，对进佛法家亦四：一、进真谛家，二、进法身家，三、进观智家，四、进无生家。故南山云："真出家者，怖四怨之多苦，厌三界之无常，辞六亲之至爱，舍五欲之深着。能如是者，名真出家。则可绍隆三宝，度脱四生，功德无量，利益甚深。"

"现在色心"者，谓现在根、尘、识三也。

"生等"者，指生灭、去来、彼此、得失。

"虚空"下，清凉曰："小乘说虚空，只就外空。"谓于真谛，离诸障碍，犹如虚空，豁通无碍，从喻名也。

"色于中行"者，例如色心等法，在于真谛中行也。

"择"下，"择"谓拣择，即差别慧，各别拣择四圣谛故。"灭"有二义：一、因灭惑显理名灭，此从能显得名；二、理性寂灭名灭，此从所显得名。今是择力所得之灭，名为择灭，如牛所驾之车，名曰牛车是也。

"永碍当生"者，谓能永碍未来生法也。清凉曰："当来生法，缘会则生。缘缺之时，法亦不生，得非择灭；碍当生法，令永不起，名毕竟碍。故偈云：'毕竟碍当生，别得非择灭。'言别得者，谓非择灭，有实体性，于缘缺中起别得故。非择灭得名非择灭，以不因择灭，但因缘缺故。"

"了"下，大乘唯依识变，小乘离心外有。故清凉云："小乘说三无为，皆实有法。"此拣大小乘解各有别也。

"心"下，上别释，此总结也。心、本俱通染净。何者？心是罪之首、功之魁。如《顺正理论》说，以现在识心等为染净因，贪等为感苦之本，无贪等为解脱之本。心贪瞋等，能断也。心无贪等，能修也。亦可心识能修也，苦本能断也。

"《汉书》"下，《瑞应》云："息心达本源，故号为沙门。"或具名"沙门那"，此云"乏道"。以为良福田，故能断众生馑乏。以修八正道，故能断一切邪道。故《迦叶品》云："沙门那者，即八正道。沙门果者，从道毕竟永断一切贪瞋痴等。世言沙门名乏，那者名道。如是道者，断一切饥乏，断一切邪道。以是义故，名八正道为沙门那。从是道中获得果故，名沙门果。"又沙门，出家之都名。佛法及外道，凡出家者，皆名为沙门故。若对拣有四句：一、是释子非沙门，释迦王种也；二、是沙门非释子，婆罗门等也；三、非沙门非释子，余二贱姓也；四、是沙门是释子，乃比丘众也。故《增一阿含》云：佛告诸比丘："有四姓出家者，无复本姓，但言沙门释子。其犹四大河水，皆从阿耨泉出。"

人依法者，《净名》云："夫出家者，为无为法。"法因人者，人能弘道，非道弘人故。末二句诫策也，人有如是责任，名有如是诠表。为沙门者，岂可忽诸？

△次别详所证果四：初、证四果位，二、证三果位，三、证二果位，四、证初果位。

△初、证四果位

【经】"常行二百五十戒，进止清净，为四真道行，成阿罗汉。阿罗汉者，能飞行变化，旷劫寿命，住动天地。"

【疏】"常"下，先总举因果。初三句，因也。二百五十戒者，是比丘所持五篇之戒也。进，众善奉行也，即作持。止，诸恶不作也，即止持。毗尼以止恶行善为宗。清净者，梵语"尸罗"，此云"清凉"，离热恼因，得清凉果故。戒乃三昧之本，四果之基，故首举之。为四真道行者，即修证四谛禅观也。《遗教经》云："依因此戒律，得生诸禅定，及灭苦智慧。"故定慧次明之。合则三学，开有三十七品。正语、业、命，戒也。四念处等，定也。喜、择、思等，慧也。

"阿罗汉"句，果也。翻有三义：一、杀贼，九十八使烦恼尽故；二、无生，后世不受生死报故；三、应供，堪为人天良福田故。而云"成"者，从因至果，行位有五：一、资粮位，修五停心，别、总相念，缘苦谛境。二、加行位，暖修正勤，观四谛境；顶修如意，用观同前，转更明朗；忍修五根，于四谛中堪忍乐欲，永不退堕；世修五力，于四谛中无间，必得发真无漏，在世间法更无胜故。三、通达位，建立觉支，如实觉知四圣谛故，能发无漏八忍八智，顿断三界分别见惑，证见生空所显真理，亦名为见道位。四、修习位，修八圣道。所以者何？道既见已，安隐行于八正道中，重虑缘真，进断思惑竟，到二种涅槃城故。五、无学位，断尽三界见思烦恼，证得八十九品无为，成五分法身，圆十无学法，我生已尽，梵行已立，所作已办，不受后有，故名无学。然声闻有三：一者上根顿机，大超断也；二者中类根机，小超断也；三者下根渐机，次第断也。今则一生取办四果，是为大超上类根矣，故非分成，是圆成也。

"阿"下，次别示果相。飞行变化者，三明、六通、十八神变也。旷劫寿命者，谓得罗汉，更不复生三界。有净佛土，出于三界。彼无漏界，无烦恼名，受变易身，享三昧乐。若初果人，七生始灭，经八万劫乃得生

99

心。若于一身得第二果，二生涅槃，经六万劫即能发心。若于一身得第三果，不还欲界，即入涅槃，经四万劫即得发心。若于一身得阿罗汉，即现灭定，经二万劫即能发心。今寿当后二万劫也。住动天地者，谓行住坐卧之间，皆能惊动天地，感格鬼神，外道皈依，魔君拱手也。

【钞】五篇者：一、四波罗夷（翻"弃"，又云"极恶"）四条；二、僧伽婆尸沙（华言"僧残"）十三条，不定法二条；三、波逸提（翻"堕"）一百二十条；四、提舍尼（华言"向彼悔"）四条；五、突吉罗（此云"恶作"），即众学戒法一百条，灭诤法七条。此名出家具足戒也。又此一句，结集家词。如《四分》云："善护于口言，自净其志意，身莫作诸恶，此三业道净，能得如是行，是大仙人道。此是释迦如来于十二年中说是戒经。从是以后，广分别说。"

常行者，语默动静，无有须臾离故。止行为宗者，《迦叶如来戒经》颂云："一切恶莫作，当奉行诸善，自净其志意，是则诸佛教。"三昧本者，所谓"尸罗不清净，三昧不现前"。四果基者，《楞严》优波离云："性业、遮业，悉皆清净，身心寂灭，成阿罗汉。"

"正语"下，道品虽多，三学摄尽。戒摄三，谓正语、正业、正命也。定摄十，谓四如意足、定根、定力、除觉、定觉、舍觉、正定也。慧摄十八，谓四念处、四正勤、进根、慧根、进力、慧力、择觉、进觉、喜觉、正见、正思惟、正精进也。定慧双通摄四，谓念根、念力、念觉、正念也。三学俱通摄二，谓信根、信力也。

九十八使者，见有八十八使，加思惑十使也。

"三、应供"下。问：如来亦称应供，与声闻何别？答：罗汉局于人天，佛则魔外、人天、二乘、菩萨所应供也。

五停心者，谓多贪不净观，多瞋慈悲观，多痴因缘观，多障念佛观，多散数息观。

别、总相念者，别则观身不净，观受是苦，观心无常，观法无我；总则观身不净，受、心、法皆不净，乃至观法无我，身、受、心亦无我。

正勤者，谓未生恶令不生，已生恶令消灭，未生善令发生，已生善令增长，四正勤也。

如意者，谓欲、念、进、慧，四如意足也。

五根者，谓信、进、念、定、慧，五根也。

五力者，即修前五根，增长成力，能破恶障也。

觉支者，谓念、择、进、喜、除、定、舍，七觉分也。

八忍八智者。观于欲界苦谛，所有无漏定慧，若在无间道中，名苦法忍；解脱道中，名苦法智。观于色、无色界苦谛，无间道中，名苦类忍；解脱道中，名苦类智。其余三谛，例此可知。以此十六心，顿断三界分别所起烦恼种子，见一切法决定无我，亦无我所，即显真谛寂灭之理，得成无漏七菩提分也。

八正道者，谓见、思惟、语、业、进、定、念、命也。

二种涅槃者，有余、无余也。

八十九品者，见道八智证八品（欲界四谛，并上二界为一四谛也），及修道八十一品也。但断烦恼，在无间道。证无为，在解脱道。

五分法身者，谓戒、定、慧、解脱、解脱知见。前三从因而显德，后二就果以彰能。盖以因修三学，果得戒、定、慧身。尽智，则正习俱断，名解脱身。无生智，则了了觉照，名知见身也。

十无学法者，谓正语、正业、正命（摄戒身），正念、正定（摄定身），正见、正思惟、正精进（摄慧身），正解脱（摄解脱身），正智（摄知见身）也。

梵行，因修戒学，果名杀贼也。所作，因修定学，果名应供也。我生，尽智。不受，无生智。因修慧学，果名无生也。四智已圆，三界已出，无法可学，成罗汉矣。余如《俱舍》、《婆沙》、《大钞》。

"然声闻"下，《楞伽》云："须陀洹果，差别有三，谓下、中、上。下者，于诸有中，极七返生；中者，三生、五生；上者，即于此生而入涅槃。"《教章》云："初果人有三种：一、渐出离，断欲六品得一来，断九品得不还，断上二界得罗汉。二、顿出离，于一生中顿断三界九品修惑，即得罗汉，更无余果。三、非渐非顿，复二：一、若倍离欲人，入真见道，倍离欲惑前六品，得一来；二、若已离欲人，入真见道，兼断九品，得不还。如《瑜伽》等说。"《俱舍论》云："声闻有二：一、次断，次第断惑，经于七生。二、超断，又二：一、小超，或超至五品，乃至八品罗汉向等；二、大超，闻唱善来，即成罗汉，无受生缘。"

通、明、神变者，《楞伽》云："阿罗汉者，谓诸禅、三昧、解脱、力、通，悉已成就。烦恼诸苦，分别永尽，名阿罗汉。"

"得罗汉"下，《智论》云："'阿罗汉入灭时，住在何处，具足佛道？'答：'得阿罗汉，更不复生三界。有净佛土，出于三界，无烦恼名，于是国土具足佛道。''若尔，罗汉受法性身，应当疾得菩提，何以稽留？'答：'以舍众生，舍佛道故。'"享三昧乐者，《楞伽》颂云："味着三昧乐，安住无漏界，无有究竟趣，亦复不退还，得诸三昧身，乃至劫不觉。"

"若初果"下，详如《教章》。七生始灭者，须陀洹人受七生已，方入涅槃，灭心心法，始入灭定，复经八万劫，乃得生心，受佛教化，发菩提心。下三例知。

△二、证三果位

【经】"次为阿那含，阿那含者，寿终神灵上十九天，证阿罗汉。"

【疏】初句总举因果。为，因也。那含，果也。梵语"阿那含"，此云"不来"，亦云"不还"，命终一往天上，更不还来下界受生故。此断欲界九品修惑下三品尽，进断上八地思而不能尽，亦不能得取证四果、入般涅槃，故云次为那含，谓次于前之一生速得四果上根者，即为中人阿那含也。

后三句别示果相。变化不测曰神，定中所发，用也。感而遂通曰灵，观智得来，体也。十九天者，以五不还天，当第十九层也，亦可指四空天。证罗汉者，寄居色、无色界，研断七十二品，取无为，脱生死也。

【钞】不还来者，欲界下三品思惑共润一生，今已断之，更无惑润，故不再还来也。

"变化"下，孟子曰："充实而有光辉之谓大，大而化之之谓圣，圣而不可知之之谓神。"世圣尚尔，况那含乎？故称神灵。若约法释，修止成定，定发于身，则有神变不测。修观成慧，慧发于心，则有不思议灵通。以体用言，神属用，灵属体也。

"十九天"句，义通二释：一者指五净居。谓欲界六天，色界四禅共十三天。今则寄居第四禅上，故云上十九也。《楞严》云："此中复有五不还天，于下界（欲界也）中，九品习气（思惑也）俱时灭尽，苦乐双忘，下无卜居，故于舍心众同分中，安立居处。"二者指无色界。按经论中，三果圣人断下思尽，于中有二根性：一者乐慧，则修夹熏禅，生五净居（即无烦等五不还天）；二者乐定，则修四空定，生无色界。乐慧根利，即于色界速出生死。乐定根钝，故于无色界迟出生死。然无色界居在四禅十八天上，故云上十九也。

寄居色、无色者，谓居色界那含天上，更练四禅，前后用无漏心，夹熏中间有漏心，色定转明，进断余惑；或已断下四地染，未断上四地染，即居无色界天，修四空定，进断余惑也。

取无为者，《金刚疏》云："即以见道八品无为，及修道九品无为，为此三果体。"再取上八地七十二品无为也。

△三、证二果位

【经】"次为斯陀含，斯陀含者，一上一还，即得阿罗汉。"

【疏】"次"下，举因果。此则一生取二果，次于上之一生得那含也。"斯陀含"梵语，此云"一来"。

"斯"下，示果相。于修道中，重虑缘真，进断欲界思惑前六品，后三品犹在，唯润一生，故从此命终，一往天上，一来人间，即断余惑，成无学也。

【钞】一来者，更须一来人间受生，断余下三品残思也。

润一生者，欲界九品修惑，能润七生，今断六品，已损六生，只存三品，但润一生故。

"从此"下，《金刚疏》："问：据此次第，合是第三，云何便言即得罗汉？答：所言即得者，非谓逾越，不证第三，但约欲界惑尽，往而不来，望一去说，故云即得也。"况有根利者，将余下三品，一生断尽，便往罗汉，岂非即得耶？

△四、证初果位

【经】"次为须陀洹，须陀洹者，七死七生，便证阿罗汉。"

【疏】"次"下，举因果。次于前之斯陀含者，即为须陀洹也。上二果中根，此属下根矣。梵语"须陀洹"，此翻"预流"，初预圣人流故；亦翻"入流"，初入真谛法流故；亦翻"逆流"，已逆生死有流故。

"须"下，示果相。七死生者，初果见真之后，进断欲界思惑，然欲界思，能润七生，上上品润两生，上中、上下、中上三品各一生，中中、中下二品共润一生，下三品共一生，故于天上、人间七度往来也。便证罗汉者，谓于诸有中，极七返生，不唯断欲界九品，亦能断尽上二界思惑，而入涅槃也。

【钞】逆流者，《金刚》云："不入色、声、香、味、触、法。"即是逆凡流也。《刊定记》云："十六心断三界四谛下八十八使分别粗惑，得初果证，即以见谛八智为初果体。"

△后通结所断惑

【经】"爱欲断者，如四肢断，不复用之。"

【疏】爱欲者，谓贪爱、乐欲也。《唯识》云："云何为贪？于有、有具，染着为性。云何为欲？于所乐境，希望为性。"又爱为根，欲为末。《圆觉经》云："当知轮回，爱为根本。欲因爱生，命因欲有。"若对三毒、十使，则贪欲皆为根本。是故修四谛观，断四住时，则阶四果，而出四生，不复还在三界受生。如断四肢，无人作用而起业也。若使超凡入圣，其在断爱欲矣。

【钞】有谓三有，因果不忘之谓有，即三界果报。有具，谓招果器具，即有漏惑业之因。贪为根本烦恼，欲则通染通净，皆心所也。由爱欲心，方起一切不善事业。若无贪欲，则无惑业苦矣。爱为根者，生于心也。欲为末者，发于境也。经云："由有诸欲，助发爱性，是故能令生死相续。"

三毒，贪、瞋、痴也。十使，谓贪、瞋、痴、慢、疑，五钝使；身见、边见、邪见、见取、戒取，五利使也。皆为根者，谓欲对贪为枝末，对余毒使则为根。《楞严》云："想爱同结，爱不能离，则诸世间父母子孙，相生不断，是等则以欲贪为本。"

四住者，谓见一切住地、欲爱住地、色爱住地、无色爱住地。开名四住烦恼，合则但云见思也。

"若使"下，结示。经云："一切众生，从无始际，由有种种恩爱贪欲，故有轮回。卵生、胎生、湿生、化生，皆因淫欲而正性命。是故众生欲脱生死，免诸轮回，先断贪欲，及除爱渴。"

△次明因令其修习四：初、达理崇道，二、割爱取足，三、转恶成善，四、返妄归真。

△初、达理崇道

【经】佛言："出家沙门者，断欲去爱，识自心源，达佛深理，悟无为法。内无所得，外无所求。心不系道，亦不结业。无念无作，非修非证。不历诸位，而自崇最，名之为道。"

【疏】先达理。绝贪欲，断集也。去恩爱，知苦也。识六识观心，修道也。达佛涅槃理，证灭也。欲断而识心源，爱去而达佛理，沙门之能事毕矣。

"悟"下，次崇道三：初标悟。莫之为而为者，真谛理也。理若不悟，道亦不得。"内"下，次释相，谓释无为相也。法性自天而然，苦不能恼，故无求无得，不妨因去爱而知；道不能通，故不系，不妨因识心而显；集不能染，故不结，不妨因断欲而净；灭不能除，故无作无修，不妨因达理而证。"不"下，后结显。崇最，尊重也，谓不假行、位、因、果、教、理、智、断，而自冥会契合，以尊尚也。法性如月，苦、集覆理，如云笼月。道、灭除集以会真，如风拨云而见月。则知苦、集之云，但是能覆，不能恼染。道、灭之风，但是能显，不能明净。理本明净，岂能妨害？故云不历位而自崇也。道者，真谛之谓道，性道也，贯上不历、不系、无为；率性之谓道，修道也，贯上自崇、不结等悟。

【钞】《阿含》云："舍离恩爱，出家修道。摄御诸根，不染外欲。

慈心一切，无所伤害。遇乐不欣，逢苦不戚，能忍如地，故号沙门。"初二句去爱；次二句断欲；次二句识心，五停心中略举多瞋慈悲一观也；后四句达理，无生法忍从此入矣。

不假行位者，结与释中有影显意。释中苦不能恼，乃至灭不能除，即结中不历。结中不假行位，即释中无得无证。若配释云：内无位得，外无行求；心不智道，亦不断业；无理念，无教作，无因修，无果证。释中去爱知苦，乃至达理证灭，即结中崇最。结中冥会契合，即影显释中有体达。若无能体达者，谁知无得无证？观标悟言，自无疑矣。

不结等悟者，既以道崇，岂可结业？故"崇最"照应"不结业"句。又能体悟无得无证、不系不结，亦"崇最"义，故云"等"。悟通二意：一、影释释中体悟；二、指上标中"悟"字。

问：既分性、修，道有二耶？

答：从性起修，全修即性，岂有二耶？

△二、割爱取足

【经】佛言："剃除须发，而为沙门，受道法者，去世资财，乞求取足。日中一食，树下一宿，慎勿再矣。使人愚蔽者，爱与欲也。"

【疏】"佛"下，先修头陀行。剃须除发，表断烦恼也。受道法者，则以佛法为务，道德为重也。资生财物，发爱欲之源，故当去。乞食知足，为头陀之本，应求取。经云："多欲之人，多求利故，苦恼亦多。少欲之人，无求无欲，则无此患。"又云："若欲脱诸苦恼，当观知足。知足之法，即是富乐安隐之处。不知足者，常为五欲所牵。"

"日"下，次各出其相。先取足相。一食，一宿，十二头陀中二苦行也。再者，指中后饮浆，坐高广大床也。《楞严》云："衣钵之余，分寸不蓄。乞食余分，施饿众生。我教比丘，循方乞食，令舍贪故。""使"下，次财欲相。爱是心，欲是境。由外尘欲，牵起爱心，亦由爱心，贪着于欲。所贪之境既多，能贪之爱亦众。然贪与爱，亦有四句，此当亦贪亦爱。其中复开四相：一、内爱欲，缘自身形按拭摩触，起诸染着；二、外爱欲，缘他男女姿态妖艳，念念贪爱；三、内外爱欲，于他己身柔软细滑，攀缘不舍；四、遍一切处爱欲，缘于一切五欲尘境，生结使心。故《涅槃》云："因爱生忧，因爱生怖。若离贪爱，不忧不怖。"《佛名经》云："有爱则生，爱尽则灭，故知生死，贪爱为本。"则爱欲也，愚蔽一切人矣。

【钞】"经"下，证去财。"又"下，证取足。皆《遗教》文。又云："知足之人，虽卧地上，犹为安乐。不知足者，虽处天堂，亦不称意。不知足者，虽富而贫。知足之人，虽贫而富。"

十二头陀者：一、阿兰若，二、常乞食，三、粪扫衣，四、一坐食，五、节量食，六、中后不饮浆，七、冢间，八、树下，九、露坐，十、常坐，十一、次第乞，十二、但三衣。

欲是境者，《圆觉疏》："问：欲应是心，何言色等？答：《瑜伽》云：欲有二种，一、烦恼欲，二、事欲。事即五尘，今谓心起合尘，尘即名欲。经云：由于欲境，起诸违顺。又《无常经》云：常求诸欲境。"

四句者，《圭山钞》云：一、贪非爱。如人贪忙，不是爱忙。又如买苦口治病之药，秤两不免贪多，何曾爱也？二、爱非贪。如人爱看相打相杀，何肯贪求？又如见他外人可意孩儿，或猫狗等，亦何贪求？纵与之未肯受。三、亦贪亦爱，即名利财色之类。四、非贪非爱，即一切违情境及平平境。

五欲尘境者，财、色、名、食、睡为五欲境，色、声、香、味、触为五尘境也，此等皆能起爱生欲。故老子云："五色令人目盲，五音令人耳聋，五味令人口爽。驰骋田猎，令人心发狂。难得之货，令人行妨。"为道者，可不检欲也欤？

△三、转恶成善

【经】佛言："众生以十事为善，亦以十事为恶。何等为十？身三，口四，意三。身三者，杀、盗、淫。口四者，两舌、恶口、妄言、绮语。意三者，嫉、恚、痴。如是十事，不顺圣道，名十恶行。是恶若止，名十善行耳。"

【疏】"佛"下，先总标。众法相生，名曰众生。《璎珞》云：顺理生心名善，乖背为恶。又益物为善，损物为恶。善为能治，恶为所治。善

107

恶皆在一念心中，一念善则恶止，一念恶则善灭。改恶迁善，无如不忘念也。

【钞】众法，五蕴也，色心和合成众生故。不忘念者，《遗教》云："不忘念者，烦恼不入。若失念者，失诸功德。是故汝等常当摄念在心。"

【疏】"何"下，后别释二：先恶，后善。

先恶。"何"句，征也。"身"下，列也。"身三"下，释也。

令前人命断曰杀，有三：或用内色，谓手足等；或用外色，谓刀杖等；或双用内外色，谓手执刀杖等。

不与而取名盗，有八：或灼然劫取，或潜行窃取，或诈术骗取，或势力强取，或词讼取，或抵谩取，或受寄托而不还，或应输税而不纳。

污秽交遘，深爱不舍，谓之淫。亦有和顺、强暴二种。

两舌者，谓向此说彼，向彼说此，离间恩义，挑唆斗争等。

恶口者，谓粗恶骂詈，忿怒咒诅，令他不堪等。

妄言者，谓以是为非，以非为是，见言不见，不见言见，虚妄不实等。

绮语者，谓庄饰浮言靡语，艳曲情词，导欲增悲，荡人心志等。

徇自名利，不耐他荣，妒忌曰嫉。虽属瞋分，亦贪所感。《圆觉经》云："由于欲境，起诸违顺。境背爱心，而生憎嫉，造种种业。"

依对现前不饶益境，瞋恼忿恨，起诸凶暴，曰恚。

于诸理事，无明迷暗，曰痴。由此无明，起疑、邪见、贪等烦恼。

此十恶业，作有三品，略举四重：一、约时，谓于欲作、正作、作已，三时俱重名上，随一时轻为中，三时俱轻为下；二、约境，杀人为上，杀畜为中，蚊蚋为下；三、约心，猛利心作为上，泛尔心作为下，处中为中；四、约人，具自作、教他为上，唯自作为中，教他作为下。以要言之，纯从分别所发恶业名上，杂从见爱烦恼所起名中，但从任运所发恶业名下。

《华严》云："十不善业，上者地狱因，中者畜生因，下者饿鬼因。若生人中，杀罪得二果报，谓短命、多病；盗得贫穷、共财；淫报妻不贞良，得不随意眷属；妄语，多被诽谤，为他所诳；两舌，眷属乖离，亲族弊恶；恶口，常闻恶声，言多诤讼；绮语，言无人受，语不明了；贪嫉，心不知足，多欲无厌；瞋恚，常被他人求其长短，恒被于他之所恼害；邪痴，生邪见家，其心谄曲。是故应当远离十不善道。"

"如是"下，结也。不顺圣道者，戕法身，伤慧命，损功德，失法财，乖理害物，故名恶也。

【钞】"身三"等者，谓身上所恶有三，口中发业有四，意地起毒有三。意地为本，余七为末也。

妒忌嫉者，《诗传》云："以色为妒，以行为忌，害贤曰嫉。"修罗一类，嫉贤忌行。佛为诸天说四念处，彼说五念处。佛说三十七品，彼说三十八品。"虽属"下，难曰：《唯识》谓嫉是瞋分摄，余经论明贪为意首，此云何通？故答释云：虽瞋亦贪发也。"圆觉"下，引证可知。

由此起邪见者，则痴为诸烦恼本矣。

"一、约时"下，《瑜伽》云三时，复二：一者约心，如疏；二者约时，尽寿作为上，多时为中，少时为下。猛利，强盛也。泛尔，不获已也。教为下者，自不忍作故。

"以要言"下，准《如来秘密藏经》，大迦叶问佛："十恶何者最重？"佛言："杀及邪见。"释曰：此即十恶互望论耳。又经云："十恶等，乃至小罪，坚执名犯。若不坚执，乃至无间，不名为犯。"释曰：此即约心意，明邪见执着为重。言不犯者，意是轻微故。从见惑起者为上，思惑起者为下，杂者为中也。

"华严"下，明果报。三途是正报，人中是余报也。《疏》云："因有三品，果有三途。"然依《正法念经》，三途各有边、正，正者为重，边者为轻。正鬼望边畜，则饿鬼罪重，故《杂集》等，鬼次于狱。若正畜望边鬼，则畜生罪重，故今经云"下者饿鬼因"。又十不善，各有二果差别：一、报果差别，所谓三途异熟；二、习气果差别，即人中残报，是正报之余，经云若生人中得二种是。又《杂集》、《瑜伽》等论，明三果：十不善业异熟果者，于三恶道中，随下中上，受旁生、饿鬼、捺落迦异熟；等流果者，各随其相，感得自身众具衰损，所谓寿命短促，常贫穷等，如其所应；增上果者，各随其相，感得所有外事衰损，所谓外具乏少光泽。《俱舍论》云："何缘此十，各招三果？答：此令他受苦、断命、坏灭故。

109

且初杀生,令他受苦,受异熟果;断他命故,受等流果;令他失灭,受增上果。""盗得"下,皆影略其文,以明人中余报也。

【疏】"是"下,后善。十善对十恶立,以止恶故,即名为善,谓不杀、不盗、不淫、不妄、不绮语、不两舌、不恶口、不贪嫉、不瞋、不痴,此名止善也。复有十种行善,谓放生、布施、梵行、诚实、质直、和合、柔软、喜舍、慈悲、正信也。

行十善时,亦有三品四重:一、约时,如欲行善时、正行善时、行善已时,三时无悔者为上,作已方悔为中,正作能悔为下。二、约境,于劣不杀为上,如蚊蚋等;于胜不杀为下,谓父母人等;余者为中,如禽畜等。三、约心,猛利重心为上,处中心为中,不获已而心为下。四、约自他,具自作、教他为上,唯自非他为中,自虽不作而教他作为下。下者修罗因,中者人道因,上者诸天因。

《华严》云:"十善业道,是人、天乃至有顶处受生因。又此上品十善业道,以智慧修习,心狭劣故,怖三界故,缺大悲故,从他闻声而解了故,成声闻乘。又此上品十善业道,修治清净,不从他教,自觉悟故,大悲方便不具足故,悟解甚深因缘法故,成独觉乘。又此上品十善业道,修治清净,心广无量故,具足悲悯故,方便所摄故,发生大愿故,不舍众生故,希求诸佛大智故,净治菩萨诸地故,净修一切诸度故,成菩萨广大行。又此上上十善业道,一切种清净故,乃至证十力、四无畏故,一切佛法皆得成就。是故我今等行十善,应令一切具足清净。"则十善业,赅于十法界矣。

十法界报,尽出自心。心恶,十善翻为十恶,便成三途。心善,百非转为百行,便成五乘。心生心灭,不可忽焉。至于善果,具如《十善业道》、《六波罗经》。

【钞】"十善"下,十善,即五戒,亦世间五常,但开合有异。不杀,仁也。不盗,义也。不淫,礼也。不妄语,则摄口四,信也。酒能昏性起过,制不饮酒,以防意地,则摄意三,智也。故十善道,为世出世间善因善果之本。

"下者"下，修罗因时怀猜忌心，虽行戒善，欲胜他故，下品也。人在因地善念淳熟，数修施戒，不轻他故，中品也。天居因位善心猛利，戒施超胜，慈育物故，上品也。

"《华严》"下，引证也。《疏》云："人天是世间之善，人善为下，欲天为中，色、无色界为上。"圭山云："三乘是出世间善，声闻善为上下，缘觉善为上中，菩萨善为上上，佛善为上上中上。"又《清凉钞》云："然其十善，亦有三果。异熟果者，离三恶道，得生人天。等流果者，即于彼处，各随其相，感得自身众具兴盛，所谓长寿、无病苦等。增上果者，谓即于彼，各随其相，感得所有外事兴盛，资具等物精微光美，受用无乏。"

"十法界"下，《贤首品钞》云："若心念念专贪嗔痴，摄之不还，拔之不出，日增月甚，起上品十恶，此发地狱心，行火途道。若心念念欲多眷属，如海吞流，如火焚薪，起中品十恶，如调达诱众，此发畜生心，行血途道。若心念念欲得名闻，四远八方称扬叹咏，内无实德，虚比贤圣，起下品十恶，此发饿鬼心，行刀途道。若心念念欲胜于彼，不耐下人，轻他珍己，如鸱高飞，下视人物，而外扬五常，起下品善心，行阿修罗道。若心念念欣世间乐，安其臭身，悦其痴心，此起中品善心，行于人道。若其心知三恶苦多，人间苦乐相间，天上纯乐，为求天乐，闭六根不出，六尘不入，此起上品善心，行于天道。若其心念欲得利智辨聪，高才勇哲，鉴达六合，十方颙颙，此发胜智心，行尼犍道。若其心念欲大威势，身口意业才有所作，一切弭从，此发欲界主心，行魔罗道。若心念念，五尘六欲外乐盖微，三禅之乐犹如石泉，其乐内熏，此发大梵心，行色无色道。若心念念，善恶轮环，凡夫耽湎，贤圣所诃，破恶由净慧，净慧由净禅，净禅由净戒，尚此三法，如饥如渴，此发无漏心，行三乘道。若心若道，其相甚多，略举十耳。"余可例知。

百非百行者，《瑜伽论》云："谓有十事：一、少时作，二、多时作，三、尽寿作，四、少分作，五、多分作，六、全分作，七、自作，八、教人，九、赞叹，十、随喜。十恶用之，即是百非。十善用之，名为百行。"

五乘，谓人、天、声闻、辟支、菩萨也。

十善业道者，经云："言善法者，谓人天身、声闻菩提、独觉菩提、无上菩提，皆依此法以为根本故。若离杀生，得成十法，谓施无畏、起慈心、断瞋习、无病、长寿、非人守护、无恶梦、解怨结、无恶道怖、命终生天。离偷亦十，谓财盈、人爱、不负、赞美、不忧、善名、无畏、安乐、怀施、生天。离邪淫四，谓诸根调、离喧掉、世所称、妻莫侵。离妄言八，谓口香净、世信伏、言敬爱、安慰生、得胜乐、无误失、尊奉、慧胜。离两舌五，谓身无能害、不坏眷属、信顺、法行、善知识。离恶口八，谓法度、利益、契理、美妙、承领、信用、无讥、尽爱。离绮语三，谓智人爱、如实答、威德胜。离贪嫉五，谓诸根具、财自在、福德、位尊、利息。离瞋恚八，谓无恼、无瞋、无诤、柔和、慈心、利生、相严、生梵。离邪痴十，谓意乐侣、信因果、皈佛、正见、生人天、福慧增、行圣道、舍恶业、住无碍见、不堕诸难。"解曰：上皆明花报也。又云："行十善业，若能回向三菩提者，后成佛时，得佛随心自在寿命（不杀报），清净大智（不盗报），隐密藏相（不淫报），如来真语（不妄语报），魔外不坏菩提眷属（不两舌报），梵音声相（不恶口报），诸所授记，皆不唐捐（不绮语报），三界特尊，皆共敬养（不贪嫉报），观者无厌（不瞋恚报），神通自在（不邪痴报）。"解曰：此是明果报也。

六波罗者，《大乘理趣六波罗蜜经·净戒品》云："此十善业，一一皆感四种果报：一、现在安乐；二、烦恼怨贼势力羸弱；三、于当来世常得尊贵，无所乏少；四、精勤修习，当得无上正等菩提。"解曰：前三花报，后一果报也。若约转三障义，二转烦恼障，四转业障，初三转报障。若约转三报，初二转现报，盖报由业感，业由惑造，今了业因，不从报法起惑，由是惑种羸弱，业现衰残也；第三转生报；第四转后报。既十善报，其大如此，奈之何不奉行哉！

△四、返妄归真

【经】佛言："人有众过，而不自悔，顿息其心，罪来赴身，如水归海，渐成深广。若人有过，自解知非，改恶行善，罪自消灭，如病得汗，渐有痊损耳。"

【疏】先明不悔则成妄染。过，失也。由贪瞋痴，发身口意，作诸恶业，名众过也。梵语"忏摩"，此云"悔过"。若别说者，"忏"名陈露先罪，"悔"名改往修来。不自悔者，不肯追悔往愆也。过而不改，是谓过矣。顿，安也。息，止也。业从心造，还自覆藏，名为顿息其心。有过必有罪，日积月累，故成其大。犹如河海，不择细流，渐成深广也。

"若"下，后明忏悔还成真净。先法。善恶皆由心造，心能改恶行善，罪亦随心消灭。如人转谤为赞，怨结解而亲自成矣。夫欲忏悔者，须具此三法：一、知非，谓惭愧克责，明信因果，怖畏恶道，翻前不悔也；二、改恶，谓发露先罪，断相续心也；三、行善，求灭罪方法，修功补过也，此二翻前息心。上三法因，下罪消果，翻前罪深也。故《涅槃》云："佛法有二健儿，一者自不作罪，二者作已能悔。"此是能悔者也。"如"下，后喻。凡人有病服药，若得汗，则疾愈而身安。犹如众生起过行忏，若法喜，则罪灭而心清。过既非一时起，忏亦莫能顿除，故云渐也。

【钞】初三句，明覆藏。次三句，明增广。又前四句，具含七义。众过中含二：一、纵恣三业，无恶不为故；二、事或不广，恶心遍布故。息心唯一，谓覆讳过失，不欲人知故。不悔中含三：一、拨无因果，作一阐提故；二、虏扈抵突，不畏恶道故；三、无惭无愧，不畏圣贤故。罪赴亦一，谓恶心相续，昼夜不断故。

"梵"下，有二：一、翻"忏"为"悔"，二、半梵半唐释。梵语"忏摩"，此云"请忍"。"悔"是唐言，体即百法中"恶作"也，厌先过失故。谓请三宝，忍受悔过。然此厌罪，定是善法，不同《识论》不定所摄。若准《佛名经》说，则"忏"是忏谢之名，"悔"以悔责为义。追悔往愆者，相部《律疏》解云："兴善罚恶为忏，追变往愆为悔。"

积累成大者，合抱之木，生于毫末，九层之台，起于累土。罪始滥觞，祸终没顶，亦犹是也。经云："莫轻小罪，以为无殃。水滴虽微，渐盈大器。"汉昭烈曰："勿以善小而不为，勿以恶小而为之。"《遗教》云："譬如小水常流，则能穿石。"

"一"下，知非中具三义：一、惭愧。惭者惭天，天见我屏处造罪故。

愧者愧人，人见我显处作逆故。又惭者内自羞耻，翻前无惭，不顾自法，轻拒贤善也。愧者发露向人，翻前无愧，不顾世间，崇重暴恶也。二、信因果，信得善有善报，恶有恶报。所以经云："假使满百劫，所作业不亡。因缘会遇时，果报还自受。"《易》云："积善之家，必有余庆。积不善之家，必有余殃。"设无因果，则修福者屈，造罪者幸，如何今见贫富、贵贱、苦乐不同也？三、怖恶道，谓造上品十恶，死堕地狱，中品饿鬼，下品畜生。《原人论》云："杀盗淫等心神，乘此恶业，生于地狱、鬼、畜等中。"《佛名经》云："若不忏悔者，大命将尽，地狱恶相皆现在前，当尔之时，悔惧交至。不预修善，悔何及乎？当尔之时，欲求一礼一忏，岂可复得？众等切莫自恃盛年，财宝势力，放逸自恣。死苦一至，不令人知。盛年富贵，无得免者。"怖心起时，如履汤火，六尘五欲不暇贪染，翻前不畏三恶道也。

改恶中具二义：一、露先罪，谓不覆瑕玼也。根露则枝枯，源干则流竭，翻前覆藏。二、断相续，谓已作者忏令清净，未作者不敢更作。如王法初犯得恕，更作则重。初入道场，罪则易灭，更作难除也。

行善中唯一义：昔因三业，造诸罪恶，不计昼夜。今以善身口意，策励不休。匪移山岳，岂填沟壑？以此翻前纵恣三业、恶心遍布二种。

然灭罪法，有事有理。事则洗净身口，着鲜洁衣，烧香散花，礼佛诵经，于三宝前陈白过犯，三时七日，乃至累月经年，如法修行，取灭方止。理则观罪性空，罪心无生，心性灭时，罪亦亡矣。《净名》云："彼罪性不在内，不在外，不在中间。如佛所说，心垢故众生垢，心净故众生净。心亦不在内、外、中间，如其心然，罪垢亦然。"《华严》云："菩萨知诸业，不从东方来，不从南西北方、四维上下来，而共积集，止住于心，但从颠倒生，无有住处。"

问：云何知罪灭相？

答：若如是至心忏时，或得好瑞好梦，或复见光见花，或觉身体轻利，或有善心开发，或入诸禅，或识法相等。故《普贤观经》云："一切业障海，皆从妄想生。若欲忏悔者，端坐念实相。众罪如霜露，慧日能消除。

是故应至心，勤忏六根罪。"

问：若见罪无性时，罪即灭者，亦可见福无性，福亦灭耶？

答：莫作是说。何者？罪违无性，见无性时，罪即灭矣，盖无性是能治，罪是所治故。福顺无性，见无性时，福生长矣，盖无性是能生，福是所生故。如《金刚》云："无住相布施，福德如虚空。"

问：大小乘何别？

答：相部《律疏》云：大乘理深药妙，对治行胜，果亦妙，故灭重也。小乘理浅行劣，果非是妙，故灭轻也。

翻息心者，罪从心起将心忏，如从地倒还地起，无别道也。余易，思之可知。

△二、明世间果三：初、善不可挠，二、圣不可诃，三、贤不可毁。

△初、善不可挠

【经】佛言："恶人闻善，故来挠乱者，汝自禁息，当无瞋责。彼来恶者，而自恶之。福德之气，常在此也。"

【疏】存心不善曰恶人，志仁无恶曰善人。身口辱曰挠，意来辱曰乱，有意非无心曰故。禁息，意忍也。无瞋责，身口忍也。依《华严》明忍具八心：一、忍辱心，如司空图之耐辱，耐人之所不耐；二、柔和心，如老子柔弱胜刚强；三、谐顺心，如娄师德之唾面自干；四、悦美心，如孙登之投水嬉笑；五、不瞋心，如孟子之横逆自反；六、不动心，如帝释之诃其愚痴；七、不浊心，如黄宪之汪洋万顷，挠之不浊；八、不报心，如陈骞之含隐怨害，置之不报。若配此文，身加辱而忍耐不瞋，口毁骂而美顺不责，意嫉害而柔和不报，不动不浊，此其所以为善人也。善人若还对，彼此无智慧。不对心清凉，骂者口热沸，故云而自恶也。经言："彼重以恶来，吾重以善往。福德之气，常在此间。害气重殃，反在于彼。"此明祸因恶积，福缘善庆，故云福气常自在也。《易》曰："积善之家，必有余庆。积不善之家，必有余殃。"不其然乎！

【钞】初二句所对境，次二句能治心，末四句出罪福。

司空图者，唐人，居中条山，作休休亭，自号耐辱居士。

柔胜刚者，《德经》云："天下柔弱，莫过于水，而攻坚强者莫之能胜。弱之胜强，柔之胜刚，天下莫不知。"又云："天下之至柔，驰骋天下之至坚。"今谓他人凌我以刚强，我则骋之以柔和也。

娄师德者，唐人，有弟出守代州，教之耐事。弟曰："人有唾者，拭之而已。"师德曰："拭之是违其怒也，使自干尔。"

投水笑者，晋孙登，为人绝无恚怒，人或投其水中戏之，既出，嬉笑自如。

横逆自反者，孟子曰："有人于此，其待我以横逆，则君子必自反也：'我必不仁也，必无礼也，此物奚宜至哉？'其自反而仁矣，自反而有礼矣，其横逆犹是也，君子必自反也：'我必不忠。'自反而忠矣，其横逆犹是也，君子曰：'此亦妄人也已矣，如此，则与禽兽奚择哉？于禽兽又何难焉？'"

诃愚痴者，《杂阿含》云：有阿修罗，与帝释战，不如，遭五系缚，将还天宫，辄瞋骂詈。御者白帝释曰："释今为畏彼，为力不足耶？能忍阿修罗，面前而骂辱？"帝曰："不以畏故忍，亦非力不足。何有黠慧人，而与愚夫对？"御者又曰："若但行忍者，于事则有缺。愚痴者当言，畏怖故行忍。是故当苦治，以智制愚痴。"帝曰："我常观察彼，制彼愚夫者，见愚者瞋盛，智以静默伏。非力而为力，是彼愚痴力，愚痴违远法，于道则无有。若使有大力，能忍于劣者，是则为上忍，无力有何忍？于他极骂辱，大力者能忍。"

黄宪者，汉时人。郭林宗曰："黄叔度汪洋若万顷之波，澄之既不清，挠之亦不浊，未可量也。"

陈骞者，《晋传》云："骞沉厚，有大度量，虽加怨害恼怒，并皆含隐不报。"此则含人之所不含者也。

△二、圣不可诃

【经】佛言："有人闻吾守道，行大仁慈，故致骂佛，佛默不对。骂止。问曰：'子以礼从人，其人不纳，礼归子乎？'对曰：'归矣。'佛言：'今子骂我，我亦不纳，子自持祸归子身矣。犹响应声，影之随形，终无免离，慎勿为恶。'"

【疏】先引，明骂佛自祸二：初、默然不对，二、举事况显。

初、默然不对。有人，指六师外道诸恶人也。守道，以理存心也。仁者爱人，慈者怜人。施于身曰行，遍法界曰大。有本云："愚人以吾为不善，吾以四等慈护济之。彼以恶来，吾以善往。"释曰：四等，四无量心也，故云行大仁慈。骂有二种：一、作色，二、戏笑。于中或带宗亲，或但自身。复有十相：一、种族，二、形貌，三、称名，四、据齿，五、家业，六、品位，七、威仪，八、事迹，九、罪过，十、善道。致骂亦二义：一、爱人者人恒爱之，则佛有弟子，而外道无眷属，故致骂也；二、下士闻道则大笑之，此乃不得绝圣、绝仁之意，是故不但背后笑毁，而且致面骂也。默者，笑其狂，悯其痴，忍其怒，治其骂也。内含四悉：默具事理，见者适悦，是世界悉檀，得欢喜益；单为彼默，旧善心生，是为人悉檀，得生善益；不对骂止，新恶除遣，是对治悉檀，得破恶益；悟入圣道，永不为恶，是第一义悉檀，得入理益。下问答中，亦具四悉，例此可知。

"问"下，二、举事况显。子者，虽无伏断，亦住正因，故有外子之名字也。迎送拜揖谓之礼，以礼待人，人受礼，尚归于自，况于不受礼乎？则知受骂、不受骂，亦皆归自身矣。所以然者，盖受礼则生自福，如育王之礼僧。不受礼则自有礼，如不轻之深敬。受骂则自招殃，如歌利、罽宾国王。不受骂则诃骂自，如鞠多、叔孙武叔。今来骂佛，是自求祸，祸岂不随其身者哉？故《法华》明获重罪，《楞严》示堕无间，孟子贬为亡者，老子斥名死徒也，宜矣。

【钞】诸恶人者，《法华》谓诸外道梵志（在家外道，事梵天故）、尼犍子（此云"离系"，出家外道）等，及造世俗文笔，赞咏外书，及路伽耶陀（此云"善论"，亦名"师破弟子"，是顺世外道，计顺世情故），逆路伽耶陀（此云"恶论"，亦名"弟子破师"，是不顺世外道，以逆君父之论故）也。

以理守心者，拣彼邪师心游道外也。仁慈，拣彼恶人无仁慈也。孔子曰："道二，仁与不仁而已矣。"遍法界者，佛之同体大慈，拣乎菩萨未遍、二乘人天、梵王大千世界、帝释六欲四洲之仁慈也。

"爱人"句，出孟子，具云："君子所以异于人者，以其存心也。君子以仁存心，以礼存心。仁者爱人，有礼者敬人。爱人者人恒爱之，敬人者人恒敬之。"

"下士"句，出老子，《德经》云："上士闻道，勤而行之。中士闻道，若存若亡。下士闻道，大笑之。"不得绝仁意者，老子曰："绝圣弃智，民利百倍。绝仁弃义，民复孝慈。绝巧弃利，盗贼无有。此三者，以为文不足，故令有所属：见素抱朴，少私寡欲。"解曰：绝圣，令还天理也。弃智，令返无为也。绝仁，令复真心也。弃义，令归本源也。绝巧，令抱朴素也。弃利，令守公正也。不得其意，遂以弃绝为是，仁智为非，而来呵佛骂祖，毁圣诋贤，此则名为迷中倍人，可怜悯者。

"默者"下，有本云："佛默不答者，悯之痴冥狂愚使然。"

"默具事理"下，大通佛之默然受诸梵请，老子不言之教、无为之益，世界也。《楞伽》四答中（一向、反诘、分别、置止也），止论以制外道，世论婆罗门默然，不辞而退，为人也。如来教令密摈恶比丘，公主说偈密默治王子瞋（昔有一微贱人，从此国逃彼国，讹称王子，彼国以公主妻之，多瞋难事。有一明人，从其国来。主往说之，其人语曰："再若瞋时，当说偈云：无亲游他国，欺诳一切人，粗食是常事，何劳复作瞋？"说已，默然瞋歇，后不复瞋。是主及余诸人，但闻偈不知意也），对治也。净名默住不二，智积默然信受，第一义也。梵语"悉檀"，此翻"遍施"，佛以四法遍施众生也。

问中具四悉者，问明善恶，欢喜不瞋，世界也；为说善法，生彼善心，为人也；以今善教，破除恶骂，对治也；得悟其理，非善非恶，第一义也。

"子者"下，博地凡夫，称名字子，具正因，住自性佛性，而未有观行故；小乘七方便，大乘三贤，称相似子，具缘因，引出性佛性，缘理伏惑故；小乘四果、辟支，大乘十圣，称真实子，具了因，至得果佛性，断惑证真故。外子者，一、凡外，外子也，未入佛家故；二、二乘，庶子也，

118

未付家业故；三、菩萨，真子也，绍隆佛位故。今于二种三子中，皆初子义，故称"子"也。

育王礼僧者，《阿育王经》云：王见福田僧，不问大小，悉皆礼拜。耶奢大臣怪而谏曰："应当自重，何轻作礼？"王集群臣，不听杀生，仰敕各得一头，若牛若马之类。唯敕耶奢，得死人头。既皆得已，使货于市。余头卖尽，人头独存。王问众臣："一切物中，何者为贵？"答曰："唯人最贵。"王言："人贵，应得多价，何以不售？"答言："人生虽贵，死乃最贱。头尚可恶，况有价乎？"王问："一切人头皆贱否耶？"答言："皆尔。"王言："今我头亦贱耶？"尔时耶奢，惧不敢对。王言："若不异者，汝何遮我不使礼拜？汝若是我善知识者，应当劝我礼拜，使我将来得诸天身，贤圣胜头，头有所值。何故我自作礼，汝尚嗤笑？"

不轻深敬者，《法华》云：常不轻菩萨见诸四众言："我深敬汝等，不敢轻慢。汝等行菩萨道，当得作佛。"乃至远见四众，亦复故往礼拜。四众之中有生瞋者，恶口骂詈，或以杖木瓦石而打掷之，不轻菩萨能忍受之。其罪毕已，六根清净，增益寿命，得无量福，渐具功德，疾成佛道。彼时四众轻贱我故，二百亿劫不值三宝，千劫于阿鼻狱受大苦恼。

"歌利"者，此云"极恶"。《金刚疏》云：佛昔作忍辱仙人，山中修道。王猎疲寝，妃共礼仙。王问得四果否，皆答不得。王怒，割截身体。天怒，飞砂雨石。王惧求忏。仙言无瞋，誓后身复如故。

罽宾王者，《传灯录》云：师子尊者，因罽宾国王秉剑于前云："师得蕴空否？"曰："已得。"问："离生死否？"曰："已离。"问："既离生死，就师乞头得否？"曰："身非我有，岂况于头？"王便斩之，白乳涌高数尺，王臂自堕。

鞠多者，魔王名。《庄严经论》云：尸利鞠多因设火坑，并诸毒食，害佛不得，悔过号泣。世尊告言："汝勿忧怖。"即说偈言："害我我无瞋，久舍怨亲心。右以栴檀涂，左以利刀割，于此二人中，其心等无异。"

武叔者，《鲁论》云：叔孙武叔毁仲尼。子贡曰："无以为也，仲尼不可毁也。他人之贤者，丘陵也，犹可逾也。仲尼，日月也，无得而逾焉。

人虽欲自绝，其何伤于日月乎？多见其不知量也。"

自求祸者，所谓祸福无门，唯人自造也。孟子曰："般乐怠傲，是自求祸也。祸福无不自己求之者。《诗》云：'永言配命，自求多福。'《太甲》曰：'天作孽，犹可违。自作孽，不可活。'此之谓也。"

获重罪者，《法华》四卷云："若于一劫中，常怀不善心，作色而骂佛，获无量重罪。其有读诵持，是《法华经》者，须臾加恶言，其罪复过彼。"

堕无间者，《楞严》八卷云："毁佛法僧，五逆十重，更生十方阿鼻地狱。"梵语"阿鼻"，此云"无间"，谓受苦无间刻也。

贬为亡者，孟子曰："天子不仁，不保四海。诸侯不仁，不保社稷。卿大夫不仁，不保宗庙。士庶人不仁，不保四体。今恶死亡而乐不仁，是犹恶醉而强酒。"强酒而欲无醉，既不可得，乐不仁而欲无死亡，又岂可得哉？

斥名死徒者，《德经》云："人之生也柔弱，其死也坚强。万物草木之生也柔脆，其死也枯槁。故坚强者死之徒，柔弱者生之徒。"又曰："我有三宝，持而宝之：一曰慈，二曰俭，三曰不敢为天下先。慈故能勇（仁慈则用力救助）；俭故能广（节俭日用自宽广）；不敢为天下先，故能成器长。今舍慈且勇，舍俭且广，舍后且先，死矣。夫慈，以战则胜，以守则固，天将救之，以慈卫之。"今则不仁不慈而恃强横，死亡也可知。

【疏】"犹"下，次结，诫止恶行善。初二句，喻也。次一句，合也。后一句，诫也。恶因恶果，既如形声影响，则善因果亦尔，是故应当止恶行善，转祸为福也。

【钞】善恶能感因，如形声；祸福所报应，如影响。此感彼应，毫发不爽，故云随无离也。而曰终者，纵经多劫，因果亦不亡也。经中说言有三业报：一、现报业者，现作善恶，现受苦乐；二、生报业者，此生作善作恶，来生受苦乐报；三、后报业者，此生作善作恶，直至未来无量生中受苦乐报。若见恶人好者，此是过去生报、后报，善业熟故，所以有此乐果，岂关现作恶业而得好报？若见善人苦者，此是过去生报、后报，恶业熟故，现在善根力弱，不能排遣，所以有此苦果，岂关现作善业而招恶报？

中竺大士名阇夜多，问鸠摩罗多尊者曰："我家父母素信三宝，而常萦疾瘵，凡所谋为皆不如意。邻家一人久为旃陀罗行，而身常勇健，所作和合。彼何幸而我何辜耶？"尊者答曰："善恶之报，有三时焉。凡人但见仁夭暴寿，逆吉义凶，便谓亡因果，虚罪福。殊不知影响相随，毫厘靡忒，纵经百千万劫，亦不磨灭。"

《原人论》云："杀盗等心神，乘此恶业，生三途中。施戒等心神，乘此善业，生于人天。然虽因引业，受得此身。复由满业，故有贵贱、贫富、寿夭、病健、盛衰、苦乐。若前生敬慢为因，今感贵贱之报，乃至仁寿、杀夭、施富、悭贫，种种别报，不可具述。是以此身，或有无恶自祸，无善自福，不仁而寿，不杀而夭等者，皆是前生满业已定，故今世不同所作，自然如然。愚者不知前世，但据目睹，唯执自然。复有前生少者修善，老而造恶，或少恶老善，故今世少年富贵而乐，老大贫贱而苦，或少贫苦、老富贵等。俗人不知，唯执否泰由于时运。"此皆不明三世轮回者也。

则知善恶之报，有大小迟速矣。即影响之喻，乃言其必然，非谓其速也。影之随形，亦有远近，影远则大，影近则小。报之迟速，亦犹是也，速则报轻，迟则报重。又或恶业多而先受恶报，善业多而先受善报。抑或善心退转，则又因福而得祸。恶心改悔，则又因祸而得福。虽有种种差殊，总之一定不移，故曰应随，终无离也。《书》云："惠迪吉，从逆凶，唯影响。"正此意耳。

△三、贤不可毁

【经】佛言："恶人害贤者，犹仰天而唾，唾不污天，还从己堕；逆风扬尘，尘不至彼，还坌己身。贤不可毁，祸必灭己。"

【疏】初标举。神明不测谓之圣，才德出众谓之贤。又圣者正也，舍凡性入正性故，四果、十地等。贤者良也，背恶心向良心故，三资、四加等。心无悲悯，损恼于他，名之为害。

"犹"下，次喻明。初喻毁斥上等圣贤，次喻逼恼同学良善。含血喷天，还污己身，如方士之诃责贤祖，身自疮疱。把尘扬风，反坌自体，如蔡京之贬剥司马，自取戮辱也。《杂阿含》云：健骂婆罗门遥见世尊，作粗恶语，瞋骂诃责，把土坌佛。时有逆风，还吹其土，反自坌身。世尊说曰："若人无瞋恨，骂辱以加者，清净无结垢，彼恶还归己，犹如土坌彼，逆风还自污。"时婆罗门，忏过而去。

"贤"下，后合示。《譬喻经》云：有清信士，初持五戒，后时衰老，多有废忘。尔时山中有渴梵志，从其乞饮，田家事忙，不暇看之，遂恨而去。梵志能起尸使鬼，召得杀鬼，敕曰："彼辱我，往杀之。"山中有罗汉知之，往田家语言："汝今夜早燃灯，勤三自归，可得安隐。"主人如教，通晓念佛诵戒，鬼莫能害。鬼神之法，人令其杀，即便欲杀，但彼有不可杀之德，法当反杀其使鬼者。其鬼乃恚，欲害梵志。罗汉蔽之，令鬼不见。田家悟道，梵志得活。《法华》云："咒诅诸毒药，所欲害身者，念彼观音力，还着于本人。"皆是毁贤祸己之明证也。

【钞】"又"下，比证曰贤，亲证曰圣。资粮、加行位名，通大小乘。

方士诃贤祖者，天授二年，曾州牧宰迎请三祖藏和尚讲《华严》，因论邪正。时有方士，在会嫉恨，面兴愠色，口出恶言，谓三祖曰："但自讲经，何起诽毁？"祖曰："今讲经旨，无他论议。"问："一切诸法，悉平等耶？"祖曰："诸法亦平等亦不平等。"又问："何法平等，何法不平等？"答："诸法不出二种，一者真谛，二者俗谛。若约真谛，无此无彼，无自无他，无净无秽，一切皆离，故平等也。若约俗谛，有善有恶，有尊有卑，有邪有正，岂得平等？"方士词穷无对，犹瞋不解，但加骂詈毁辱而已。归去经宿，明朝洗面，眉发俱落，通身疮皰，方生悔心，敬信三宝，求哀三祖。祖令持《华严经》百遍，以赎前愆。诵至八十遍，忽感眉发重生，身疮顿愈。又如四禅无闻比丘，谤阿罗汉身遭后有，堕阿鼻狱，皆是唾天自污也。

蔡京者，宋徽宗时，蔡京为相用事，排陷元祐诸臣，目曰奸党，首列司马光，刻石殿门，又自书大碑，颁布州县，长安中无敢议者。唯石工安民辞曰："司马相公，海内称其正直，今谓之奸邪，我不忍刻也。"官欲加罪，民泣曰："乞免镌安民二字于石末，恐得罪后世。"闻者愧之。靖康中，京既正罪，安民亦得褒赠。

"后合"下，毁贤合唾天、扬风，祸己合堕己、坌身。三业之中，口业实重。好言是口，莠言是口。赞则靡德不归，犹如寒谷生春。毁则何恶不往，宛似炎天飞雪。关系既大，招致不轻。《报恩经》云：佛告阿难："人生世间，祸从口生。当护于口，甚于猛火。猛火炽然，能烧一世。恶口炽然，烧无数世。猛火炽然，烧世间财。恶口炽然，烧圣七财。口中之舌，凿身之斧，灭身之祸。"庄子曰："为不善于显者，人得而诛之。为不善于幽者，鬼得而诛之。"则知毁圣害贤者，必有灭己之大祸，不可作也。

"《法华》"下，《圆通解》曰："毒药交兼相咒诅，恶心仍更祷神祇。彼来于我起侵伤，还着本人招横害。岂是等慈成过失，自然黑业果相随。"则还着者，还是自害自也。

△三、明上上果二：初、道果显胜，二、圣果显胜。
△初、道果显胜二：初、奉道得大智果，二、助道得大福果。
△初、奉道得大智果

【经】佛言："博闻爱道，道必难会。守志奉道，其道甚大。"

【疏】博学多闻，则涉于名言。爱道广远，则高于门境。哪知道不远人，徒增悭慢；法本离言，何劳强记。犹如阿难徒闻，未全道力，故云难会。心之所至谓之志，理之所诣谓之道。持守其志，则无如外智。体奉其道，则无智外如。心境相契，如盖合底，体包太虚，用周沙界，故云甚大。三乘菩提，皆在自心得矣，岂远乎哉！

【钞】上二句，明不善学之失。执着法相曰悭，自恃其道曰慢。本离言者，《起信》云："是法从本以来，离言说相，离名字相，离心缘相，毕竟平等，唯是一心，故名真如。"阿难，证也。《楞严》云："汝虽历劫忆持如来秘密妙严，不如一日修无漏业。"颂曰："阿难纵强记，不免落邪思。"

"守志"下二句，明善学之益。志，能也，心也，智也。道，所也，境也，如也。"三乘"二句，上智契心得佛菩提，中智契心得辟支菩提，下志契心得声闻菩提。《心赋注》云："天有道以轻清，地有道以宁静，山谷有道以盈满，草木有道以生长，鬼神有道以灵圣，君王有道执王天下。道即灵知心也。"故曰在自心得。道在迩而求诸远，事在易而求诸难，岂不可惜？若夫达磨西来，不立语言，直指人心；贤首顿教，不说法相，唯辨真性，可谓得斯意矣。

△二、助道得大福果

【经】佛言："睹人施道，助之欢喜，得福甚大。"沙门问曰："此福尽乎？"佛言："譬如一炬之火，数千百人各以炬来，分取火去，熟食除冥，此炬如故。福亦如之。"

【疏】初直明随喜福大。施道，是法施，拣非财施。助欢，是随喜，拣非自作。见作曰睹，人通五乘。福甚大者，《大品》明不可知数，《法华》谓无量无边，以随喜施道，拣非随喜施财也。

"沙门"下，次问答福报无尽。先问。上大且约横遍法界，此尽乃对竖穷时世，故疑难云：此福虽大，亦有尽耶？"佛"下，次答。先喻。一炬之火本，喻初闻随喜者福。千百炬来分取，喻百千人展转闻而随喜得福。熟食喻得定身福，禅悦食也。除冥喻得慧身福，生空慧除界内无明也。亦可熟食喻涅槃法性身福，法喜食也；除冥喻得智身福，法空智除界外无明也。如故，谓本有之火不减，喻不因展转分取其福，而致初闻随喜之福有减损也。末一句合法。转闻分取，福尚无减，况自行持，福岂尽乎？经云："财施有尽，法施无尽。"则随喜福亦无尽也。

【钞】法施，以五教乘，施众生也。财施，内则身命，外则宝物。《净名》云："当为法施，何用是财施为？"《华严》云："诸供养中，法供养最。"

随喜者，随则顺事顺理，无有差别；喜是庆己庆人，闻微妙法。顺理有实德，顺事有权功，庆己有智慧，庆人有慈悲。《别行疏》云："由昔不喜他善，故今随喜，为庆悦彼，除嫉妒障，起平等善。"

通五乘者，《行愿品》云："诸佛从初发心，乃至菩提，所有善根，六趣、四生、声闻、辟支所有功德，一切菩萨难行苦行，我皆随喜。"《婆沙》云："所有布施福，持戒修禅慧，从身口意生，去来今所有，习学三乘人，具足一乘者，无量人天福，皆随而欢喜。"

《大品》者，彼经《随喜品》中，明大千海水，一毛破为百分，滴取海水，可知其数。随喜之福，不可知数。《法华》者，六卷《随喜品》云："如是展转至第五十人，闻经随喜功德尚无量无边，何况最初于会中闻而随喜者，其福复胜，无量无边阿僧祇，不可得比。"

"先喻"下，炬喻随喜，火喻福报，人喻行者，分取喻转教他人作随喜福，拣上自行随喜也。冥，黑暗也，有室内、室外之别。

△二、圣果显胜二：初、备显饭善令得无漏，二、别显孝德令成正觉。

△初、备显饭善令得无漏

【经】佛言："饭凡人百，不如饭一善人。饭善人千，不如饭一持五戒者。饭持五戒者万，不如饭一须陀洹。饭百万须陀洹，不如饭一斯陀含。饭千万斯陀含，不如饭一阿那含。饭一亿阿那含，不如饭一阿罗汉。饭十亿阿罗汉，不如饭一辟支佛。饭百亿辟支佛，不如饭一三世诸佛。饭千亿三世诸佛，不如饭一无念无住无修无证之者。"

【疏】先凡位中较田胜。非善非恶谓之凡，贫病等也。仁慈无害谓之善，忠恕等也。皈信佛律，名持五戒，兼摄余戒、定、慧、人、天，及小教中七方便也。

"饭百"下，次圣位中较田胜。初、四果中较也。"饭十"下，次、三乘中较也。《别行钞》云："辟支佛者，此云独觉，独一觉故；亦名缘觉，从缘生觉故。"饭一三世诸佛者，谓于三世诸佛中，随饭一佛也。声闻断使，如烧木成炭。支佛侵习，如烧炭成灰。佛则正习俱除，如灰炭俱尽，而又说法利生，故增胜耳。"饭千"下，后、有无乘较也。千亿诸佛者，谓诸佛中，饭至千亿尊佛也。念心、住境、修因、证果也。无念，拣凡夫善人之有念。无住，拣持戒之有住。无修，拣三果之有修。无证，拣罗汉、辟支、诸佛之有证。前九较中，后后胜前，虽有福报，犹住于相，以生心动念即乖法体故。今则无心，不取于相，所获福报亦如虚空不可思量，以取舍情亡，等于真空故。《指要录》云：佛为须达说布施果报，谓多施少报，少施多报，供养百千白衣，不如供养一净行人，乃至供养百千诸佛，不如供养一无心道人。

问：施食有何功德？

答：食施获五福报，一曰施命，二曰施色，三曰施力，四曰施安，五曰施辨，亦云无尽功德。犹彼尼拘类树，种如纤芥，生长高四十里，岁下数万斛实。是故婢舍一文，得公主之贵。女施二钱，感正后之荣。文荼举家皆福，那律多劫无贫。德胜献麨为人王，使女施潘成支佛。

问：贫者将何作施？

答：《优婆塞戒经》云："贫者说无财施，是义不然。何以故？贫贱之人亦有食分，食已洗器，弃荡涤汁，施应食者，亦得福德。若以尘麨，施于蚁子，亦得无量果报。天下极贫，谁无尘许麨耶？谁有三日食三揣麨，命不全者？是故诸人，应以食半，施于乞者。善男子，极贫之人，谁有赤裸无衣服者？若有衣服，岂无一线可以施人？天下之人，谁贫无身？如其有身，见他作福，身应往助，亦名行施，亦得福德。"如迦旃延，教一老婢取水以施，是也。

问：若施圣人得福多者，云何经说智人行施，不简福田？

答：释有多意，明能施人有愚智之别，所施境有悲敬之殊。悲是贫苦，敬是三宝。悲是田劣而心胜，敬是田胜而心劣。若取心胜，施佛则不如施贫，如经说言：供养诸佛、菩萨、声闻，不如施畜一口饮食，其福胜彼百千万亿。故舍利弗一饭上佛，佛回施狗，此明悲田最胜也。若据敬法重人，敬田即胜，如经说言：若施畜生得百倍报，乃至须陀洹得无量报，罗汉、辟支尚不如佛，况余类耶？若据平等而行施者，无问悲敬，等心而施，得福弘广，故《维摩》云："分作二分，一施难胜如来，一与城中乞人。"福田无二也。

【钞】贫病等人者，田有三：一、苦田，悲心悯之，贫病人也；二、德田，敬心奉之，三宝等也；三、恩田，孝心事之，父母师长等也。忠恕等者，德田中人也。皈信佛律者，善而兼戒者也。五戒后有八戒、十戒等，戒学后有定学、慧学等，近而人乘、天乘，远而三资、四加，今皆超略，故云兼摄余也。

三乘者，声闻小乘，辟支中乘，佛大乘也。

独一觉者，独宿孤峰，观物变易，自觉无生故。从缘生觉者，由观因缘，觉真谛理故。《别行钞》云："此有二种：一、麟喻，二、部行。谓观外物，因生觉解，自得道果，犹如麒麟独一角故，故名麟喻，出无佛世，以神通化物者也。若部行者，即因闻解生，悟解无性，或观因缘而得菩提，或观老死而得菩提，名为缘觉。唯一果向，名为有学。辟支佛果，名为无学。"

有无乘者，诸佛唯有一佛乘也，无证无有一佛乘也。《楞伽》云："三乘与一乘，非乘我所说。第一义法门，住于无所有。何建立三乘，诸禅无量等？"又云："诸天及梵乘，声闻缘觉乘，诸佛如来乘，我说此诸乘，乃至有心转，诸乘非究竟。若彼心灭尽，无乘及乘者。无有乘建立，我说为一乘。引导众生故，分别说诸乘。"

后后胜前前者，盖人有优劣，德有大小，位有高下，断有深浅，故饭之者，福报亦有不同耳。

少报多报者，《菩萨本行经》云："何谓施多报少？虽多布施，无欢敬心，贡高自大。所施之人，信邪倒见，不得快士。犹如耕田，下种虽多，收实甚少。何谓施少福大？所施虽少，清净心与，而不望报。所施之人，复得快士。佛及辟支，犹如良田，种子虽少，收实甚多。"《般若经》云："若恒舍无量财，而不回向菩提，愿与有情同证一切智智，如是多行布施，摄受少福。若施少分财物，而能回向菩提、有情，如是行少布施，摄受多福。"

"一曰"下，经云："人若不食，则七日寿终，颜色憔悴，身羸力弱，心愁体危，困不能言。若能施与，世世获报，财富长寿，端正人喜，多力无耗，安隐无患，人采法言。"

无尽德者，《尊那经》云："无尽功德，乃有七种：一、园林池沼，二、建立精舍，三、床衣卧具，四、财谷等物，五、往来僧物，六、病苦僧物，七、饮食汤药。"

尼拘类树者，《譬喻经》云：佛至舍卫城外乞食，有女作礼，饭着钵中。佛为咒愿："种一生百，种百生亿，得见道谛。"其夫不信。佛言：

"卿见尼拘类树,种如纤芥,生长高四十里,岁下数万斛子。钵饭种福亦然。"夫妇心开,得初果道。

公主贵者,育王一婢,偶因扫地,得一铜钱,即施僧中。命终为育王女,右手出一金钱而无穷尽,往问夜奢罗汉,始知前因。

正后荣者,灵山有一贫女,于粪壤中拾得两钱,即施众僧,当用买食,上座咒愿。女大欢喜,出到树下,黄云覆之。时王相师,见此贫女,福堪为王夫人,更衣迎至王所,王喜甚重。

文荼者,王城有一织师,因辟支乞食,夫妇、儿媳、奴仆,各减分与。后生跋提城,皆有大福。文荼长者入仓雨谷,妇饭随满,儿囊泻金,媳斛分米,仆耕七垄,奴香遍涂。

那律者,阿那律陀昔于饥世以稗饭施辟支佛,获九十一劫天人之中受如意乐,绝无贫乏。

献麨者,《阿育王经》云:佛入王城乞食,德胜小儿弄土而戏,作舍宅仓库,以土为麨,着仓库中。见佛欢喜,掬仓土麨,奉上世尊:"愿我当来,盖于天地,广设供养。"后为育王,王阎浮提。

施潘者,《普曜经》云:佛入城乞食,人皆闭门。有一使女,见佛空钵,欲以瓦器潘淀弊食供之。佛即受取,咒言:"十五劫中,天人中乐。最后出家,成辟支佛。"

取水施者,《贤愚经》云:迦旃延尊者在阿槃提国,时有一老婢,大家走使,受苦无诉,昼夜求死。尊者语言:"贫何不卖?"婢言:"云何卖贫?"尊者教施,婢言贫穷。尊者与钵,教取水施授,为咒愿,次与皈戒,教勤念佛,日日当谨走使,伺大家卧竟,即于自居止处,敷坐观佛。后命终时,生忉利天,还诣迦旃延所闻法,证初果道。

"问"下,详在《诸经要集》。若以心田相对,有四料拣:一、心胜田劣,如悲悯贫病等;二、田胜心劣,如慢心饭僧等;三、心田俱胜,如恭敬斋佛等;四、心田俱劣,如悭惜济贫等。

△二、别显孝德令成正觉

【经】佛言:"凡人事天地鬼神,不如孝其二亲,二亲最神也。"

【疏】天通三界，地摄四居，鬼尽疫厉蛊毒，神赅水火昼夜。事者，如涂灰外道事自在天，安荼论师事大梵天，围陀论师事那罗延天，方论师计地方，路迦耶计微尘，诸迦叶波勤役四大，复有梵志尼犍子等，告召山林树冢等神，杀诸众生，取其血肉，祭祀药叉、罗刹婆等。

孝者，竭力事奉，尽心供养也。二亲，父母也。不如者，天唯覆，地唯载，神能福，鬼作威，父母于我，福威覆载，无不施设，故事天地鬼神，不如孝二亲也。《心地观》云："父有慈恩，母有悲恩。若详说之，有十种德。则长养恩弥于普天，怜悯之德过于大地。假使有人为福供养一百净行大婆罗门，一百五通诸大神仙，一百大智师长善友，不如一念住孝顺心，以微少物供养父母。"

又彼父母能生我身，修道器故，若孝养之，即为供佛，令得速成无上菩提。拣非敬事天地鬼神，但成世间有漏福也。《大集经》云："世若无佛，善事父母。事父母者，即是事佛，父母于我为先觉故。"《心地观》云："若人至心供养佛，复有精勤修孝养，如是二人福无异，三世受报亦无穷。"《报恩经》云："为孝养父母，知恩报恩故，令我速成阿耨菩提。"如释尊、目连、道纪、鉴宗。故云二亲最神也。

【钞】四居者，海居、洲居、山居、林居也，如《楞严》明。鬼者，归也，魂魄归于地也；又威也，能令他畏其威也。神者，申也，精气申于天也；又能也，大力者能移山填海，小力者能隐显变化也。尸子曰："在天曰灵，在地曰祇。"郑玄曰："圣人之精气谓之神，贤人之精气谓之鬼。"《长阿含》云："一切人民所居舍宅，一切街巷，四衢道中，屠儿市肆，及丘冢间，皆有鬼神，无有空者。凡有鬼神，皆随所依即以为名，依人名人，依村名村，乃至依河名河。一切树木，极小如车轴者，皆有鬼神依止。"广列三财九类，如《兰盆疏》。"事者"下，出《华严玄谈》。

"孝者"下，有二：一、世间孝，奉养甘旨；二、出世孝，教亲佛法。经云："饭罗汉、辟支，不如以三尊之教，度其一世二亲。"《孝子经》云："子之养亲，百味恣口，众音娱耳，名衣耀体，肩荷周流，未为孝矣。若亲顽暗，不奉三尊，子当极谏，以启悟之，心崇正道，奉佛五戒。于是二亲，处世常安，寿终生天，诸佛共会，得闻法言，长与苦别，唯此为孝耳。"

十种德者：一名大地，母胎为所依故；二名能生，经苦而能生故；三名能正，恒理五根故；四名养育，随时长养故；五名智者，能以方便令生智慧故；六名庄严，妙衣严饰故；七名安隐，母怀止息故；八名教授，善巧导引故；九名教诫，善言令离恶故；十名与业，付嘱家业故。

"则长"下，经云："长养之恩，弥于普天。怜悯之德，广大无比。世间所高，莫过山岳，悲母之恩，逾于须弥。世间之重，大地为先，悲母之恩，亦过于彼。"今略引也。

"又彼"下，释"最神"，谓无父母生长色身，法身慧命无所依故，事佛闻法亦无据故。"《大集》"下，引证。"如释"下，举事，谓释尊行孝成佛，目连尽孝证果，道纪至孝明经，鉴宗笃孝悟道。

《杂宝藏经》云："雪山有一鹦鹉，常取好果，奉盲父母。后因田主发施愿心，即取其谷供亲。田主见虫鸟作践生瞋，便设罗网，捕得鹦鹉。鹦鹉语言：'见施心故，乃敢来取，供盲父母，又何见捕？'田主咨嗟：'禽兽尚能孝养父母，岂况于人？汝从今后应常此取。'田主者，舍利弗是。鹦鹉者，我身是。盲父母者，净饭、摩耶是。由昔孝养，今得成佛。"《心地观》云："佛昔修行为慈母，感得相好金色身，名闻广大遍十方，一切人天咸稽首，人与非人皆恭敬，自缘往昔报慈恩。我升三十三天宫，三月为母说真法，令母听闻归正道，悟无生忍常不退。如是皆为报悲恩，虽报恩深犹未足。"此是如来孝亲得成佛也。

《崇行录》云："佛世，目连事母至孝。生则养，导其正信。死则葬，又荐其灵。心犹未安，故出家修行，欲度母亲，报乳哺恩。因此精进，得六神通，成罗汉果。"《心地观》云："神通第一目犍连，已断三界诸烦恼，以神通力观慈母，见在受苦饿鬼中。目连自往报母恩，救免慈亲所受苦，上生他化诸天众，共为游乐处天宫。当知父母恩最深，诸佛圣贤咸报德。"此是目连孝亲成罗汉也。

齐道纪，性诚孝，劳于色养。语人曰："母必亲供者，以福与登地菩萨等也。"衣着食饮，大小便利，躬自经理，不烦他人。习《成实》及余经论，后忽豁然悟通，造《金藏论》七卷，于邺城东郊讲演，道俗感化者甚众。唐鉴宗，湖州长城人，姓钱。父晟有疾，宗割股肉馈之曰："他畜之肉，能治疾者也。"父病因愈。乃求出家，后谒盐官悟空禅师，顿彻心源，住径山为二祖。此明纪、宗孝亲得道者也。

　　阴阳不测之谓神。弥勒劝孝偈云："堂上有佛二尊，懊恼世人不识。不用金彩妆成，亦非旃檀雕刻。只今现在爷娘，便是释迦弥勒。若能供养得他，何须别作功德。"是故尽力孝养，则世出世间善果，无不能得。犹如天地造化，人莫能知，故曰神妙万物而为言者也。上"鬼神"约人言，此"最神"约法言。

佛说四十二章经疏钞卷第三

清浙水慈云灌顶沙门续法述

△二、十四章分别因功起行分二：初、总明世出世行，二、别明世出世行。

△初、总明世出世行

【经】佛言："人有二十难：贫穷布施难，豪贵学道难，弃命必死难，得睹佛经难，生值佛世难，忍色离欲难，见好不求难，有势不临难，被辱不瞋难，触事无心难，广学博究难，不轻未学难，除灭我慢难，心行平等难，不说是非难，会善知识难，见性学道难，随化度人难，对境不动难，善解方便难。"

【疏】先总标。"贫"下，次别列中，先世间行难，次出世行难。

先世间行难。贫者无福，穷者无慧。又贫无财产，穷无衣食。施有三：一者财，二者法，三者无畏。贫贱施财，岂不为难？道则戒善、禅定等法。然饥寒困苦，道心易发。富贵尊荣，学道则难。色心连持为命，物物贪生，人人怕死，故弃命为难。然难与易，俱出于心。若心生疑，非难成难。心若无疑，是难非难。贫者肯施，如卖薪三钱，纺绩一缕，磨镜手指，牧羊草盖。设不信施，虽富贵亦难，如摩诃南长者。又肯学道，何拘豪贵？波琉璃王持名见佛，祇陀太子因酒念戒。又顺情而背理，虽临终而谋活，如大舜出于浚井，西伯释于羑里。若顺理而逆情，纵杀身而不顾，如孔圣甘于夕死，初果愿于刀亡，萨埵投身饿虎，达王割肉饥鹰。

【钞】"施有"下，先直释其难。"然难"下，次双出所以。

三钱者，《杂宝藏》云："昔有一卖薪人，得三文钱，舍于毗婆尸佛钵中，回家五里，步步欢愿。时卖薪者，今汝恶生王是。缘施三钱于佛，五里欣庆，世世尊贵，常得五里三重钱藏。"（迦旃延尊者答也。）

一缕者，《宝积经》云：旁耆罗私佛时，有纺线者名绩，日施一缕，满千五百，愿成佛道，摄受一切。由此福故，十五拘胝为转轮王，作天帝释，成佛号善摄受如来。

手指者，昔有长者鸠留，不信佛法，与五百远行，饥渴甚，见一丛林，到彼唯一树神，礼已求食。神于手指出诸饮食，甘美难言，五百伴亦皆得食。问曰："何福所致？"答曰："我于迦叶佛时极贫，为磨镜业。每有沙门乞食，常以此指，示斋主家，及接众处，如是非一，寿终生此。"长者大悟，日饭八千僧，入于佛道。

草盖者，《菩萨本行经》云：佛行村落间，一牧羊儿念言："暑天盛热，路无荫凉，编草作盖，用覆佛上，捉随佛行。"佛告阿难："此人心敬，当在人天，得七宝盖。竟十三劫，成辟支佛。"

摩诃南者，《杂阿含》云：舍卫城长者名摩诃南，家财亿万，以悭贪故，惜不衣食。父母妻奴，不能供给。贫穷乞儿，诃责不与。无有子胤，遇患命终，家业入官。佛言："曩施支佛一饭，不至心与，后复生悔。故今虽富，不为享用。又为财故，杀异母弟，今受福尽，入于地狱。"

波璃王者，《木槵子经》云：波琉璃王白言："国多灾患，使我忧劳，愿求易修要法。"佛言："欲灭三障，当贯槵子百八记数，称三宝名二十万遍，生焰摩天。满百万遍，断百八结，获无上果。"王即常念，军旅不废。后饿三日，佛即应形而告王曰："莎斗比丘念经十岁，得成初果，今在普香世界，作辟支佛。"

祇陀者，此云战胜。《未曾有经》云：祇陀太子白言："向受五戒，酒戒难持，畏恐得罪。今欲舍戒，受十善法。"佛言："饮时有恶否耶？"答曰："国中豪族，虽时时相率赍持酒食，共相娱乐而已，余外无恶。得酒念戒，恶亦止也。"佛言："若如是者，终身饮酒，有何患哉？"

大舜者，昔瞽瞍使舜完廪，捐阶焚之，舜不就死，将两斗笠，自捍其身而下。又使浚井，从而掩之，舜又旁凿一穴，暗地走出。故孔子曰："舜之事父也，索而使之，未尝不在侧。求而杀之，未尝可得。小棰则待，大棰则走，以逃暴怒也。立而不去，杀身陷父以不义，不孝孰是大乎！"

西伯者。纣杀九侯，鄂侯争之，并杀鄂侯。周侯昌闻之叹息，崇侯虎以告于纣，乃囚昌于羑里。昌之臣散宜生、闳夭等，求得有莘氏之美女，及余珍宝，使嬖臣费昌以献纣，因释昌，赐以弓矢斧钺，称为西伯。

孔圣者，《论语》孔子曰："朝闻道，夕死可矣。"

初果者，《智度论》云：一初果人，生屠杀家。父母与刀，并羊一口，闭着屋中，语言："若不杀羊，无求见日。"其儿思惟："若一杀者，终为是业。岂以身口作此大罪？"即便以刀自殒。父母开户，见羊活儿死。彼儿殒时，即生天上。

萨埵者，《金光明》云："摩诃罗陀王有太子摩诃萨埵，出游林野，见一母虎，产生七子，饥饿欲绝，当必啖子。念从昔来，多弃是身，曾无利益，今舍幻身，济众生命，求于法身。即投身虎前，虎食其肉，唯留余骨。时萨埵者，今我身是。虎，瞿夷是。七子，舍利、目连、五比丘是。"

达王者，《度无极经》云：菩萨婆达王，行大布施。天帝试之，敕命边王作鸽，自化为鹰。鸽趣达王足下，鹰寻后至。王割髀肉，乃至尽身称髓，令与鸽等。鹰复本身，问曰："何志？"答曰："吾愿成佛，救度彼众。"帝释惊叹，以天药傅之，疮痍顿愈。乃至比干剖心，夷齐饿死，皆是致命成仁者焉。

【疏】"得"下，次出世行难三：初、依教起行难，二、学道证果难，三、广化众生难。

初、依教起行难。教典积如山岳，尽是甘露醍醐。八苦交煎，何能得睹？佛在世时我沉沦，我出头时佛灭度，故佛前佛后，是名为难。美色，人所欲也。珍好，众贪求者。不欲不求，可谓难矣。富贵逼人，以直报怨，临事而惧，是常情也。今欲无心而不瞋临，岂不难哉？若能舍全躯而求半偈，造佛像而受记音。夫妇一床而分寝寐，见妙五欲而无欢乐。临骂而佯为不闻，被射而慈悯无怨。无心行欲，类木人之看花鸟。不意斩杀，犹伎儿之听讼狱。则此诸难，亦不难矣。

【钞】"教"下，先明难。佛前后为难者，经云八难，一者地狱，二者饿鬼，三者畜生，四者边地，五者长寿天，六者虽得人身，癃残百疾，七者生邪见家，八者生于佛前，或生佛后。"以直"二句，出《鲁论》，彼具云："以直报怨，以德报德。临事而惧，好谋而成。"此则有瞋有心者也。要如夷齐不念旧恶，老庄恬淡无为，始名为无瞋无心也。

"若能"下，次不难。

半偈者，《涅槃经》云：佛昔作婆罗门，雪山坐禅，求法修道。天帝往试，化为罗刹，说半偈云："诸行无常，是生灭法。"菩萨求说后半。答曰："腹饥难说。"问："欲何食？"答曰："人血。"请曰："愿说，我当身施。"即说偈曰："生灭灭已，寂灭为乐。"菩萨以偈遍书木石，即上树舍身。罗刹手接之，还复本形，作礼而去。

受记者，《造像功德经》云：帝释请佛，升忉利天，度夏三月，为母说法。时优填王，渴思不见，欲造木像。毗首羯磨天，化为匠者，操斧斫香木声上彻诸天，至佛会所。如来遥叹，授菩提记。则知别相、同相，不离住持三宝；报身、法身，不离应现影像。是以一见尊容，一闻经声，即为睹佛听法，当自生大庆幸。而城东老母，与佛同生，俱在一处，共经一世，曾不见佛，不蒙法音。以故心疑是难，未必异时亦为难也。

分寝寐者，《佛本行经》云：毕钵罗耶童子，与跋陀罗女为夫妇，同愿修行，不相染触。子若眠时，女起经行。女若睡时，子复经行。周历十二年，同在一室，而不同寝。后女睡时，一手垂地。忽一蛇来，夫恐螫女，擎于妇臂，安置床上。时妇责曰："今乃何故起如是心？"夫以实情告之。后投佛出家，皆得成道。夫即摩诃迦叶，妇即紫金光比丘尼是也。

无欢乐者，《行愿钞》云：佛灭百年，波吒梨城王名阿输柯（亦名阿育，此云无忧），因弟毗多输（此云除忧）敬信外道，疑僧不能离欲，假设方便，令入佛法，语大臣言："我今洗浴，汝当将我所脱衣服天冠与弟，令登王座，谓言：'王乃无后，汝当即位。今者试之，有何不可？'"王出见怒，敕令杀之。诸臣谏劝。王言："暂延七日。"即以种种伎乐媱女供给侍卫，一切臣民皆往问讯。更有青衣，披发摇铃，行杀之者，执刀门立。

至七日满，将诣王所。王问弟言："作王七日，伎乐恣意，婇女问讯，汝贪爱否？"王弟答言："我于七日中，伎女歌舞声，宫殿及卧具，名衣诸珍宝，思惟惧死故，不知如此事。以见行杀者，执刀门外立。又闻摇铃声，死镢钉我心。不知妙五欲，不得安隐眠。"王语弟言："汝于七日中，思惟生死畏，而无有欢乐，不起贪爱心。佛诸弟子等，日日观生死，云何有欢乐，而起烦恼心？观身如怨家，三有如火宅，深乐解脱法，不贪于五欲，其心如莲花，处水而不着。"弟因回心，归信三宝，后即出家，成罗汉果。

不闻者，富弼少时，常有诟詈之者，富如不闻。或以告之，富曰："恐是骂他人耳。"又曰："明呼公名。"答曰："天下多有同姓名者，非骂我也。"吕蒙正相参政，正入朝堂，朝士指曰："此子亦参政耶？"蒙正佯为不闻。同列欲诘其名。正坚止曰："一知姓名，终身不忘，不如无闻也。"

慈悯者，优填王正后，皈佛受戒，得须陀洹。王听谮言，挽弓射后。后见不惧不怒，一心念佛，慈悯于王。箭绕三匝，还住王前，百箭皆尔。王大恐怖，诣佛忏悔。

"无心"下，释"触事"句。无心欲者，《净诸业障经》云：无垢光比丘持钵乞食，遇淫女咒术，因共行欲，归以自责，投佛忏罪。佛问："汝有心耶？"曰："无心也。"佛云："汝既无心，云何言犯？"《楞严》化乐天云："我无欲心，应汝行事。于横陈时，味如嚼蜡。"

不意杀者，梁武帝断重罪，则终日不怿，或谋反事觉，亦泣而宥之。唐太宗谓侍臣曰："朕以死刑至重故，临刑三覆奏，然后行刑。"此是不获已杀，非故意也。《善见律》云：育王太子帝须，出家兴隆佛法。时有一臣，僻取王意，杀诸比丘，帝须遮护。臣即置刀，往白王言："令僧说戒，僧不顺敕，依罪斩杀，帝须禁止。"王闻闷绝，苏后责言："我令说戒，何以杀耶？"王往白僧众言："不审此事，谁获罪耶？"有僧问："王有杀心否？"王言："我本以功德意遣来，无杀心也。"僧曰："王若如此，王自无罪，杀者得罪。"上证自杀无意，此证教杀无意，故喻木人看花，伎儿处斩，皆无贪瞋烦恼心也。

【疏】"广"下，二、学道证果难。一句难了，况欲穷通三藏？上座尚讥，岂能逊让初学？空腹高心，有恃者可知。胜负气厚，齐物也难论。是非情浓，隐恶扬善者少。入耳出口，道听途说者多。稍有觉悟，便言见性明心。道理未穷，焉能赅因彻果？必也如阿难之多闻，不轻之礼敬，难陀稽首波离，帝释请问野干，受苦辱而无诤，顺师教而遍参。女子深观，见谛得果。老僧系念，断惑证真。是则触向成易，又何难成？

【钞】"一句"下，初明难。

三藏，通大小乘。

讥上座者。毗婆尸佛灭后，有一年少比丘，通达三藏，多人供养。复有一摩诃罗老比丘，声形丑恶。年少詈言："如是音声，不如狗吠。"老比丘言："汝何毁也？我得四果。"即举右手，放大光明，普照十方。"汝何不识，作是恶业？"三藏心惊，礼足忏悔。以呵骂上座故，五百身中，常作狗身。

有恃者，或以多闻识达凌人，或以篇章技艺傲物，或辩口利辞，或华门望族，或年寿，或福德，起诸贡高，生大骄慢。慢虽多相，我慢为本。

齐物者，庄子有《齐物论》，谓："方生方死，无成无毁。天下莫大于秋毫之末，而太山为小。莫寿乎殇子，而彭祖为夭。天地与我并生，万物与我为一。"《般若》云："是法平等，无有高下。"《圆觉》云："不敬持戒，不憎毁禁，不重久习，不轻初学。"今既人我见存，自他心立，何能齐长短而一荣枯也？

"入"句。见善知识，彻法底源。道听途说，德之弃也。今人不参善友，唯功口耳，故于知识无缘。

"稍有"下，释"见性"句。道通教、行、理、果。上豪贵道，且属教、行。此见性道，属理、果也。

"必"下，次不难。

阿难、不轻，可知。

难陀者，《普曜经》云：佛弟难陀，初落发时，次第作礼，到优波离，止而不礼，是我家仆。世尊告言："据戒前后，不在贵贱。当思圣法，勿生骄慢。"尔时难陀,去自贡高,礼优波离,大地震动。

请问者,《未曾有经》云:帝释问野干曰:"施食、施法,有何功德?"答曰:"布施饮食,济一日之命。布施财宝,济一世之乏,增益系缚。说法教化,名为法施,能令众生超出世间。"解曰:天帝下心于野干,则无自他高下之见识矣。如舍利弗以一钵饭上佛,佛即回施于狗。问曰:"汝以饭施我,我以饭施狗,谁得福多?"答曰:"佛施狗得福多。"何者?福从心生,不因田出。心为内主,田是外事。舍利弗千万亿倍不及佛心。佛以平等心故福胜,舍利弗以取舍心故福微。明知胜劣由心,不在田也。

无诤者。昔一比丘乞食,至珠师门。珠师为王穿大摩尼之珠,进去取食。有鹅见珠映比丘衣,而作赤色,其状似肉,即便吞之。珠师持食出来,觅珠不知所在,语比丘言:"得我珠耶?"比丘恐害鹅命,而不敢告。珠师即加棒打绞缚,眼耳鼻口尽皆出血。鹅来饮血,鹅亦打死。比丘即说其因。殊师剖鹅得珠,即号哭哀忏,而说偈言:"南无坚持戒,为鹅身受苦,不作毁缺行,此事实难有。"为畜受苦,尚不分辩,岂于人中起两舌耶?

遍参者,即善财遍参五十三员善知识也。

女子者,《杂宝藏》云:昔有女子深信三宝,请僧斋供,至心求法,比丘不解,潜身归寺。然此女人,念有为法无常、苦、空,不得自在,深心观察,获须陀洹果。此证见性不难也。

老僧者,彼经又云:昔有比丘年老昏塞,见诸年少比丘说四果法,心生羡慕,语言:"愿以四果,见受于我。"诸少嗤言:"须得好食。"老者大喜,即待肴膳。诸少戏弄之曰:"汝在此舍一角头坐,当与汝果。"老者欢喜如教,诸少即以皮鞠打其头上,语言:"此是须陀洹果。"老者闻已,系念不散,即获初果。诸少复戏弄言:"汝今虽得初果,犹有七生七死,更移一角。"诸少复以鞠打,语言:"与汝斯陀含果。"老者益加专念,即证二果。诸少复言:"虽得二果,然有往来生死之难,汝更移坐。"诸少复以鞠打,语言:"与汝阿那含果。"老者倍加至心,复证三果。诸少又弄之言:"虽得三果,犹于色无色界受有漏身,无常迁变,念念是苦。汝更移坐。"诸少复以鞠打,语言:"与汝阿罗汉果。"老者倍加至心,复证四果，即大欢喜，设斋报谢，与少共论道品，诸少滞塞。老者语言："我实已得罗汉道果。"诸少咸皆求忏戏弄之罪。是故至心，求无不获。此证学道不难也。

"是"下，结成。

【疏】"随"下，三、广化众生难。众生无边，心行无尽，云何可度，令出生死？如沙弥退心，学人不愿，故难也。眼贪爱色，耳分别声，鼻嗅诸香，舌嗜于味，欲逆流根，至不生灭，岂易得耶？众生病根既广，如来法药亦多。感有刚柔邪正机宜，应有慈威逆顺教门。不能一一善解，奚使人人入道？岂如迦旃延之善教归戒，舍利弗之巧化浣金。力蓝不觉车声，空生不闻鼓响。末利假酒而救厨官，大悲用杀而活贾客。审尔，难亦非难矣。故知难之为语，罪在于人。人有心愿者，入劫烧，升梵天，把虚空，掷大千，未足为难。人无心愿者，得睹佛经尚难，况能上弘下化者乎？今佛举言难者，正欲吾人发猛勇心，立坚固愿，能行其难行，常人而为难得人也。

【钞】"众"下，先明难。

退心者，《智度论》云：昔有罗汉，领一沙弥，携持衣钵。沙弥忽发大菩提心，罗汉知之，便取衣钵，令其前行。行到前途，遇一水潭，多诸细虫，思众生多，难可化度，便退大心。罗汉原令持衣后行。沙弥问，答云："汝发大心，应前罗汉。既退道意，乃是凡夫，不合居我圣人之前。"

不愿者，《法华·持品》云："复有学无学八千人，作是誓言：我等亦当于它国土广说此经。所以者何？是娑婆国中，人多弊恶，怀增上慢，功德浅薄，瞋浊谄曲，心不实故。"

流根者，六根流转于六尘也。逆者，返流旋一，六用不行也。不生灭者，如如不动也。问：此对境不动，与上触事无心，有何义别？答：上约三业作事，不起善恶心。此约六根缘境，不动染净念。

"众生"二句，《楞伽》云："如医疗众病，以病不同故，方药种种殊。我为诸众生，灭除烦恼病，知其根胜劣，演说诸法门。"

"感有"二句，刚强众生以威折之，柔软众生以慈摄之，邪见众生以

139

逆而同其事，正知众生以顺而进其道。若欲尽解，实为难也。是故二乘不能破所知障，大乘亦有尘沙烦恼。

"岂如"下，次不难。先度人不难。

善教者，律中云：迦旃延善能教化归戒，令屠者受夜戒，淫者受昼戒，后受报时，各于昼夜见前乐相。《长阿含》云：有外道执断见，谓无他世。破言："若无他世，则有今日而无明日。"问："我见人死不还，云何说其受苦？故无他世。"答："如罪人被驻，宁得归否？"问："若生天，何不归？"答："如人堕厕得出，宁肯更入厕否？又天上一日，当此百年。生彼三五日，未遑归心。设有归者，而汝已化，宁得知之？"问："我镬煮罪人，密盖其上，伺之不见神出，故无他世。"答："汝昼眠时，傍人在边，见汝神出否？"问："我剥死人皮，脔肉碎骨，求神不得，知无他世。"答："如小儿析薪，寸寸分裂求火，宁有可得否？"问："我秤死人更重，若神去应轻，既无神去，则无他世。"答："如火与铁合，铁则轻，铁失火则重。人生有神则轻，人死失神则重。"问："我见临死人，反转求神不得，故知无他世。"答："如人反转求于贝声，宁得声耶？"外道赞伏。

又世典婆罗门语五百释："能与我论否？"五百释言："出家下者，周利槃特。汝与论胜，我与汝能名。"世典便去。后时于路遇槃特，问："何名？"答："当问义，何问名？"问："汝能与我论义耶？"答："我能与梵王论，况汝盲无目乎？"问："盲即无目，无目即盲，岂非烦重？"周利作十八变。即云："此僧但能飞变，更不解义。"迦旃延天耳遥闻，即隐槃特，示身如彼，从空而下，问："汝字何等？"答："字男丈夫。"问："男即丈夫，丈夫即男，岂非烦重？"世典答："止止，置此杂论，可论深义。"即问曰："颇不依法得涅槃耶？"答："不依五阴法，能得涅槃。"问："五阴依何生？"答："因爱生。"问："云何断爱？"答："依八正道，即能断爱。"世典闻此，远尘离垢。

巧化者，《庄严论》说，目连教二弟子，久无所证，问舍利弗。舍利弗言："以何法教？"答："金师之子，教不净观。浣衣之子，教数息观。"

舍利弗言:"错矣!锻金之子,应教数息。浣衣之子,应教不净。"目连依教,即得罗汉。叹身子曰:"我常在河边,习浣衣自净。安心于白骨,相类易开解,不大加功力,速疾入我意。金师常吹囊,出入息是风,以其相类故,易乐入安般。众生所玩习,各自有胜劣,行自境界中,获得所应得,行他境界中,如鱼堕陆地。第二转法轮,佛法之大将,于诸声闻中,得于最上智。"

"力蓝"下,次对境不难。《泥洹经》云:大臣福罽,欢喜前礼。佛问:"得何法喜?"对曰:"比丘力蓝,坐于树下,时有五百车过。继次人至,问曰:'见车过否?'答曰:'不见。'又曰:'还闻车声?'答曰:'不闻。'曰:'卧耶?'答:'不卧,在观道耳。'因赞叹曰:'车声讻讻,觉而不闻。用心何专,难有乃尔。'遂得法喜。"佛言:"我亦如是。昔游阿沉,暴雷霹雳,连杀四牛。耕者二人同时怖死。我亦不闻,定觉经行。一人作礼,随我而步。吾问:'何匆匆耳?'答言:'向者霹杀四牛二人,世尊独不闻乎?'我言:'不闻。'曰:'卧耶?'我曰:'不卧,自三昧耳。'其人亦叹,亦得法喜。"

空生者,《如幻三昧经》云:"假使以大地为鼓,须弥为槌,于须菩提耳边打,不能令其微念心动。何以故?入空定故。"

"末利"下,后方便不难。《未曾有经》云:波斯匿王游猎饥甚,敕斩厨官修迦罗。唯此一人,称王意者。时夫人末利闻之,即具酒馔,将诸伎女,来至王所,共饮相乐,王瞋乃歇。后即诈传王命,莫杀厨官。王至明旦,颜色憔悴。夫人问:"何患耶?"王言:"昨晚饥火所逼,怒杀厨官,悔恨愁耳。"夫人笑曰:"其人犹在。"王大欢喜,即同夫人诣佛忏罪,谓:"持五戒,犯此饮酒、妄语二戒,其事云何?"世尊答言:"似此犯戒,得大功德,无有罪过。何以故?为利益故。"

大悲者,《宝积经》云:"燃灯佛时,有五百贾人,入海采宝。内有一盗,欲杀诸人,谋取其宝。时有导师,名曰大悲,夜梦神报:'盗若杀此五百菩萨,当堕地狱。可作方便,各全其命。'大悲思惟:'杀此一人,五百全命。我受狱苦,彼离恶道。'生哀悯已,即以短矛刺杀恶贼,令诸商人安隐得还。时大悲者，即我身是。五百贾者，即贤劫中五百菩萨。由我行方便故，得超亿劫生死之难。"

"故知"下，后结示。

"入劫"等者，《法华》云："假使劫烧，担负干草，入中不烧，亦未为难。若以大地，置足甲上，升于梵天，亦未为难。假使有人，手把虚空，而以游行，亦未为难。若以足指，动大千界，远掷它国，亦未为难。"又云："我灭度后，谁能护持，读说此经？今于佛前，自说誓言（一唱也）。诸佛子等，谁能护法，当发大愿，令得久住（二唱也）。诸善男子，各谛思惟，此为难事，宜发大愿（三唱也）。诸余经典，数如恒沙，虽说此等，未足为难。若持八万四千法藏，十二部经，为人演说，令诸听者，得六神通，虽有是益，亦未为难。"准知有心，难亦不难也。

"人无"等者，《法华》云："佛灭度后，于恶世中，暂读此经，是则为难。于我灭后，谁能受持，读诵此经，今于佛前，自说誓言。此经难持，若暂持者，我则欢喜。"准知无愿，非难成难也。

"上弘"等者，得睹经等七难，中修自身也；广学七难，上引佛道也；随化三难，下化众生也。自尚不修，岂能弘化？

"今佛"下，通妨。妨云：若尔，云何独言难耶？故今通云：若不举难，心愿不发。是以《法华》三唱，唯愿弘持也。

△二、别明世出世行二：先明修出世得净之行，后明修世间离染之行。

△先明修出世得净之行三：初、明对治法门令悟俗谛，二、明无相法门令悟真谛，三、明总相法门令悟第一义谛。

△初、明对治法门令悟俗谛五：初、净心断欲，二、守真合道，三、忍恶灭垢，四、澄浊见道，五、灭暗存明。

△初、净心断欲

【经】沙门问佛："以何因缘，得知宿命，会其至道？"佛言："净心守志，可会至道。譬如磨镜，垢去明存。断欲无求，当得宿命。"

【疏】亲生为因，助长为缘。宿命，六通中一。至道，即谛理也，此是真如性，亦即诸法胜义。

"佛言"下，答也。先道。真如道理，遍一切处，既无形相，非作意得，但依众生心现。众生心者，犹如于镜。镜若有垢，光色不现。心若有垢，道理不现。要当守志行，净心性，即见道真。如镜之垢去，即现形像也。"断"下，次命。断欲，则人我自空。无求，则受想灭尽，一切蕴处不能为碍。如是过去无数劫中，舍身受身，皆现在前。故宿命通亦备于我，非外得也。设谓求外，是邪说矣。

【钞】问有二，先命，后道。所以然者，意谓命、道，皆无形影可以拟议。设有缘法，得知宿命，道或因之亦可会矣。

因缘有多义：一、约三世间释，谓种子为因，水、土、人、时等为缘，而芽得生；又泥团为因，轮、绳、陶师等为缘，而器得成，此约外之器世间也。染则无明因，业行缘，而生识等；净则发心因，佛教缘，而得道果，此约内之情世间也。大悲为因，众生为缘，而应化得兴，此约智正觉世间也。二、约五教乘释，人天小教，则以众生机感为因，诸佛应化为缘，而善果得成；始教，种性因，闻熏缘，而成菩提；终、顿，本觉内熏因，师教外熏缘，而得究竟觉；圆教，一真法界心性因，遍参知识、起普贤行愿等缘，而佛果得成。今是情世间，小、始教中义也。

答中先道后命者，道为本，命为末。道尚可会，宿命岂有不可得哉？故经云："断欲守空，即见道真，知宿命矣。"道中前二句法，后二句喻。守志，止定也，如用手把定。净心，观慧也，如水等磨荡。

求外是邪说者，诸外道师谓求梵天、自在天等，即得宿命，或谓别有法术，可致神通。此皆邪说诬民，亦属鬼神有漏五通，非是佛说无漏通也。

△二、守真合道

【经】沙门问佛："何者为善？何者最大？"佛言："行道守真者善，志与道合者大。"

【疏】问中二：初善，世间有戒善、禅定，出世有谛、缘、度、行，不知何者一法为至善也？次大，世间有五大，出世有七大，未审何法为最大也？

"佛"下，答。先善。守性真，自利行也，拣非世禅等比。行觉道，利他教也，拣非权教等比。性修兼具，故为至善。"志"句，后大。志，愿也，心志期求意，又誓也，心志必固意。隐居以求其志，行义以达其道，志因道显，道因志弘，故云合。居天下之广居，行天下之大道，上符诸佛传心之妙，下契众生明心之宜，域中有四，道理最胜，故云大。此之大、善，唯人道为能耳。人而不为，吾末如之何也已矣。

【钞】五大，地、水、火、风、空也。

七大，《瑜伽论》云：一、法，二、发心，三、信解，四、增上意乐，五、资粮，六、时，七、果圆证。《般若无着论》中，亦同此说。《杂集论》云：一、境（经教广大也），二、行（二利行大），三、智，四、精进，五、方便，六、证得（果德大也），七、业（建立大佛事也）也。

守性，定也。众生迷真合尘，即名散乱。行者背尘合真，名为禅定。圭山云："本源心地，是禅定理。忘情契之，是禅定行。"非世禅者，《涅槃》云："定有三种：上者佛性，中者初禅等，下者定心数。"圭山云："真如三昧，达磨所传者。四禅八定，诸家所解者。"今是真性禅，拣余功用禅也。清凉云："定有二种：一、制之一处，无事不办，事定门也。二、能观心性，契理不动，理定门也。"今属理定，非事定矣。

行觉，慧也。有本有末。实相本，文字末。观照般若，本末双通。明达法相，事观也。善了无生，理观也。观照实相无生，起诸文字法相，使先知觉后知也。非权教者，以斯道觉斯民，非余人天小教而为化也。

"性"下，总结。守则独善其身，行则兼善天下，故曰善。而云至者，一切法中，有性善，有性不善，有修善，有修不善。性修不善，贪瞋等也。修善非性善，无贪等也。性修俱善，真如道，法性理也，故曰至。今云守真，守之至善也。《金刚三昧》云："守一者，守一心如。"行道，行之至善也。《金刚三昧》云："常以一觉，觉诸众生。"《大学》止至善，《孟子》道性善，义亦大同。

"心志"下，又愿为志中克遂意，誓为愿中勇烈意。云栖云："期其志而必到者，愿为之先导也。坚其愿而不退者，誓为之后驱也。"求志，依道起志也。达道，依志行道也。孟子曰："得志，与民由之。不得志，独行其道。富贵不能淫，贫贱不能移，威武不能屈，此之谓大丈夫。"

域中四者，老子曰："有物混成，先天地生。寂兮寥兮，独立而不改，周行而不殆，可以为天下母。吾不知其名，字之曰道，强为之名曰大。故道大，天大，地大，王亦大。域中有四大，而王居其一焉。人法地，地法天，天法道，道法自然。"解曰：物者，道为物之本故。字曰道者，以通（能通）生（能生）表其德也。名曰大者，以包含目其体也。道大者，能包罗天、地、人也。天大，无不覆帱也。地大，无不持载也。王大者，能法地则天行道也。人即王也。人为万物之灵，王为万人之主，先当法地安静柔和，次当法天运用生成，又当法道清净无为，令物自化。若尔，即合道法自然之性也。前则道大居先，后则道为法本，是知天地间，道理最大矣。至于五大、七大，皆有为相，非如道理无相无为之大，故不称最。若志与其合者，亦复高而无上，罗而无外，故能弥纶天地之道，岂不大哉！

唯人能者，《裴序》云："生灵之所以往来者，六道也。鬼神沉幽愁之苦，鸟兽怀獝狘之悲，修罗方瞋，诸天正乐。可以整心虑，趣菩提，唯人道为能耳。"此四句，勉励也。

△三、忍恶灭垢

【经】沙门问佛："何者多力？何者最明？"佛言："忍辱多力，不怀恶故，兼加安健。忍者无恶，必为人尊。心垢灭尽，净无瑕秽，是为最明。未有天地，逮于今日，十方所有，无有不见，无有不知，无有不闻，得一切智，可谓明矣。"

【疏】问中，先力，次明。堪能而不怯弱谓之力，洞彻而不昏昧谓之明。

"佛言下"，次答，亦二：初、忍为多力，二、心为最明。

初、忍为多力二：先标。百行之本，忍之为上，不忍则感七损三苦，忍则七益四乐，是故多力。《阿含》云："力有六种：孩子以啼，女人以瞋，国王以骄慢，沙门以忍辱，罗汉以精进，诸佛以慈悲。"此之谓也。

"不"下，次释。忍有二：一、生忍，有逆有顺。逆者，谓于瞋骂打害境中，而不生于忿恨怨恼。顺者，谓于恭敬供养境中，而不生于贪爱骄逸。二、法忍，有心法、非心法。心法者，谓淫欲、瞋恚、忧疑、邪见、慢等。非心法者，谓寒热、饥渴、风雨、老病死等。今不怀恶，即生中忍逆境也。安健，即法中忍非心也。又初名他不饶益忍，所谓应忍他人之恼，心不怀报，亦名耐怨忍，忍彼怨家恼害，是忍外障也。次名安然受苦忍，所谓忍于利衰、毁誉、称讥、苦乐等法，亦名安受忍，忍彼贫病等苦，是忍内障也。

忍无恶者，《唯识》云："忍有三种，谓耐怨害忍、安受苦忍、谛察法忍。"释曰：后一是前二忍所依止处，堪忍甚深广大法故。又《般若》云："忍有二种：一、安受忍，谓于刀杖加害、毁骂凌辱而不起加报心，蚊虻蚤虱、寒热苦恼而不生忿恨心。二、观察忍，思惟诸行，如幻不实，谁呵毁我，谁加害我，谁受凌辱，谁受苦恼，唯是自心虚妄分别，我今不应横起执着。"今是后一，谛观察也。又不怀、安健，有相事忍也。此之无恶，无生理忍也。谓以正慧观察，生法性空，辱不可得；苦空无我，谁为忍者？辱忍既空，无生现前，便证寂灭，又何恶哉？《戒经》云："忍辱第一道。"《阿含》云："是法可尊贵。"故住三忍者，为人世第一尊矣。

【钞】内心安耐，忍外所辱之境，名为忍辱。

七损七益者。子张欲行，辞于夫子，愿赐一言，为修身之本。夫子曰："百行之本，忍之为上。"子张曰："何如忍之？"夫子曰："天子忍之国无害，诸侯忍之成其大，官吏忍之进其位，兄弟忍之家富贵，夫妇忍之终其世，朋友忍之名不废，自身忍之无祸患。"子张曰："不忍如何？"夫子曰："天子不忍国空虚，诸侯不忍丧其躯，官吏不忍刑法诛，兄弟不忍各分居，夫妻不忍令子孤，朋友不忍情意疏，自身不忍患不除。"子张曰："善哉！非人不忍，不忍非人。"此明世忍得失也。

三苦者，《无著论》云："不忍因缘，有三种苦，谓流转生死苦、众生相违苦、缺乏受用苦。"四乐者，《刊定记》云："一、忍熟故乐，行忍纯熟，如役力之人，久得其志也。二、正定故乐，常踞大定，寂灭不动也。三、悯他故乐，如孩子杖父，父即生乐也。四、自利故乐，以此幻形，易得坚质也。"此明出世忍苦乐如此。

又《法集经》云："何者是菩萨忍辱力？为他所骂，而不加报，以得如响平等智力故。为他所打，而不加报，以得镜像平等智力故。为他所恼，而不加报，以得如幻平等智力故。为他所瞋，而不加报，以得内清净平等智力故。世间八法所不能染，以得世法清净平等时力故。一切烦恼不能染，不能胜，以得集因缘平等智力故。"故云忍于一切法中有多力也。

安健者，谓安然忍受苦法，强健有力，不动不坏也。语云："忍是身之宝，不忍身之殃。舌柔常在口，齿折只为刚。"正斯意耳。

利衰等者，《起信疏》云："利则财荣润己，衰则损耗侵凌，毁则越过以谤，誉则逾德而叹，称则依实德赞，讥则准实过论，苦则逼迫侵形，乐则心神适悦。"忍此八者，则八风不能动也。

"忍有三"下，《自考》云："耐怨，即生忍，是成熟有情因。安受，即法忍，是成就佛果因。"《笔削记》云："耐怨不报，有二意：一为解怨结故，如律中长生王偈云：以怨报怨，怨终不止；唯有无怨，怨自息耳。二为证佛果故，以有正智，知彼此境空无所有，不忍沉坠生死，忍则疾成佛道。安受八境，不出违顺，违则易忍，顺则难忍，天台说为强软二贼。谛察法者，但于忍境，体法无生，唯心所现，三轮空寂，唯一真实也。"

"谓以正慧"下，《般若》云："无生法忍者，谓令烦恼毕竟不生，及观诸法毕竟不起，微妙如智，常无间断。"

"《戒经》"下，释"人尊"句。《四分》云："忍辱第一道，佛说无为最。出家恼他人，不名为沙门。"如释云：忍辱、无为，是出世善因、乐果。恼他、不名，是生死恶因、苦果。出家不行忍辱，而反怨报他人，则违无诤之道，岂成勤息之行？

"《阿含》"下，《中阿含》云：时诸比丘，数共斗诤。佛说偈曰："若以诤止诤，究竟不能止。唯忍能止诤，是法可尊贵。"

又尊有多意。老子曰："圣人欲上民，必以言下之。欲先民，必以身后之。是以天下乐推而不厌，以其不争，故天下莫能与之争。"《清凉疏》云："《仁王经》伏忍下品当住，中品行，上品向。信忍下中上，初二三地。柔顺忍下中上，四五六地。无生忍下中上，七八九地。寂灭忍下中上，十地、等、妙觉也。"此约人约位称尊。老子曰："兵强则不胜，木强则共。强大处下，弱柔处上。"《刊定记》云："忍之为义，本末五重：一是本源之心，非动非静；二、不忍，以怨报怨；三、忍，虽不加报，未能忘怀，即未至彼岸忍也；四、忘情绝虑，寂然不动，即至彼岸忍也；五、非动非静，即超彼岸忍也。为治动心，且居静境。动既非实，静岂是真？若明五门，方为究竟。"此约法约行称尊。

兼上三忍，成四力矣（不怀力、安健力、无恶力、人尊力），故云忍者多力。是则修罗以嫉恚为力，比丘以忍戒为力，岂不诚然乎哉！

【疏】"心"下，二、心为最明三：初、离垢明。三障断，二执空，名垢灭尽。现行秽种、习瑕，悉净无余，净极光通，寂照含空矣。

"未"下，二、性觉明。自性本来灵知灵觉，不昧不昏，推之无始，引之无终，先天地而不灭，后天地而不生，迎之不来，纵之不去。云有则空虚无相，云无则神解不测。耀古今，透金石。日月虽遍，不照覆盆，今此灵明彻而又彻。大地虽坚，难逃劫坏，今此真寂恒而又恒。故云自未有天地以来，无法不达，未有甚于心明者也。《起信》云："从本以来，自性满足一切功德，所谓自体有大智慧光明义故，遍照法界义故，真实识知义故。"《楞严》云："性觉妙明，本觉明妙。"

"得"下，三、究竟明。智者，无不知也，以远离微细念故，得见心性。一见性时，则众物之表里精粗，靡所不彻。到此始名为圆满觉，得一切智也。唯心具三，故为最明。佛具三明，名明行足。

【钞】"初、离垢"下，依《起信》义，离明即始觉，性明即本觉，究明即究竟觉也。三障，烦恼、业、报也。二执，我、法也。二执中复各有三：一、现行，粗中之粗，如泥露秽；二、种子，粗中之细，细中之粗；三、习气，细中之细，如玉含瑕。心垢不灭，瑕秽不净，虽有灵明，亦昏昧矣。今则内障、外障以全消，粗惑、细惑而永离，灵光独耀，迥脱根尘，故最明也。

"二、性"下。未有天地者，谓元气混沌，天地未分也。逮于今日者，谓两仪已判，三才悉备也。所有，六尘等法也。眼观色曰见，耳听声曰闻，鼻、舌、身、意觉香、味、触、法曰知。根性虽六，唯一藏心。此心从来惺惺不昧，了了常知，仰观天文，俯察地理，幽明之故，鬼神之状，始终之数，死生之说，无不洞然而照彻也。

"三、究"下。离细念者，《起信》云："一切众生，不名为觉。以从本来，念念相续，未曾离念，故说无始无明。若得无念者，则知心相生住异灭，皆无自立，同一觉故。"得见心者，《论》又云："觉心源故，名究竟觉。不觉心源故，非究竟觉。"靡不彻者，《起信》："问：虚空世界，众生心行，皆悉无边，云何能了，名一切智？答：一切境界，本来一心。众生妄见境界，故不能了。诸佛离于见相，无所不遍，心体显照一切妄法，有大智用，无量方便，故得名一切智。"

"唯心"下，总结也。三明，指上离、性、究也。亦可初即正知智，次即遍知智，后即正遍知智，故智为最明。佛具三智，名正遍知。则前忍力，是约境言。此之智明，是约心说。

△四、澄浊见道

【经】佛言："人怀爱欲不见道者，譬如澄水，致手搅之，众人共临，无有睹其影者。人以爱欲交错，心中浊兴，故不见道。汝等沙门，当舍爱欲。爱欲垢尽，道可见矣。"

【疏】"人"下，初、标起。爱心炽盛，道心隐微。人若怀欲，岂能见道？

"譬"下，次、举喻。水有三缘不能现影：一者浊，《楞严》云："譬如清水，清洁本然。有世间人，取彼土尘，投于净水。土失留碍，水亡清洁，容貌汩然。"二者动，或以五彩投中搅之，或以手指挑拨，或以风刮起诸波浪。三者盖，有本云："猛火着釜下，中水踊跃，以布覆上，众生照临，亦无睹其影者。"

"人"下，三、合法。心如水。贪爱烦恼如浊。欣厌五欲，如手五指搅动。或五尘欲境生灭于心，如五彩投中，风起波浪。又有本云："心中向有三毒，涌沸在内，五盖覆外，终不见道。"则以三毒合火，五盖合布，道理合影。

"汝"下，四、结劝。当舍者，有本云："若人渐解忏悔，来近知识，水澄秽除，清净无垢，即自见形。"舍法有二：一、忏则内之因行胜也，垢秽除矣，自见道之影用；二、近则外之教缘胜也，心水净矣，自见道之形体。"爱欲"下，爱尽则心自澄清，欲尽则心自不动，垢尽则心自开显，道欲不现其形影，亦不可得也。经云："众生心水净，如来影现中。"有本云："恶心垢尽，乃知魂灵所从来，生死所趣向，诸佛国土道德所在耳。"从来，宿命明也。趣向，天眼明也。佛国性德，漏尽明也。三明具时，道用彰矣。

【钞】爱盛道微者，《圭山钞》云："所爱之境，有顺道、乖道。如闻善净真法，流注于心，得其滋润，爱之不已，是顺道也。爱父母（孝也）、伯叔（义也）、兄弟（悌也）亦然。若爱名利、女色等，是乖道也。"今属乖违，故不见道。

"水有"下，水以湿为体、八功德为相、润物鉴像为用，喻道心以知为体、恒河沙性功德为相、能生一切因果为用。若遇障缘，用、相不现矣。

有本者，流通本中，二三差别，彼有理在，亦为引证。（若具文云：佛言："人怀爱欲，不见道者，譬如浊水，以五彩投其中，致力搅之，众人共临水上，无能睹其影。爱欲交错，心中为浊，故不见道。若人渐解忏悔，来近知识，水澄秽除，清净无垢，即自见形。又猛火着釜下，中水踊跃，以布覆上，众生照临，亦无睹其影者。心中本有三毒，涌沸在内，五盖覆外，终不见道。恶心垢尽，乃知魂灵所从来，生死所趣向，诸佛国土道德所在耳。"释曰："人"下，初一节，法、喻、合、结也。"又猛"下，次一节，喻、合、结也。会通配对，如上疏列。）

"心如"下，经云："爱欲交错，心中浊兴。"故疏以爱浊合浊，五欲错兴合手、彩、风。《圆觉疏》云："爱有三种：一、恶爱，谓禽荒、色荒，及名利等。二、善爱，谓贪来报，行施戒等。三、法爱，谓乐着名义，及贪圣果而修行等。"今是初一爱也。又有种种恩爱贪欲。或天属恩爱，如父母等。或感事恩爱，如得惠赍等。或任运欲爱，即名利、色味、六亲、自身等。或因敬成爱，如敬三宝，亲近师长诸知识等，本因敬法，渐成情爱，请益虽足，亦不忍去。《圭山钞》云："恩之与爱，应成四句。一、恩非爱。如名位人，得他种种重恩。彼施恩人，亦是机心结托，不因情爱，后时穷乏，远不相投。此受恩人，亦失权势，贫苦之甚，见其人来，心生大恼，将何以报？岂有爱耶？二、爱非恩。如多欲人，遇一美女，怜爱虽甚，何有恩耶？三、亦恩亦爱。如得朋友情人重恩，或得情深女人重恩，每相聚会，难忍别离。四、非恩非爱，即是寻常外人，乃至怨家也。"由有种种爱心，贪着于欲，故造业受报，生死不断。《肇论》云："众生所以久流转者，皆由着欲故也。若欲止于心，则无复生死。潜神玄默，与虚空合其德，是名涅槃，而见道矣。"

五盖者，贪欲、瞋恚、睡眠、掉悔、疑惑也。以此五事，覆盖于心，如烟尘、云雾、阿修罗手，障蔽日月，不能明照故。

知识有三：一、外护善知识，经营供养，善能将护于行人故；二、同行善知识，共修一道，互相劝发；三、教授善知识，以内外方便禅定法门，示教利喜。今是后一知识也。

垢尽者，即弃除五盖也。

诸佛，佛也。国土，生也。依必有正故。道德，心也。性具谓之德，缘起谓之道。证知心、佛、众生，三无差别，故云在耳。实则归无所得，安有所在哉？

△五、灭暗存明

【经】佛言："夫见道者，譬如持炬入冥室中，其冥即灭，而明独存。学道见谛，无明即灭，而明常存矣。"

【疏】"佛"下，法也。"譬"下，喻也。持炬喻修学观道，冥室喻有漏阴处，冥喻无明烦恼，明喻觉智菩提。灭存者，《大集经》云："譬如百年暗室，一灯能破，明来暗去，不容两立。如风吹水，动显静隐也。""学"下，合也。小乘但修无我观智，以断贪等，止息诸业，证我空真如，得须陀洹果，乃至灭尽患累，得罗汉果，成无生智。大乘依于二空之智，修唯识观，及六度、四摄等行，渐渐伏断二障，证二空所显真如，十地圆满，转八识成四智菩提也。

【钞】"灭存"下，又《正法念经》云：佛告迦叶："譬如空舍，无有户牖，经百千年，亦无人物，是室冥暗。忽有天人，于彼舍中，燃其灯明。迦叶，于意云何，如是黑暗念言：'我经百年住此，故今不去。'有此事否？"迦叶答言："不也，世尊。彼暗无力，灯光若生，决定须去。"佛言："迦叶，彼业烦恼，亦复如是。经百千劫，住彼识中。行人于一昼夜，正观相应，生彼慧灯。此业烦恼，定无所有。"

合也者，无我、唯识观道，合炬；我空、二空真如，合谛；息业、灭患、断障、转识，合无明灭；后四果道、转成四智，合明常存。

"小乘"下，修无我观，修道谛也；以断贪等，证灭谛也。无生智者，小乘智有二：一、断见思尽，得尽智；二、证无生理，得无生智，所谓我生已尽，梵行已立，所作已办，不受后有也。

二空者，非唯无我，亦复无法也。二障者，烦恼、所知也。显真如者，真如障尽，成法性身，大涅槃也。八识、四智者，转第八识而成大圆镜智，转第七识而成平等性智，转第六识而成妙观察智，转前五识而成成所作智。《唯识》云："有漏位中，智劣识强。无漏位中，智强识劣。为劝有情依智舍识，故说转识得此四智。"

△二、明无相法门令悟真谛

【经】佛言："吾法念无念念，行无行行，言无言言，修无修修。会者近尔，迷者远乎。言语道断，非物所拘。差之毫厘，失之须臾。"

【疏】"佛"下，一、住无相乃会。"法"谓法性觉道也，而云"吾"者，众生在迷，不能证知，佛得大觉，法唯佛有也。此二字贯下四法。含众妙而有余，故可念、行、言、修，相用纷然故。超言思而迥出，故无念之可念，乃至无修可修，真体空寂故。念约理，修约果，教、行可知。法相虽多，不出此四。若忘情绝虑而体会之，道不远人，我欲仁斯仁至矣。但众生迷自本心，道在迩而求诸远，虽终日行，而不自觉，哀哉！

"言"下，二、涉拟议则堕。口欲辩而词丧，故云道断。心欲缘而虑忘，故云非拘。理圆言偏，言生理丧，故云差之毫厘，经云"凡有言说，皆成戏论"是也。法无相想，思则乱生，故云失之须臾，经云"汝暂举心，尘劳先起"是也。

【钞】贯下四者，吾何行，行道法也，实无行行，乃至吾何修，修道法也，实无修修。

修约果者，小乘二三果等，大乘十地、等觉，皆属修也。

不出四者，难云：何唯无此四相？故此答曰：法相虽众，若总括之，不出教、行、理、果四也。

忘情绝虑，无分别智也。体会，观照也。不远者，在自心故。仁者，自仁也。自心性中，具恒沙德。无恻隐之心，非人也。故欲之即至，是以云近。《肇论》云："道远乎哉？触事而真。圣远乎哉？体之即神。"

日行不觉者，众生日用，不离心性，由迷本心，用诸妄想。《楞严》云："迷己为物，认贼为子。"则道远矣。然此远近，犹罗刹与诸佛，只在当人一丝念之隔耳。

毫厘，约处。须臾，约时。差失者，以生心动念，即乖法体故。

△三、明总相法门令悟第一义谛

【经】佛言："观天地，念非常。观世界，念非常。观灵觉，即菩提。如是知识，得道疾矣。"

【疏】上而三界之天，下而四洲之地，横则十方之界，竖则三际之世，皆有为法，终归败坏也。经云："汝当照明诸器世界可作之法，皆从变灭。"灵觉，即当人本具灵知之心也，在有情名佛性，兼无情名法性，复有多名，谓本心、本觉、真如、真性、法界、实际、如来藏等。六道凡夫，迷此而起烦恼。三乘圣人，悟此而得菩提。法尔如然，非作得故，是一切法胜义谛也。识无常之法相不有，知灵觉之真性不无，非空非有，而性而相，双融无碍，具在一时，故是中道第一义谛观也。三谛观中，独此为胜。如是修者，得道甚疾。

【钞】科云"总相"者，前之对治则偏于有，无相则偏于空，今则双观，成总相矣。

经云"天地"、"世界"者，天则摄于虚空，界则摄于情器。败坏者，无常有二：一、败坏无常，二、念念无常。今则双通。然人觉前而不觉后，故佛说云"念非常"也。前念已故，后念又新，终日相见，恒是新人，故曰交臂已谢，岂待白首然后变乎？亦可释作忆念之念。

问：《楞严》云："不闻虚空被汝隳裂。何以故？空无形相。"又云："汝观世间可作之法，谁为不坏？然终不闻烂坏虚空。何以故？空非可作，由是始终无坏灭故。"准知虚空是常，何亦非常耶？

答：若对世界，世界无常，虚空是常。若对真性，真性是常，空亦无常。《楞严》云："由汝妄想迷理为咎，故有空性。当知虚空生汝心内，犹如片云点太清里。汝等一人发真归元，此十方空，皆悉销殒。"颂云："迷妄有虚空，依空立世界。空生大觉中，如海一沤发。有漏微尘国，皆依空所生。沤灭空本无，况复诸三有。"则知虚空粉碎，天何常哉？

有情名佛性者，知觉乃众生故。无情名法性者，想澄成国土故。佛法虽异，性体同一。犹如真如、法界，名义虽殊，体性无二。是故灵觉，在六道名六道性，在三乘名三乘性，在生死烦恼为生死烦恼性，在涅槃菩提为涅槃菩提性，至于色心染净亦然。人不之察，苦苦争辩无情有佛性，佛性在法性外有，起诸法执，成所知障，是则名为迷中倍人，可怜悯者。（执唯一佛性，无有法性，一迷也。执法性与佛性为二体，倍迷也。）岂不见藏和尚疏云："法性者，明真如体普遍之义，非直与前佛宝为体，亦乃通与一切法为性，即显真如遍于染净，通情非情，深广之义。故《智论》云：'在众生数中，名为佛性。在非众生数中，名为法性。'又言真如者，此明法性遍染净时，无变异义。真者，体非伪妄。如者，性无改异。如海因风起于波浪，波虽起尽，湿性无变。"是则随缘义边，名法性、佛性；不变义边，即名为真如矣。

六道迷、三乘悟者，《笔削记》云："依觉有不觉，不觉是惑。不觉与觉，是正敌对。转依不觉之惑，方始造业。业与觉义，犹隔一重，故非敌对。其犹尘镜在匣，匣与镜非敌对，尘与镜是正对。"故云迷起烦恼，悟得菩提也。

"识无常"下，有本云："睹天地，念非常。睹山川，念非常。睹万物形体丰炽，念非常。执心如此，得道疾矣。一日常当念道行道，遂得性根，其福无量。"释曰：前明观俗，后明观真。真俗融通，故是中也。

△后明修世间离染之行二：初、离染自能得果，二、离染令他得果。
△初、离染自能得果二：初、明离染功，二、示近染过。
△初、明离染功二：先推我本空，次明业不失。
△先推我本空

【经】佛言："当念身中四大，各自有名，都无我者。我既都无，其如幻耳。"

【疏】名者，地、水、火、风是四物名，坚、湿、暖、动是四物体也。身中四大者，是内四大，拣非外四大也。《楞严》云："则汝身中，坚相为地，润湿为水，暖触为火，动摇为风。"都无我者，四大相违，各各差别，未审我身属于何大？若总相属，即是四我。若总不属，即应离四，别有我身。今推我体，但由假立，非实有性。其如幻者，《圆觉》云："我今此身，四大和合。四大各离，今者妄身当在何处？即如此身，毕竟无体，和合为相，实同幻化。"当念者，行、住、坐、卧，一切时处，常当如是念身无我，如幻观也。

【钞】是内非外者，《楞伽》云："虚妄分别津润大种，成内外水界；炎盛大种，成内外火界；飘动大种，成内外风界；分段大种，成内外地界。"今成根身之大，非器界之大也。

相违者，地有形碍而沉滞，风无形碍而轻举，敌体相违。水火亦互相凌夺也。

"未审"下，《原人论》云："众生五蕴，都无我主，但是形骸之色，思虑之心。从无始来，因缘力故，念念生灭，相续无穷。如水涓涓，如灯焰焰，身心假合，似一似常。凡愚不觉，执之为我。保此我故，即起贪等三毒。三毒击于意识，发动身口，造一切业。业成难逃，故受五道苦乐等身（此别业所感），三界胜劣等处（此同业所感）。于所受身，还执为我，还起贪等，造业受报。身则生老病死，死而复生。界则成住坏空，空而复成。劫劫生生，轮回不绝，无终无始，如汲井轮。都由不了此身，本不是我。不是我者，此身本因色心和合为相，今推寻分析，色有地、水、火、风之四类，心有受、想、行、识之四种，若皆是我，即成八我。况色中复有三百六十段骨，段段各别。皮毛筋肉，肝心脾肾，各不相是（皮不是毛等）。诸心数等，亦各不同，见不是闻，喜不是怒。既有此众多之物，不知定取何者为我？若皆是我，我即百千。一身之中，多主纷乱。离此之外，复无别法。翻覆推我，皆不可得。便悟此身心等，但是众缘。似和合相，元非一体。似我人相，元无我人。"

四大和合者，《宝积经》云："此身生时，与其父母四大种性一类。歌罗逻身，若唯地大，无水界者，譬如有人握干麨灰，终不和合；若唯水界，无地界者，譬如油水，无有坚实，即便流散；若唯地、水，无火界者，譬如夏月阴处肉团，无日光照，即便烂坏；若唯地、水、火三，无风界者，则不增长。"《楞严》云："因缘和合，虚妄有生。汝身现抟四大为体。见闻觉知，壅令留碍。水火风土，旋令觉知。相织妄成。"

四大各离者，《圆觉》云："发毛爪齿，皮肉筋骨，髓脑垢色，皆归于地。唾涕脓血，津液涎沫，痰泪精气，大小便利，皆归于水。暖气归火。动转归风。"

"今者"下，《圆觉疏》云："《净名》云：'四大合故，假名为身。四大无主，身亦无我。'定知四大非我，但约和合，假名为身，亦如幻化，无实体也。"《智论》："问：若自身无我而计我者，他身无我，亦应计我？答：亦有人于他物中计我。如外道坐禅，入地观时，见地即是我。水、火、风、空、识，亦如是。又如有人见鬼擎一尸来，复有一鬼来争，此皆缘他计为我也。"由此愚夫所执实我，但随妄情而施设矣。

"当念"下，《楞伽》云："观蕴、界、处，离我我所，无知爱业之所生起，是名人无我智。"又云："应如是观，大种造色，悉皆性离，无我我所。住如实处，成无生相。"《智论》云：离婆多尊者在家时，远行独宿空亭，见有二鬼争尸，皆言："我先持来。"取其分判。即自思惟："我随说一持来，彼不得者必当见害。宁实语死，不诳妄终。"遂如实答："小者持来。"大鬼瞋怒，被拔手足，随而食之。小鬼得尸，便取尸上手足补之。彼鬼食竟，拭口而去。及明忧恼，常疑此事："若是我身，眼见拔去。若是他身，何随我动？"犹豫不决，逢人便问。众僧见云："此人易度。"而语之曰："汝身本是他人遗体，非己有也，何以疑为？"因悟假合，即成道果。人如尊者疑念若此，自能见谛，成无我矣，作观者可不当心也欤？

△次明业不失二：初、习染即危身火宅，二、离染即出尘罗汉。

△初、习染即危身火宅二：初、声名丧身，二、财色招苦。

△初、声名丧身

【经】佛言："人随情欲，求于声名，声名显著，身已故矣。贪世名常，而不学道，枉功劳形。譬如烧香，虽人闻香，香之烬矣。危身之火，而在其后。"

【疏】先法。德者名之实，名者德之标。则有实德于己，而其名誉自彰，如儿童之诵司马。苟无其德，但随情欲，好求声名，有意驰求，名成身丧矣。何者？贪流俗之华名，不守道真，枉功劳形故。

"譬"下，次喻。栴檀等香木喻人，随情喻遇火，求名喻烧香起烟，显著喻人闻香烟，香木烬喻人身故，不自静守喻不学道，危火在后喻业报流转，炮制喻枉功，熏炙喻劳形。

问：孔子疾没世而名不称，恶四十、五十之无闻。何云枉功劳形耶？

答：此是勉人进德修业，当在少壮之时。德建名立，如佛十号。非教如王莽谦恭下士，沽名吊誉者也。是故三代以上，唯恐好名。老子亦云："良贾深藏若虚。君子盛德，容貌若愚。"观文殊责弥勒，意可知矣。况名实无当，贪求何为？

【钞】见童诵者，宋司马光为相，田夫野老皆号相公，妇人孺子知为君实。东坡云："儿童诵君实，走卒知司马。"

随情欲者，但随习俗邀求华名，沽买虚誉，不以道德名称普闻也。经云"名常"者，名利虚假，道德真常。凡愚不揣，舍本逐末，谓此声名垂于竹帛而无穷，勒于鼎彝而不朽也。

枉功者，行术招致，诡辞动人（如好选诗文、偏讲声气、贿嘱要路、

157

买求荐扬等）也。劳形者，有动乎中，必摇其精也。

危火后者，香木虽灭于前，而炭火犹存在后，喻如欺世盗名者，非但劳形丧命而已，还有身后之祸也。

"问"下，通妨也。

如王莽者，白乐天诗云："周公恐惧流言日，王莽谦恭下士时。若使当年身便死，两人真伪有谁知。"则三代以下，唯恐不好名者，是亦勉励以善闻人，非邀誉于乡党也。

责弥勒者，《法华》文殊颂曰："最后燃灯佛，时有一弟子，心常怀懈怠，贪着于名利。求名利无厌，多游族姓家，弃舍所习诵，废忘不通利。以是因缘故，号之为求名。亦行众善业，具六波罗蜜。其后当作佛，号名曰弥勒。"《楞严》弥勒亦云："我从灯明佛时而得出家，心重世名，好游族姓。尔时世尊教我修习唯心识定。历劫以来，以此三昧，事恒沙佛。求世名心，歇灭无有。至燃灯佛，得成无上。"

名实无当者，《肇论》云："物无当名之实，名无得物之功，是以名不当实，实不当名。"名既虚假，贪求无益也。

△二、财色招苦

【经】佛言："财色于人，人之不舍。譬如刀刃有蜜，不足一餐之美，小儿舐之，则有割舌之患。"

【疏】"佛"下，先法。财、色，五欲中二，常能诳惑一切凡愚，令生爱着，至死不舍也。"譬"下，次喻。刀刃，喻三界火宅，生死世间。蜜喻财色。不足一餐，喻财不能称一生，色不能至一时。小儿喻凡愚，舐喻贪爱不舍。割舌喻丧身亡家，坠入三途。果常此观，自能疏财远色矣。

【钞】《大论》诃云："哀哉众生，常为五欲，求之不已。此五欲者，得之转剧，如火益薪，其焰转炽。五欲无乐，如狗啮骨。五欲增诤，如鸟竞肉。五欲害人，如践毒蛇。五欲无实，如梦所得。五欲不久，假借须臾，如击石火。世人愚惑，贪着五欲，后受三途，无量苦恼。"

又《杂阿含经》云：佛告比丘："世间美色，在于一处，作种种歌舞、伎乐、戏笑。有人语士夫言：'汝当持满钵油，于诸伎女中过。使一杀者，拔刀随后，若失一滴油，即断其命。'而彼士夫自见其后有拔刀者，常作是念：'我若落油一滴，当截我头。'唯一心系念油钵，虽于种种美色众中，徐步而过，不敢顾盼。若有沙门，一其心念，不顾声色，真吾弟子，随顺教者。"此皆诃欲避色法也。

△二、离染即出尘罗汉

【经】佛言："人系于妻子舍宅，甚于牢狱。牢狱有散释之期，妻子无远离之念。情爱于色，岂惮驱驰？虽有虎口之患，心存甘伏。投泥自溺，故曰凡夫。透得此门，出尘罗汉。"

【疏】"佛"下，先正明其过。人喻罪者，妻室喻牢狱，系缚喻禁闭，远离喻散释，爱色喻作恶，驱驰喻役使，虎口喻杀身。《心地观》云："在家逼迫如牢狱，欲求解脱甚为难。"今云甚于牢狱者，盖狱有出日，畏牢狱苦，不随恶使，恐杀身故。妻无离意，爱着美色，随妄情驱，甘虎口故。

"投"下，次总出得失。爱如水，欲如泥，润湿不升，自然从坠，故云溺也。汝爱我心，我怜汝色，以是因缘，常在缠缚，故贪欲即为凡夫。经云："一切诸众生，不得大解脱，皆由贪欲故，堕落于生死。"初果不入色声，四果离欲无净，故透此即成罗汉。经云："若诸众生，永舍贪欲，先除事障，即能悟入声闻境界。"则在尘、出尘，只唯一欲关耳。圣凡得失，岂可不知？

【钞】"爱如"下，《楞严》云："因诸渴仰，发明虚想，想积不休，能生胜气。诸想虽别，轻举是同，飞动不沉，自然超越。因诸爱染，发起妄情，情积不休，能生爱水。诸爱虽别，流结是同，润湿不升，自然从坠。"想，净善想也。情，染恶情也。想则轻清而上升，情则重浊而下坠。

"汝"下四句，亦《楞严》文，开有八句：汝爱我心，我怜汝色；我爱汝心，汝怜我色；汝爱我色，我怜汝心；我爱汝色，汝怜我心也。

"经云"下，长行云："卵生、胎生、湿生、化生，皆因淫欲而正性命。当知轮回，爱为根本。由于欲境，起诸违顺，境背爱心而生憎嫉，造种种业，是故复生地狱、饿鬼。知欲可厌，爱厌业道，舍恶乐善，复现天人。皆轮回故，不成圣道。"此明四生、五道，皆以爱欲为生死因也。

初果二句，义出《金刚》。"经云"下，《圆觉》云："若诸众生，永舍贪欲，未断理障，但能悟入声闻、缘觉，二障已伏，即能悟入菩萨境界。若事理障已永断灭，即入如来微妙圆觉。"此明五性、三乘，皆以断欲为得道因也。

"则"下，贪欲则在尘为凡夫，失也；离欲则出尘为圣人，得也。知之者可谛审矣。

△二、示近染过

【经】佛言："爱欲莫甚于色。色之为欲，其大无外。赖有一矣，若使二同，普天之人，无能为道者矣。"

【疏】先示色欲甚大。《毗昙》云：眼触色尘生爱，乃至意触法尘生爱，是为六爱也。欲略开十，谓女色、财宝、声名、饮食、睡眠、家宅、田园、衣服、眷属、官贵也。于诸爱欲境中，唯有女色甚大，良以身生于欲，欲成于女，浚恩爱海，牢生死根，无过于女色矣。是故儒有亡家败国之训，佛有失通入狱之征，故云无外。

"赖"下，次明障碍深重。长无明，坠三途，碍菩提，障涅槃，唯色欲一法。假有二法同在世间，则出了地网，又入天罗，东缠西缚，何能解脱？道虽现前，亦无可为。今只一端，断犹易矣。不净等观，正为对治。《思益》云："贪欲之人，以净观得脱，不以不净。"

【钞】眼爱色者，眼触色时，贪爱男女形貌姿态，朱唇皓齿，修目长眉，及诸世间玄黄红绿，珍玩宝物。"乃至"者，超略之词，具云：耳爱声者，耳触声时，贪爱男女歌咏语笑，及宫商弦管金石等声；鼻爱香者，鼻触香时，贪爱男女身肉熏香，世间饮食沉麝名香；舌爱味者，舌触味时，贪爱众生血肉鲜美肴膳饮食，及诸甘辛咸淡酸苦种种滋味；身爱触者，身触触时，贪爱男女手足柔软，身分细滑，锦绣缯縠，华冠丽服；意爱法者，意触法时，贪爱男女色貌、语言、姿态、仪容，及诸世间五尘法相，缘念不舍。

"欲略"下，就女色中，复有六种贪欲：一、颜色，长短黑白等；二、形容，巧笑美目等；三、威仪，进止窈窕等；四、语言，低声顺应等；五、细滑，肤腠润泽等；六、人相，美貌妖态等。如《大论》说。

败国训者，夏以妹喜（桀之宠妃），商以妲己（纣之宠妃），周以褒姒（幽王宠妃），而亡其国。《酒味色论》云：晋文公得南之威，三日不听朝，遂推南之威而远之，曰："后世必有以色亡其国者。"

失通者，如一角仙，因触欲故，为淫女骑颈，遂失神通。又如五百仙人，于雪山住，闻甄陀罗女歌声，即失禅定，心醉狂乱。

入狱者，宝莲香尼，持菩萨戒，私行淫欲，妄言行淫非杀非偷，无有业报。发是语已，先于女根生大猛火，后于节节猛火烧燃，堕无间狱。

不净观者：一、外贪，男女身分互相贪着，用九想观治（一、胮胀，二、青瘀，三、坏，四、血涂漫，五、脓烂，六、啖，七、散，八、白骨，九、烧）；二、内外贪，于他己身而起贪爱，用八背舍治（一、内有色相外观色背舍，二、内无色相外观色背舍，三、净背舍身作证背舍，四、空处背舍，五、识处背舍，六、无所有处背舍，七、非非想处背舍，八、灭受想背舍）；三、遍一切处贪，资生五尘等物，用八胜处治（一、内有色相外观色少胜处，二、内有色相外观色多胜处，三、内无色相外观色少胜处，四、内无色相外观色多胜处，五、青胜处，六、黄胜处，七、赤胜处，八、白胜处）。

又可四种想治贪欲：一、显色，谓赤白等，作青瘀想；二、形色，谓长短等，作烂坏想；三、妙触，自他身分细软光泽，作虫蛆想；四、供奉，祗承适意，用死想治。故云"等"也。

"《思益》"下，证"等"字。净观，实相正观也。观照般若，能治众病，犹如阿竭陀药，非唯不净除贪欲也。

问：世间美色，与胮烂死尸，宛然二相，何得视同一体？

答：假如夏月猝死，即便胮烂可畏，岂是二物？则现前身，虚假不实。又如粪囊、行厕、脓血袋、蛆虫窟，种种不净，大可厌患。观行纯熟，对境生憎，与死尸无异矣。史载，萧督恶见妇人，近数步许，便闻其臭。誉是许玄度后身也。

是故女色坏人障道。如截多罗树头，芽永不生。女刀截故，智种不发。

161

如蛇花所覆，如灰土覆火，犹如见毒树，智者应舍离。

△二、离染令他得果二：初、直明欲患，二、即境证益。

△初、直明欲患

【经】佛言："爱欲之人，犹如执炬，逆风而行，必有烧手之患。"

【疏】人若爱欲淫火炽然，况逆圆觉解脱境界之风而行，法性身中母陀罗臂，岂不烧害？犹如黑夜行险道中，虽遇逆风，贪火炬故，执持不释，必有烧手患也。古云："人呼为牡丹，佛说是花箭，射人入骨髓，死而不知怨。"是故如来，色目行淫，名为欲火。菩萨见欲，如避火坑。若能如火头金刚，遍观百骸诸暖触气，化多淫心，成智慧火，设入大火，火亦不能烧矣，又何手患之有？

【钞】"母陀罗"，此云"印"。火遇风则炽，淫遇痴愈盛，现则焚烧五脏，死则抱于铜柱。全身尚灭，况手臂耶？经云："淫习交接，发于相磨，研磨不休，大猛火光于中发动，如是故有铁床等事。"

花箭者，唐玄宗自武惠妃薨后，后宫无当意者，乃制香箭，列宫女而射之，中者即幸焉。宫中歌曰："风流箭，中者人人愿。"不知香箭才发，火箭立至。香箭，因也。火箭，果也。因亡果丧，则火箭不足畏，可畏者香箭而已。又火箭径直而害浅，人远而避之，死者万不得一。香箭隐伏而害深，人狎而玩之，死者十有八九。人不畏香箭，而畏火箭，岂非是颠倒乎？

"若能如"下，经云：乌刍瑟摩白言："我多贪欲。时佛空王，说多淫人，成猛火聚，教我遍观百骸四肢诸冷暖气。神光内凝，化多淫心，成智慧火。从是诸佛名我火头。我以火光三昧力故，成阿罗汉。"又观音菩萨，知见旋复，远离贪欲，令诸众生，设入大火，火不能烧。故知离欲，为出尘第一法也。

有本云："人执火炬，逆风而行，愚者不释，必有烧手之患。贪淫、恚怒、愚痴之毒，处在人身，不早以道除斯祸者，必有危殃。犹愚贪炬，自烧其手也。"释曰：此本单喻贪毒，彼本通喻三毒矣。学道者又不可不知。

△二、即境证益

【经】天神献玉女于佛，欲坏佛意。佛言："革囊众秽，尔来何为？

去！吾不用。"天神愈敬，因问道意，佛为解说，即得须陀洹果。

【疏】天神，欲顶魔王天也。佛意，正觉心也。问道，灭苦道也。解说，苦空法也。天神所以献者，一以试佛意，二以观佛道。不知玉女只可诳俗，难动六通。况大觉尊，岂受魔耶？《观佛三昧经》云：菩萨将成道时，魔遣三女，庄饰妖冶，来至白言："我是天女，盛美无比，今以微身供给左右，可备洒扫。"次以宝器天味上献，恭敬礼拜。尔时菩萨身心寂然，以白毫拟之，令三天女自见身内，脓囊涕唾，九孔不净。八万户虫，唼食诸藏，淬尽汁出，入眼为泪，入鼻为涕，聚口成唾，放口成涎。筋髓诸脉，悉生诸虫，细于毫末，不可具陈。其女见此，即便呕吐，从口而出，无有穷尽。由是惊号，匍匐而去。

昔有慧嵬禅师，云林修定。魔化美女，谓云："天帝令我以备扫洒。"师曰："我心如地，难可倾动，无以革囊见试于我。"女又说偈诱惑。答曰："无羞敝恶人，说此不净语。水漂火焚之，不欲见闻汝。"魔乃赞曰："海水可竭，须弥可倾。彼上人者，秉志坚贞。"

又持世菩萨，住于静室。魔从万二千女，状如帝释，鼓乐弦歌，语言："正士，受是天女，可备扫洒。"菩萨曰："憍尸迦，无以非法之物邀我，非我所宜。"时维摩言："非帝释也，魔来娆耳。"即语魔言："女可与我，如我应受。"魔即惊惧，不能隐去。语诸女言："魔以汝等与我，今汝皆当发菩提心。此有法乐可以自娱，不应复乐五欲乐也。何谓法乐？乐供三宝，乐离五欲，观五阴如怨贼，观四大如毒蛇，乐六度业，乐三脱门，乐修无量道品之法，是为法乐。"波旬告女："汝还天宫。"女言："此有法乐，我等甚乐，不复还乐五欲乐也。"魔言："居士，可舍此女！"维摩诘言："我已舍矣，汝便将去。"诸女问言："我等云何止于魔宫？"答言："有法门名无尽灯，汝等当学。譬如一灯燃百千灯，冥者皆明，明终不尽。夫一菩萨开导百千众生，令发三菩提心，于其道意亦不灭尽。汝住魔宫，以是无尽灯，令无数天子、天女发菩提心者，为报佛恩。"尔时天女礼维摩足，随魔还宫。

是则维摩诘于毗耶离城，现大神力，令魔未发道心者，发起道心。世尊于鹿野苑中，作狮子吼，令魔未成圣果者，得成圣果。则降魔制外，唯以断欲为善本矣。余如《因果》、《月藏》等说。

【钞】"天"下，初、觉悟无惑。"天"下，二、令成圣果。

革囊众秽者，臭皮袋中唯盛脓血，粪秽充满，流液涕唾，蛲蛔盘聚。故一切身，皆从不净。《智论》明五：一、种子不净，谓揽父母精血，及自业因识种，以成身分；二、住处不净，住母胎中，生脏之下，熟脏之上，不净流溢，污秽充满；三、自体不净，三十六物，秽物生长，譬如死狗，尽海水洗，不令香洁；四、自相不净，前约内体，此约外相，谓九孔常流诸不净物，耳出结聍，脐出泥垢，大小便利，手足臭秽；五、究竟不净，气绝命终，捐弃冢间，胮胀臭烂，不净流溢，蛆虫蝇蚋，唼集其上，秽气遍满，人皆掩鼻。昔有国王，耽荒五欲。比丘谏曰："眼为眵泪窟，鼻为秽涕囊，口为涎唾器，腹是屎尿仓。但王无慧目，为色所耽荒。贫道见之恶，出欲入道场。"

慧鬼者，《高僧传》云：师入定时，有一恶鬼而现其前，有身无首，令禅师惧。师慰之曰："喜汝无头痛之患。"次现无腹之鬼。复云："喜汝无五脏之忧。"如是随来随遣，竟不能惑。

《因果》、《月藏》者，《因果经》云：如来成道，魔王恐诸众生皈依，持箭以射，箭化成花。复令三女供给，以乱定意，三女忽然变为陋形。魔王白言："汝若不乐人间欲乐，我舍天位，及五欲具，悉持与汝。"答言："汝于先世，修少施因，今得为自在天。此福有期，尽即下坠，非我所须。我昔曾以头目髓脑国城妻子而用布施，求无上道，汝今不应恼乱于我。"魔王惭怖还宫。《月藏经》云：佛在大集会上说法，魔王波旬亦作神变，复无能为，即说偈曰："我今归依佛世尊，从是终不起恶心，瞿昙心定容恕我，我当守护佛正法。"

佛说四十二章经疏钞卷第四

清浙水慈云灌顶沙门续法述

△三、十六章详明修断证果分三：初、略显能修证人，二、广明所修断法，三、结示能所如幻。

△初、略显能修证人

【经】佛言："夫为道者，犹木在水，寻流而行，不触两岸，不为人取，不为鬼神所遮，不为洄流所住，亦不腐败，吾保此木决定入海。学道之人，不为情欲所惑，不为众邪所娆，精进无为，吾保此人必得道矣。"

【疏】"夫"下，先举喻。木，喻学者。水，喻法性。寻流，喻顺界外无为。两岸，喻生死、涅槃。人取，喻人天有漏善业乐果。鬼遮，喻外道恶见，天魔欲爱，恶业苦报。洄流，喻回入三界，作有为法。腐败，喻阐提拨无，二乘灭尽。海，喻萨婆若智。

"学"下，次合法。人学道，合木在水。精无为，合寻流行。不为情欲惑，合不为两岸人取。不为众邪娆，合不为鬼神洄败。得道，合入海。有大智故，了众生非有，则不触生死此岸。有大悲故，不舍众生界，则不触涅槃彼岸。有大智故，虽行四无量心，而不贪着生于梵世。有大悲故，虽观佛国如空，而现种种清净佛土。有大智故，虽行三界而不坏法性，虽摄一切众生而不爱着。有大悲故，虽乐远离而不依身心尽，虽行于空而植德本。如是智悲并运，真俗融通，第一之道，自会入矣。《梵网》云："如是一心中，方便勤庄严。诸佛萨婆若，悉由是处出。"

【钞】"鬼遮"下，鬼喻外道，神喻天魔。

"次合"下，道即法性中道，情即生死，欲即涅槃，人取通二。

"有"下，三段。初释两岸。《华严》云："此菩萨虽了众生非有，而不舍一切众生界。譬如船师，不住此岸，不住彼岸。何以故？了一切法，法界无二故。"《净名》亦云："在于生死，不为污行，住于涅槃，不永灭度，是菩萨行。"次释人取、鬼遮，后释洄住、腐败，义如《维摩》。

"如是"下，总结也。

"梵网"下，引证。具云："智者善思量，计我着相者，不能生是法；灭寿取证者，亦非下种处。欲长菩提苗，应当静观察，诸法真实相，不生亦不灭，不常复不断，不一亦不异，不来亦不去。如是一心中，方便勤庄严。菩萨所应作，勿生分别想。是名第一道，亦名摩诃衍。一切戏论恶，悉从是处灭。诸佛萨婆若，悉由是处出。是故诸佛子，宜发大勇猛。"则法性道中，绝于有无、一异边矣。

△二、广明所修断法二：先断妄，次修真。

△先断妄五：一、摄意，二、正想，三、远欲，四、断心，五、离爱。

△一、摄意

【经】佛言："慎勿信汝意，汝意不可信。慎勿与色会，色会即祸生。得阿罗汉已，乃可信汝意。"

【疏】先诫劝。意乃动身发语之元，色是四重十恶之首。若不信意，身三、口四、一切枝叶，自不能生。若不会色，五欲、六尘、一切情境，自不染着。是故离欲先当远色，远色先当舍意，舍意先当观心，能修九想，即除六欲渊矣。信意惑业起，会色祸患生，不其然哉？

"得"下，次结显。罗汉即离欲，会色无碍。四果成无净，信意何伤？不言"乃可与色会"者，欲生于意，意尚可信，况会色耶？《楞伽》云：大慧白言："众多贪欲，彼何者断？"佛告大慧："爱乐女人，缠绵贪着，种种方便，身口恶业，种未来苦。彼须陀洹，则不生起。所以者何？得三昧正受乐故，是故彼断。"初果尚断三结，况四果耶？

【钞】九想除六欲者，死想（九想前方便也）破威仪、言语两欲，胀、坏、啖想破形貌欲，血涂、青瘀、脓烂破色欲，骨、烧破细滑欲，九想通除所着人欲。又呎、散想,除着意人。将上九想,观所爱人,乃知言笑欢娱,尽属假合;凉温细软,究竟归空。即我自身,后亦当尔,有何可爱而贪着哉?九想纯熟,与定相应。破欲除意,莫此为尚。又永明云:"断想薪,干爱油,止念风,息欲火,防制意地,恒顺真如。"德山云:"毫厘系念,三途业因。瞥尔情生,万劫羁锁。"则知色心才动,骸骨如山。欲外安和,但内宁静。此形弯影曲,声和响顺之理。再言"慎勿",劝诫深矣。

祸患,业苦境也。《智度论》云:"于世间中,五欲第一。若受余欲,犹不失智慧。淫欲会时,身心慌迷,深着自没。如人堕在深泥,难以拯济。"《优填王经》云:"女人最为恶,难与为因缘,恩爱一缚着,牵人入罪门。"《正法念处经》云:"天中大系缚,无过于女色。女人缚诸天,将至三恶道。"如术婆伽,欲心内发,欲火烧身等。

"不言"下,通妨也。难云:上诫因时,慎意慎色。今显果位,何无色会?故此释云:意想是好色之本,好色是意想之末。本既会妄归真,末岂有不融耶?

缠绵女人者,《经律异相》云:有优婆塞持戒精严,因疾困甚。妇大悲苦:"我何所依?子何所怙?"夫闻爱恋,大命终后,魂神即还,在妇鼻中,化作一虫。妇哭不止。时一罗汉,往化其妇。虫从鼻出,妇将脚踏。罗汉告曰:"莫杀,是卿夫婿,化作此虫。"妇曰:"吾夫奉经持戒,何缘作此?"罗汉曰:"过起爱恋,今生为虫。"即为说法:"卿既持戒,福应生天。但坐恩爱,堕此虫中。"虫闻意解,命终生天。可见淫心不除,尘不可出。其心不淫,不随生死。今须陀洹,不入色声,预圣流也宜矣。

三昧乐者,即四谛观、灭尽定等。三结,谓身见、戒取、疑也。《楞伽》云:"须陀洹断三结,贪痴不生。"

△二、正想

【经】佛言:"慎勿视女色,亦莫共言语。若与语者,正心思念:我为沙门,处于浊世,当如莲花,不为泥污。想其老者如母,长者如姊,少者如妹,稚者如子。应当谛观,彼身何有,唯露秽恶,盛诸不净。生度脱心,息灭恶念。"

【疏】先诫莫亲近。视听言动，当出于正，犹如伯夷、拘罗者然。视女色，非礼也。与女言，非义也。才动口眼，淫念即生。淫念一生，诸念尽起。《法华》云："不应于女人身，取生欲想，而为说法，亦不乐见。若入他家，不与小女、处女、寡女等共语。"

"若"下，次示观想法二：初、总。心，王也。思念，所也。心王无邪，思念自正。律云："观心初置名念，徘徊观处名思。"《长阿含》云：阿难问佛："如来灭后，女人见云何？"佛言："勿相见。设相见，莫共语。设与语，当自检心。"《法华》云："莫独屏处，为女说法。若说法时，不露齿笑，不现胸臆，不独入他家。若有因缘，须独入时，但一心念佛。"上则视善、语善，此则心善。日有三善，名为吉人，吉神拥护，福禄来集。心念一邪，例李退夫不见二神，五百仙被杀身矣。"我"下，二、别。先观自。浊世，五浊恶世也，所谓劫浊、见浊、烦恼浊、众生浊、命浊，五事交扰，浑浊世界，故名浊世。今则性本渊澄，道行高洁，外则不为时势逼恼，欲尘染着，内则不为见爱萦缠，贪恋迷惑。如彼莲花，出淤泥而不染，濯清涟而不妖。《华严》云："于诸惑业及魔境，世间道中得解脱。犹如莲花不着水，亦如日月不住空。"《四分律》云："比丘入聚落，不违戾他事，但自观身行，若正若不正。""想"下，次想他二：先亲属观。《梵网》云："一切男子是我父，一切女人是我母，我生生无不从之受生。"《礼记》云："年长以倍，则父事之。十年以长，则兄事之。五年以长，则肩随之。"昔有患色者，问于王龙豁。先生曰："有人设帷帐一所，指谓此中有一名娼，可就之。入视，乃汝母、妹、女也。一片淫心，此时顿息否耶？"对曰："息矣。"则此对治观想，岂非法门之妙哉？"应"下，次不净观。《经律异相》云：世尊曰："虽睹女人，长大者如母，中如姊妹，少者如子女，敬之以礼义。当内观身，自头至足，皆露秽恶，无可爱者。外如画瓶，中满不净。"则知淡妆浓抹，不异眵面鬈头。明眸素齿，不异鹤发鸡皮。轻脚软手，不异毒体疮身。蠓首蛾眉，不异死尸腐骨。观智一起，邪念冰消矣。

"生"下，后双观。先他也。既如亲属，岂不应度？如持世语魔女：

"当观五欲无常,而修坚法。"维摩入诸淫舍,示欲之过;若在内宫,化正宫女。"息"句,次自也。既唯不净,淫念何生?老子曰:"不见可欲,使心不乱。"此之谓也。

【钞】伯夷者,孟子曰:"伯夷目不视恶色,耳不听恶声。"拘罗者,《阿含》云:有一异学,问薄拘罗:"汝于正法中,曾行欲事否?"答云:"莫作是语,我八十年来,未曾起欲想,未曾视女人面,未曾与尼相问讯,乃至道路中,亦不与共语。"

诸念起者,邪缘未凑,生痴想心;方便勾引,生奸诈心;稍有阻碍,生瞋恨心;爱恋不已,生贪着心;夺人所好,生毒害心;取为己有,生邪见心;反恶夫等,生仇怨心。

处女,居处在家,未嫁之女也。寡女,即无夫者。

"律云"下,《善见》云:"念思者何?于观处初置心,是名念。以心置观处中,心徘徊观处,是名思。譬如钟声,初大如念,后微如思。如鸟翔空,初动如念,后定如思。如蜂采花,初至如念,后选择如思。"

"上则"下。反之,视女,身恶也;共语,口恶也;邪思,意恶也。日有三恶,名为凶人,凶神随之,祸殃来矣。

李退夫者,退夫隐居南岳,求师不得,忽闻空中弹棋,举头视之,见二神仙,奕于树杪。退夫亟往致敬,方问道间,俄有田妇出傍,不觉反顾,则二奕者已失所在。

五百仙者,《婆沙论》云:优陀延王,将诸宫人诣郁毒波陀山林,五欲自娱。时五百仙,以神足力,飞过彼处,见色闻声,嗅香想念,便失神通,堕彼林中。王问之曰:"汝得初禅耶?"答曰:"曾得,而今已失。"或有住眼识退者,或有住耳识退者,或有住鼻识退者,或有住意识退者。王即瞋恚:"有欲之人,见我宫女,非其所以。"便拔利剑,断仙手足。

劫浊者,梵语"劫波",此云"时分",四浊交凑,因之得名。《悲华》云:"人寿减至二万岁时,即入劫浊。"见浊者,五利使为体(身见、边见、戒取、见取、邪见也),诸见炽盛故。烦恼浊者,五钝使为体(贪、瞋、痴、慢、疑也),斗诤坚固故。众生浊者,揽五阴见慢果报为体,恶名秽称充满世界故。命浊者，色心连持为体，摧年减寿故。《楞严》约因，今经约果。有此五浊，名为恶世。无此五浊，即名善世。当知世浊由于心浊，心净则佛土净。苟能破五阴而超五浊（色尽超劫，受尽超见，想尽超烦恼，行尽超众生，识尽超命），断五欲而成五果（小则四果、支佛，大则信、住、行、向、地），犹如莲花，虽出淤泥，亦何浊哉？

"今则"下，性澄超命，如莲体净妙；高洁超众生，如色相香光；不为时恼超劫，如不畏炎日，合《华严》世道得脱。不为欲染亦超劫浊，如不染淤泥，合《华严》魔境得脱。不为见缠超见，如不惧风雨，合《华严》诸惑得解。不为贪惑超烦恼，如濯涟不妖，合《华严》诸业得解。

"《四分》"下，初句证沙门处浊，莲花出泥；次三句证不为浊恶，不为泥污也。

"《梵网》"下，引内经。"《礼记》"下，引外典。"昔有"下，引故事。"则此"下，结赞也。

"《经律》"下，亦有二观对治，今引证后一也。"则知"下，总结假想方便，善巧对治也。妆抹，当施粉黛时也。眵鬘，未经梳洗际也。明素，少壮岁也。鹤鸡，衰老年也。轻软，强健日也。疮毒，病苦日也。蟒蛾，生前相也。死腐，殁后相也。

"持世"下，具云："语言：善来，虽福应有，不当自恣。当观五欲无常，以求善本。于身命财，而修坚法。""维摩"下，又云："诸仁者，是身无常、无强、无力、无坚，速朽之法，不可信也。为苦为恼，众病所集。是身不净，秽恶充满。是身虚伪，虽假以澡浴衣食，必归磨灭。是身为灾，百一病生"等。此皆度他法也。

不见可欲者。可欲有二：一、貌美，二、行端。《玉耶经》云："何者端正？除去邪态八十四垢，定意一心，是为端正，不以颜色为端正也。"今明不见可欲，亦开二义：一、见一切女人，皆作不净观，如上诸说，经云："种种不净物，充满于身中，常流出不净，如漏囊盛物。"二、见一切女人，皆作不好观。女人恶态，大义有八，慧人所恶：一者嫉妒，二者妄瞋，三者骂詈，四者咒诅，五者镇压，六者悭贪，七者好饰，八者含毒，是为八大邪态。《譬喻经》云：昔婆罗门，两女端正，悬金期募，有能诃女丑者，便输与金，十日竟无有应募者，将至佛所。佛便诃言："此女皆丑，无有一好。"阿难白佛："此女有何不好？"佛言："人眼不视色，是为好眼。耳鼻及口亦尔。身不着细滑，是为好身。手不盗他财，是为好手。今眼根爱色，乃至身喜细滑，手喜盗财，如此等者，皆不好也。"《七女经》云：长者有其七女，端正无比，国人无敢说其不好，将至佛所。佛言："不贪世间色声香味触法为好，此女何所好也？迦叶佛时，国王七女，不着欢娱，入尸陀林，观见死尸，各说所以，如此者好。汝女何者好也？"体既不净，行又不端，有何可爱而生欲耶？此二为离欲定心之本。

△三、远欲

【经】佛言："夫为道者，如被干草，火来须避。道人见欲，必当远之。"

【疏】众生发起妄情，能生贪泉爱水，如田间草而滋润者。修道之人，根境不偶，贪爱干枯，如彼干草。爱习初干，未与如来法流水接，是故遇彼欲火淫烟，急须远避。设一近之，不唯失通难返，而且疮身坠于狱矣。

问：淫怒痴俱是梵行，得失念无非解脱。何必区区对治，迹类小乘耶？

答：此是大乘根器所行履处，然亦多劫熏成，故能入净入秽，处处无碍。中下之人，垢习尚强，欲累未尽，岂能头头是道，法法圆通？说空行有，其过非细。故曰：诸佛深法，不可于初心学道人前说。可不信夫？

【钞】根境不偶者，《楞严》云："持禁戒人，心无贪淫。于外六尘，不多流逸。尘既不缘，根无所偶也。"

"爱习"二句，约法明，喻上干草设遇甘露法雨，不避火也可矣。

失通难返者。劫拨仙人得五神通，飞行往返。时王礼敬，积有多年，一日有务远行，令女事奉。彼飞仙至，女以手擎，坐着案上。触女柔软，即起欲意，欲心一动，遂失神通，不能飞还。

疮身者，《百缘经》云：拘楼孙佛时，有长者子好色，见一淫女，心生耽着，无物可与，遂至塔中，盗花与之，夜乃共宿，晓发恶疮，痛不可言，医莫能治。有云旃檀涂疮，可得除愈。时长者子，即卖家宅，计得金

171

钱六十万，买牛头旃檀香六两，捣以为末，即入塔中，发誓愿言："我今所患，乃是心病。用香涂塔，以偿花价。唯愿慈悲，受我忏悔，速除此患。"疮寻得瘥，毛孔香气。

坠狱者，《楞严》云："阿难当知，是十种魔（怪、魃、魅、蛊毒魇胜、厉、大力、川林、山海精、芝草、自在天），于末世时，在我法中，赞叹淫欲，破佛律仪。魔师、弟子，淫淫相传。如是邪精，魅其心腑，近则九生，多逾百世，令真修行，总为魔眷，命终之后，必为魔民，失正遍知，堕无间狱。"云栖云："莫贪欲染境，地狱根本故。"

"问"下，通妨也。法法头头者，《净名》云："虽处居家，不着三界。示有妻子，常修梵行。示有眷属，常乐远离。"此乃菩萨家风，如来境界。若是初发意者，必须深厌室家，离欲自净始得。

问：若尽修梵行时，人类不几绝乎？

答：如果人人离欲，清净自居，此界便成安养乐土，莲花化生，何虑人类之绝耶？只是无心求道，真为出世耳。汝忧及此，与杞人何异？

△四、断心

【经】佛言："有人患淫不止，欲自除阴。佛谓之曰：'若使断阴，不如断心。心如功曹，功曹若止，从者都息。邪心不止，断阴何益？'佛为说偈：'欲生于汝意，意以思想生。二心各寂静，非色亦非行。'"佛言："此偈是迦叶佛说。"

【疏】"有"下，先明本。淫，欲事也。不止，过度也。患者，有十所以：一、邪思（毁戒、谤法等），二、动火（发热、口干、舌苦等），三、耗精（没神、失力、筋战、畏寒、惧暑、悲风、苦雨等），四、损身（皮黄、体瘦、腰酸、腿软等），五、招病（痨怯、渴痟、生疮、发毒等），六、怠事（好睡、懒行等），七、慢人（傲师、疏友等），八、易老（色减、血衰等），九、促寿（轻天、亵神等），十、忧死（罪罚、苦报等，略为十，广四十）。阴者，指男根，隐密处物也。不如断心者，阴为末，心为本也。功曹，谓考功之官曹也。从者，谓录福善祸恶之列职也。淫心为因，譬功曹也。淫境为缘，淫方为法，淫根为具，譬随从也。兵随将转，伴逐主行，例今心安阴静，心生阴动。经云："心着行淫，男女二根自然流液。"可见断阴存心，岂非世俗倒知之痴人乎？

"佛"下，次引证。欲、思、想，所也。于所乐境希望为欲，令心造作业行为思，于境取像分齐为想。意，第六意识，王也。若配五蕴：欲，受也，领纳前境，起爱欲也；思，行也，驱役自心，造业行也；意，识也，意即分别事识也；色、想可知。谓能动色体，由欲念生。希望欲境，本于意识，与心相应，种种取像，唯以思、想二心所生。则王所心，为欲本矣。心王、心所二法寂时，阴根色体亦复静矣。到此之际，五蕴皆空，又何色行之有？淫欲之患，从是息矣。

"佛"下，上正引偈，此出说人。梵语"迦叶"，此云"饮光"，过去佛也。除欲除心，诸佛同道。汝若修断，此法为最。

【钞】心本阴末者，心通受等四蕴，阴即色蕴也。

"功"下，亦可传送之官名功曹，主也；同事之人名从者，伴也。

淫心因者，即下生意、思、想。"淫境"下，即下欲、色。《梵网》云："淫因，淫缘，淫法，淫业。"一念本起染污之心为因。瞻视、随逐等事，多种助成其淫为缘。淫中资具、摩触、称叹等事方则为法。正起作用，二相交遘，成就淫事为业。律云："此戒五缘成重：一、淫心，二、是众生，三、众生想等，四、是道，五、事遂。"则知作不净行，唯在邪淫心矣。

断阴无益者，犹如黄门，尚取妻室；不男不女，还恋欲事。故《楞严》云："必使淫机身心俱断，断性亦无，于佛菩提，斯可希冀。"大慧云："识破自心起处，无边业障一时清净，种种殊胜不求自至。"正此意也。

二心寂静，非色非行者，此修念处，乃能如是。人于五蕴，起四颠倒：于色多起净倒，于受多起乐倒，于想、行多起我倒，于识多起常倒。如来为除四倒，故说四念处观：一、观身不净，破色净倒；二、观受是苦，破受乐倒；三、观心无常，破识常倒；四、观法无我，破想行我倒。四倒既空，五蕴非有，患从何处而生起耶？

又永嘉云："于诸女色，心无染着。凡夫颠倒，为欲所醉，耽荒迷乱，不知其过，如捉花茎，不悟毒蛇。智人观之，毒蛇之口，熊豹之手，猛火热铁，不以为喻。铜柱铁床，焦背烂肠，血肉糜溃，痛彻心髓。作如是观，唯苦无乐。革囊盛粪，脓血之聚，外假香涂，内唯臭秽。不净流溢，虫蛆住处，鲍肆厕孔，亦所不及。智者观之，但见发毛，爪齿皮肤，血肉汗泪，涕唾脓脂，屎尿臭处，如是等物，一一非人。识风鼓击，妄生言语，诈为亲友，其实怨妒，败德障道，为过至重，应当远离，如避怨贼。智者观之，如毒蛇想，宁近毒蛇，不亲女色。所以者何？毒蛇杀人，一死一生。女色系缚，千生万劫，种种楚毒，痛苦无穷。谛察深思，难可附近。"此亦静心离色之观法也，宜笃行之。

△五、离爱

【经】佛言："人从爱欲生忧，从忧生怖。若离于爱，何忧何怖？"

【疏】初二句，本生则末生。后二句，本灭则末灭。境初顺情生欲，欲久贪恋生爱。爱初别离生忧，乐去苦来生怖。维摩诘言："从痴有爱，则我病生。"不起爱见，绝于攀缘，憎爱情忘，离我我所。我人尚空，复有何境起忧怖哉？

【钞】爱欲，惑业也。忧怖，苦报也。乐非常住，久必坏生故。

忧有七：一、身力忧；二、疾病忧（人有五欲七情，病有五痨七伤。又四百四病，多从淫欲而起）；三、寿命忧（耗损精气，戕身丧命故，广成子云："无摇汝精，乃可长生"）；四、罪恶忧（万恶淫为首故）；五、殃祸忧（天道福善而祸淫故）；六、别离忧（瞥尔睡去，室家男女便带不去，受用不着，况死亡后，岂能相欢娱乎？复有爱成怨者）；七、死亡忧（忘身徇欲，死亡立至。《楞严》云："盛行贪欲，未逾年岁，肝脑枯竭，以至殂殁，堕无间狱。"）。

怖有五：一、不活怖；二、恶名怖；三、大众威德怖；四、死怖；五、堕恶道怖。

上爱欲是顺情乐境，此忧怖是违情苦境。则知乐是苦因，怨从亲起。若各异处，何憎何爱？入平等空，非违非顺。如一美色，淫人观之为美，贪爱起欲；妒妇观之为苦，眼不欲见；常人观之，无所适莫；学人观之，成不净观。是故苦乐违顺，境本自空。喜怒哀乐，情亦非有。于毕竟寂灭中，而起忧怖颠倒妄想，岂非是愚人焉？

△次修真四：初、明修行法，二、举证果难，三、示依教妙，四、显称理胜。

△初、明修行法三：初、坚心得果，二、处中证理，三、去染成行。

△初、坚心得果

【经】佛言："夫为道者，譬如一人与万人战。挂铠出门，意或怯弱，或半路而退，或格斗而死。意若无惧，或得胜而还。沙门学道，应当坚持其心，精进勇锐，不畏前境，破灭众魔，而得道果。"

【疏】先喻。一人喻沙门学道，万人喻众魔军，挂铠喻净戒，骑乘如禅定，利器如智慧，出门如出教门。怯弱喻畏惧不进，半退喻半途而废。斗死喻被魔缚着，隳宝觉身。无惧喻直破生死，勇断烦恼，如孟施舍之养勇，子龙一身都是胆也。得胜喻得道果。《法华》云："贤圣军与五阴魔、烦恼魔、死魔共战，有大功勋，灭三毒，出三界，破魔网。"是也。

"沙"下，次法。学道，合与战坚进。不畏，合力强无惧。破魔得果，合得胜高迁。坚心，住理也。精勇，修行也。不畏，明教也。灭魔，证果也。

【钞】众魔者，略则唯四：一、天子。欲界顶魔王天也，深着世乐，憎嫉佛法故。生死缘也。二、烦恼。染化三界，则有见爱魔王。净化三界，则有二障魔王。受用三界，则有种障魔王。法性三界，则有习障魔王。法界土中，则有无尽执障魔王。生死因也。三、五阴。四大六根等，是色众魔。违顺苦乐等，是受众魔。无量念虑等，是想众魔。起诸贪瞋等，是行众魔。诸识分别等，是识众魔。四、死魔。无常因缘，破相续五阴，离暖、息、识故。后二，生死果也。广有八万四千。谓十使互具成一百，五根、五尘历一千。《华严》云：眼等于色、声、香、味、触境，其内有五百烦恼，其外亦有五百烦恼。身口七支为七千，三世共成二万一。贪、瞋、痴、等分四心，各具二万一千。共成八万四千魔数。

"挂"下，铠喻戒者，护持身故；乘喻定者，乘正乘故；器喻慧者，坏诸物故。此三与教，俱通大小。不进，谓中下根，意怯胆弱者。半途，

175

小则暖位尚退，始则性地，终等十信，如四禅无闻比丘，舍利弗六心退等。

"斗死"下，《楞严》云："当处禅那，觉悟无惑，则彼魔事无奈汝何。若不明悟，彼魔所迷，则汝阿难，必为魔子。此乃隳汝宝觉全身，如宰臣家忽逢籍没，宛转零落，无可哀救。"

孟施舍者，孟子曰："孟施舍之所养勇也，曰：'视不胜犹胜也。量敌而后进，虑胜而后会，是畏三军者也。舍岂能为必胜哉？能无惧而已矣。'"

子龙胆者，魏王操临汉中，赵云将数十骑视之，值操扬兵大出，云且斗且却，操追至营下，云入营，更大开门，操疑有伏，引去。备明旦，至云营视之，曰："子龙一身都是胆也。"

贤圣军者，小则七贤、四果等前后诸将，大则十圣、三贤等将。

阴、恼、死者。小则界内有漏五阴，分段生死，果魔也；见爱烦恼，因魔也。大则界外无漏五阴，变易生死，果魔也；尘沙、无明，乃至色上坚固妄想，受虚明，想融通，行幽隐，识上罔象妄想，皆因魔也。

功勋有三：一、灭毒，恼魔离矣；二、出界，死魔离矣；三、破网，阴魔离矣。故云大功。《大集经》云："知苦坏阴魔，断集远恼魔，证灭绝死魔，修道降天魔。"《涅槃·四依品》云："天魔波旬，若更来者，当以五系缚汝。"解曰：五系，即五停心观门，治彼五种魔也。

灭等三句，谓断贪种习，即出欲界，破阴魔网，转五阴而成法身；断瞋种习，即出色界，破烦恼魔网，转烦恼而成菩提；断痴种习，即出无色界，破死魔网，转生死而成涅槃矣。

力强无惧者，戒、忍、坚、进、慈、悲、定、慧力也。

高迁者，《法华》云："王见兵众战有功者，即大欢喜，随功赏赐，或与田宅、聚落、城邑，或与衣服、严身之具，或与种种珍宝、象马车乘、奴婢、人民。如有勇健，能为难事，王解髻中明珠赐之。如来亦尔，见贤圣军，与之共战，其有功者，心亦欢喜，于四众中，为说诸经，赐以禅定、解脱、无漏根力、诸法之财，又复赐与涅槃之城。末后乃为说是《法华》，能令众生至一切智。"释曰：田喻禅定，宅喻解脱，聚落喻声闻四果，城喻辟支涅槃，邑喻菩萨净土，衣服喻惭忍善法，严具喻一切助道，珍宝喻七觉支，牛马象车喻三乘观智，奴婢喻神通，人民喻知见，髻中明珠喻如来种智。则知迁中有小大贤圣道果之不同矣。

"坚"下，教、行、理、果，亦通小大。小则六识心，生空观，灭苦教，二乘果。大则八识等心，诸法空观，严土度生教，大乘妙觉果。是知坚、进、勇、破，乃为道之当务也。

问：何以知然，作此配耶？

答：有本云："人能牢持其心，精锐进行，不惑于流俗狂愚之言，欲灭恶尽者，必得道矣。"故斯作配，自有凭也。

△二、处中证理

【经】沙门夜诵迦叶佛《遗教经》，其声悲紧，思悔欲退。佛问之曰："汝昔在家，曾为何业？"对曰："爱弹琴。"佛言："弦缓如何？"对曰："不鸣矣。""弦急如何？"对曰："声绝矣。""急缓得中如何？"对曰："诸音普调。"佛言："沙门学道亦然，心若调适，道可得矣。于道若暴，暴即身疲。其身若疲，意即生恼。意若生恼，行即退矣。其行既退，罪必加矣。但清净安乐，道不失矣。"

【疏】先叙其不善用心。夜诵者，僧则日间办常任事，夜间修自己行，时刻治心，无少懈也。佛遗教者，乃贤劫中第三佛所遗之经教也。悲者，哀根之不利。紧者，苦经之不熟。悔者，嗟僧之难为。退者，想道之难就。孟云："其进锐者，其退速。"故口紧而心悔也。

"佛问"下，次示以适中之道二：初、举问令知。弹琴通二喻，对上喻诵经，对下喻学道。调弦亦二，喻调声、调心。急缓喻紧慢、进懈，中喻不徐不疾，声绝不鸣喻文义不熟、理性不通，普调喻文明义显、理穷性尽。《楞严》云："譬如琴瑟、箜篌、琵琶，虽有妙音，若无妙指，终不能发。"若大树紧那罗王，弦歌一动，声震大千，须弥山王踊没低昂，一切声闻皆起舞戏。则允执厥中之道，真可谓圣贤相传，不易法矣。

"佛言"下，二、例明学法。先略例。调则不急，昏病除矣。适则不缓，散病去矣。又调则进而身净，非遽暴也。适则循而心乐，非颓靡也。不躁不懈，于道岂有不得者哉？佛于阿含会上，告耳亿曰："极精进者，犹如调戏。若懈怠者，此堕邪见。若在中者，此则上行。如是不久，成无漏人。"《圆觉》亦云："其能证者，无作无任。其所证者，无取无舍。"欲求入佛道，应如是修习。

　　"于道"下，次详明。暴者，由其志意太高，工夫急骤也。疲者，奋发之气过激，精神易于衰耗，力已竭而难继，怠惰随矣。意生恼者，急遽无序，还归于废弛故。罪必加者，不责自己不善用心，反谤诵经无功，学道无益，起大邪见，造诸恶业故。此如弹琴，弦急声绝矣。于道若因循懈怠，急亦身疲而昏惰，意即散乱难摄而懊恼，由此毁道难进，怨经难学，起大瞋痴，作诸罪障。此如弹琴，弦缓不鸣者也。清净，调身不至于急暴也，道自进矣。安乐，适心不至于宽缓也，道自成矣。此如弹琴，急缓得中，诸音普调者然。故知学道，应效伯牙之善调也。

　　【钞】"夜诵"下，《楞伽》云："当离群聚、习俗、睡眠，初中后夜，常自觉悟，修行方便。"《遗教经》云："汝等比丘，昼则勤心修习善法，无令失时。初夜后夜，亦勿有废。中夜诵经，以自消息。无以睡眠因缘，令一生空过，无所得也。当念无常之火，烧诸世间，早求自度，勿睡眠也。"声悲属口，思悔属心。

　　"孟"下，人之学道，固不可不用心，亦不可太用心。若进而勇锐者，则其气易衰，而其退必速。此则过用其心，功不成矣。不及、太过，各有弊也。

　　进，向也，渐履不急之谓。循，顺也，从容操存之谓。

　　"佛于"下，《阿含经》云：有尊者名二十耳亿，昼夜修行，精勤不舍，于欲漏心不能解脱，而白佛言："沙门甚难，今欲舍服，还作白衣，持物广施。"佛问："在家善弹琴否？"对曰："能。"佛问："若弦太急，音可听否？"对曰："不也。"又问："若弦稍缓，可采听否？"又对："不也。"复问："不急不缓，可采听否？"对曰："可听。"世尊告曰："此亦如是，极精进者，犹如调戏。若懈怠者，便堕邪见。若在中者，此则上行，如是不久成无漏人。"尔时二十耳亿，思惟佛教，在闲静处修行其法，如实知之，证阿罗汉。释曰：调戏，如赶路人。邪见，如躲懒人。故《圆觉》云："修证妙法，应离二病：一者作病，谓我作种种行，欲求圆觉。彼圆觉性，非作得故。二者任病，谓我今者不断生死，不求涅槃，任彼一切，随诸法性，欲求圆觉。彼圆觉性，非任有故。"沩山云："教法留心，温寻贝叶，精搜义理，时光亦不虚弃，便是僧中法器。"则知颓靡自安，固不足以有为。而躁暴无序，亦难圆满其功。缓急得宜，终始成也。

"于道若"下，补缺也。经不明者，失在过用心故。疏双出者，急缓皆为弊故。

"清净"下，上无欣求谓之清，下无厌舍谓之净，外不着有谓之安，内不耽空谓之乐，此皆不偏之中道也。如斯行止，道果可克。

伯牙善调者。伯牙学琴于成连，三年不成。连曰："吾师方子春，今在东海中，能移人情。"乃与俱往，至其山，留伯牙曰："子居习之，吾将迎汝。"伯牙四顾无人，但闻海水汹涌，叹曰："先生移我情矣。"乃作《水仙操》，曲终，成连迎之而还，伯牙遂为天下妙。后遇钟子期善听，伯牙鼓琴，志在高山，子期曰："善哉！峨峨兮若泰山。"志在流水，即曰："善哉！洋洋兮若江河。"伯牙所念，子期必善得其意。又伯牙游于泰山之阴，卒逢暴雨，止于岩下，心悲，乃援琴而鼓之，初为霖雨之操，更造崩山之音。音曲每奏，子期辄穷其趣。伯牙乃舍琴而叹曰："善哉！子之听夫志，想象犹于吾心也，吾何以逃其声哉！"设伯牙不善调弦，子期亦不能知流水高山之志矣。

△三、去染成行

【经】佛言："如人锻铁，去滓成器，器即精好。学道之人，去心垢染，行即清净矣。"

【疏】先举喻。人喻学道之者。锻，烧炼也，喻修断。铁喻道心。滓，渣滓也，喻垢染。器喻道行，精好喻清净。"学道"下，次合法。垢染，惑也。粗垢，见思烦恼也。细染，尘沙、无明也。心垢，则逐情而造业，苦报无量，生死不休。行净，则顺理而证真，住涅槃界，恒受安乐。是故心去垢，而成极清净行矣。余如《无差别论》。

179

【钞】铁则先烧粗渣，令成好器。心则先断烦恼粗垢，而成我空澄清观行。铁则次炼细滓，令成精器。心则次除所知细染，而成法空洁净观行。约教，小乘去粗垢，始分除细染，终相即，顿俱泯，圆融通无碍。约位，不净，众生界；染中净，菩萨（二乘亦摄）；最极清净者，说名为如来。

《无差别论》者，彼云："舍利弗，即此法身为本际，无边烦恼藏所缠，从无始来，生死趣中，生灭流转，说名众生界。复次舍利弗，即此法身，厌离生死漂流之苦，舍于一切诸欲境界，于十波罗蜜及八万四千法门中，为求菩提而修诸行，说名菩萨。复次舍利弗，即此法身，远离一切苦，永除一切烦恼，随烦恼垢清净、极清净、最极清净，住于法性，得无障碍，说名如来、应、正等觉。"解曰：众生界文，证上心垢。菩萨、如来，证上行净。法身即是心之异名。垢染去心，清净法身成矣。

△二、举证果难

【经】佛言："人离恶道，得为人难。既得为人，去女即男难。既得为男，六根完具难。六根既具，生中国难。既生中国，值佛世难。既值佛世，遇道者难。既得遇道，兴信心难。既兴信心，发菩提心难。既发菩提心，无修无证难。"

【疏】"佛"下，初、举世间果明难，有五。

百八十劫，空过无佛，常行不善，多堕恶道，故离三恶道为难。

佛问比丘："甲头土多，地上土多？"诸比丘言："地土甚多。"佛言："天上命终，生人中者，如甲头土；堕地狱者，如地上土。"如帝释天、夜摩天、郁陀罗伽仙等。故知人身难得，一失人身，万劫不复。

女有五障十恶，或遇公姑惨毒，夫主狠戾，或逢父母恩薄，子媳顽逆，乃至闺阁禁制，生育艰难。男则无此，具四行法。如善旻为董司户之女，海印为朱防御之女，法华尼后身作官妓，可见转女成男，具丈夫相，亦难得也。

虽得男身，癃残百疾，盲聋喑哑，挛躄背伛，则诸根具足，五体端严，非为易也。

六根虽具，无诸疾苦，然生边地，或处北洲，不知仁义，不信因果，纵有颇罗堕将弟子往，亦难化导。非如中国南洲，能断淫识念，精进勇猛也。

"既生"下，二、举出世果明难，有四。

身居中土，报在阎浮，其奈佛前、佛后，不睹色像，过百三十劫，乃能得一见。如优昙花，时一现耳。《法华》云："诸佛出于世，悬远值遇难。"诚哉是言也。

设值佛世，若无善友开导，不能见佛闻法，亦为徒然。如妙庄严、阿阇世王，世智辩聪，起大邪见，乃至舍卫三亿家，及诸不欲见闻者，可不悲夫？

虽遇知识，得闻佛法，不能起四信，行十善，逢恶因缘，即便退失。

或得信心成就，非如鸿毛上下，又不能发三心，立四愿，修五行，证二果。《涅槃》云："发心毕竟二不别，如是二心先心难。自未得度先度他，是故顶礼初发心。"则知发心化度修证，可谓甚稀有矣。

"既发"下，三、举世出世间上上果明难。大心已发，万行已修，设毫厘系念，还落事相之功；瞥尔情生，便乖法性之体。有作修证，多劫终成败坏。无心体会，一念顿契佛家。《般若》云："不住色生心，无住相布施。"《楞严》云："当度众生，灭除度相"，乃至"圆满菩提，归无所得"。是则无功用道，实为难中难矣。

然此十难，亦不为难。《华严》云："虽住海水劫火中，堪受此法必得闻。"况今脱离三途，得在人道，为大丈夫，身相具足，共住中国，值有道君。瞻对尊像，饔飧甘露，亲近善友，远恶知识，起大乘正信，除疑舍邪执。复树良因，发大善愿，拔济众生，生人福业。即一切法，离一切相，唯即与离，二无所着。迹此推之，应自庆幸。当知能以专心为道，又何难之有？不能以道为心，无难亦如何？

【钞】疏有二意：初、直释其难以警策，次、转示不难以劝发。

世间果难五中，初、离恶难，即八难内三途难也。"百八"二句，《法华》东南诸梵颂曰："一百八十劫，空过无有佛，三恶道充满，诸天众减少。""常行"二句，上方梵颂曰："于昔无量劫，空过无有佛。三恶道增长，阿修罗亦盛。诸天众转减，死多堕恶道。不从佛闻法，常行不善事。"

又有经言，蚁子自七佛以来未脱蚁身，安知何日得人身乎？则离三恶，诚为难矣。

"佛问"下，二、为人难。诸天退堕，尚不得人，况人还复能为人乎？又有经言：世尊取地少土，置之爪上，告迦叶言："有人舍身还得人身，舍三恶身得受人身，诸根完具，生于中国，具足正信，能修习道，修正道已，能得解脱，入般涅槃，如爪上土。舍人身已得三恶身，舍三恶身得三恶身，诸根不具，生于边地，信邪倒见，修习邪道，不得解脱，常乐涅槃，如十方界所有地土。""如帝释"下，《正法念处经》云：帝释名庵舒摩，作忉利天，福尽退为摩伽罗海大身之鱼。复有三四帝释，退堕三恶道中。夜摩天王，以福尽故，堕叫唤狱。《智度论》云：郁陀罗伽仙人得四空定，生非非想处天，于彼寿尽，报为飞狸，杀诸鱼鸟，作无量罪，堕三恶道。无色界天，乐着定心，不觉命尽，堕欲界中，受禽兽形。色界诸天，堕在欲界。六天福尽，退堕地狱。

"女有"下，三、成男难。五障者，《超日月经》云："一者不得作梵天王，清净、垢染不同故。二者不得作帝释，少欲、多欲差殊故。三者不得作魔王，刚强、懦弱相异故。四者不得作转轮王，仁慈、嫉妒迥绝故。五者不得作佛身，万德、烦恼各别故。"十恶者，《玉耶经》云："一者初生父母不喜，二者举养视无滋味，三者心常畏人，四者父母忧嫁，五者父母生离，六者畏夫喜怒，七者怀产甚难，八者少为父母检录，九者中为夫婿禁制，十者老为儿孙所诃。"具四行者，《涅槃经》云："具足四法，名为丈夫：一、近善知识，二、听闻正法，三、思惟其义，四、如说修行。"

善昱、海印，皆沙门名也，具载《乐邦文类》六卷。法华尼者，欧阳永叔知颖州，一官妓口气作莲花香。有僧知宿命，言此妓前世为尼，诵《法华经》三十年，一念之差，遂至于此。问妓云："曾读《法华经》否？"答云："失身于此，何暇诵经？"遂与《法华》，读诵如流。与之他经，则不能读。

问：妇女固不及男，设堕其类，如何转舍？

答：《涅槃经》云："是大乘经，有丈夫相，所谓信知自身中有佛性。

男若不知，即为妇女。妇女若知，即男丈夫。"又能念佛修行，亦得转女成男。太平府官圩杨氏，只生一遗腹女，婆媳皆寡居，专心礼念观音菩萨，其女四月后变为男子。又《龙施女经》云：须富长者女名龙施，于高楼见佛，发菩提心，化成男子，出家修道。《腹中女听法经》云：女人在胎听法，转身为丈夫相，出家证果。

丈夫相者，《瑜伽论》有七义：一、寿命长久，二、妙色端严，三、无病少恼，四、非仆非女，五、智慧猛利，六、发言威肃，七、有大宗叶。具此七法，名丈夫相。孟子曰："富贵不能淫，贫贱不能移，威武不能屈，此之谓大丈夫。"

问：据《涅槃》说，虽是女人，能信自身有佛性者，即是丈夫。如何此经去女为男耶？

答：女是淫秽之躯，生育之本，虽可作善，不能成佛。男子若修，现证菩提。故身子云："女身垢秽，非是法器，云何能得无上菩提？"如《须摩提经》，八岁女人，转身为男，出家说法。《法华经》龙女变成男子，往无垢界，成等正觉。正明女身不能成佛登座说法也。

问：《胎经》云：魔、梵、释、女四种，皆不舍分段生身，亦不受实报性身，悉于现身得成佛道。颂云："法性如大海，不说有是非。凡夫贤圣人，平等无高下。唯在心垢灭，取证如反掌。"《净名经》中，天女答舍利弗，男女幻无定相。今乃变男成佛，义云何通？

答：《涅槃》即男，约出世理性，实证也。今经去女，约人世事相，权教也。《净名》、《胎经》不变，约自行证真如性说，实本也。《法华》变男，约化他八相成道说，权迹也。若会通之，权实双融，理事无碍，随机设教，无不得益也。

"虽得"下，四、根具难，即八难中六根不具、癃残百疾难也。

"六根"下，五、中国难，即边地、长寿天二难也。人间北俱卢洲、边邦小国，天上无想或长寿天，不得值佛，受圣人化。佛告文殊："是《法华经》，于无量国中，乃至名字不可得闻，何况得见、受持读诵？"《大论》云："南洲以三事故，尚胜诸天，况北洲耶？一、能断淫欲，二、识念力，三、勇猛精进。"《因本经》云："诸天及三天下，各有三种，胜阎浮提：一者长寿，二者色胜，三者地胜。南阎浮提有五种，胜三天下及余诸天：一者勇健，二者正念，三者佛出世处，四者是修业地，五者行梵行处。"故《涅槃》云："下下因缘故生北洲，上上因缘故生南洲。"何者？若论果报，南洲为下下。若得值佛，南洲为上上。是故诸天下来听法，又发愿言："愿生南洲为人，出家礼佛诵经。毋受此乐报，不得于圣化也。"

"纵有"下，通妨也。难云：圣人于北洲，不出其中而阐化，云何《宝云经》明，颇罗堕将弟子六百人，住郁单越？故通云：虽不生彼，非不居彼。虽住于彼，亦难阐化。《分别功德论》云：婆拘罗尊者，长寿第一，于百岁中又加六十。阿难问曰："尊者长寿，何以不生三方？"答曰："诸佛不生三方，以其人难化故。此土众生，利根捷疾，精进勇猛，取道不难，是故往古诸佛皆生此中。"

"身居"下，一、值佛难，即生于佛前，或生佛后难也。百三十者，《法华》南方诸梵颂曰："世尊甚难见，过百三十劫，今乃得一见，如优昙钵花。"优昙钵，此云灵瑞花，三千年一现，现则金轮王出。举此以喻佛待时出，难值遇也。"《法华》"下，后有颂曰："正使出于世，说是法亦难。能听是法者，斯人亦复难。"

"设值"下，二、遇道难，即生邪见家，世智辩聪难也。

妙庄严者，《法华》云：净藏、净眼二子，劝母听经。母告子言："汝父信受外道，深着婆罗门法。"二子白言："我等是法王子，而生此邪见家。"即为其父现诸神变。父见欢喜，出家修道。时妙庄严王白佛言："此我二子，以神通变化，转我邪心，住佛法中，是我善知识。"佛言："如是，善知识者，是大因缘，所以化导令得见佛，发菩提心。"

阿阇世者，此云"未生怨"，以未生日，相师占言，此儿生已，定当害父故。《观经》云：王城太子，名阿阇世，随顺调达恶友之教，收执父王频婆娑罗。次执利剑，欲害其母。时臣月光及与耆婆白言："劫初以来，有诸恶王，贪国位故，杀害其父，一万八千。未闻无道有害母者。王今为此，臣不忍闻，我等不宜复住于此。"阇王惊怖，忏悔求救，即便舍剑，敕闭深宫。《涅槃》云:"一切众生得阿耨菩提近因缘者,莫先善友。何以故?阿阇世王若不随顺耆婆语者,来月七日必定命终,堕阿鼻狱。是故近因,莫若善友。"《普超经》云:"阇王从文殊忏悔,得柔顺忍。"则知识中,善者成福,恶者成罪。一得一失,在亲近间。访友者可不慎欤?然欲辨别,如孔子曰:"视其所以,观其所由,察其所安。"则益者三友,损者三友,自难匿矣。

"虽遇"下,三、兴信难。四信者,《信论》云:"一者信真如是法根本,二者信佛有无量德,三者信法有大利益,四者信僧能正修行、自利利他。"

"或得"下,四、发心难。鸿毛者,不信因果,名邪定聚;决定不退,名正定聚;欲求大果而心未决,或进或退,如空中毛,名不定聚。今是正定,断疑深信者也。

三心者:一、直心,正念真如法故;二、深心,乐集诸善行故;三、悲心,欲拔众生苦故。

四愿者:一、愿度众生,二、愿断烦恼,三、愿学法门,四、愿成佛道。

五行者:一、布施门,二、持戒门,三、忍辱门,四、精进门,五、止观门。

二果者:一、转烦恼而成菩提果,二、转生死而成涅槃果。

"然此"下,次、转示不难以劝发三:初、引证,次、举明,三、结示。

初、引证。海水是龙,畜生趣摄。劫火是天。火灾初禅。生在二禅、长寿等天,火不及者。于此得闻,人天道中,已兼北洲、辩聪,亦不拣根缺,聋者目视,盲者耳闻。佛会之上,神鬼得听,地狱蒙光,堪受必闻,何有佛前后难?故清凉云:"见闻为种,八难超十地之阶。"彼后颂曰:"其有生疑不信者,永不得闻如是义。"则知舍卫半亿人,与佛同居,而不见佛,非难成难矣。

"况今"下,次、举明。八难中,三途为三,我等相与各获人身,脱此三难,即为自三庆。人中有四,相具,脱癃残;中国,脱北洲;对像,脱佛前后;善友,脱邪见家。即为自七庆。天上唯一,起信愿等,脱长寿难,即八自庆。依今经脱十难,即十自庆。如是庆事既有多种,云何还不越生死海,进涅槃城耶?

"当知"下,三、结示,可知。

△三、示依教妙三:初、顺戒得道,二、知命了道,三、依经证道。

△初、顺戒得道

【经】佛言:"佛子离吾数千里,忆念吾戒,必得道果。在吾左右,虽常见吾,不顺吾戒,终不得道。"

【疏】学佛道者,名为佛子,然在始觉中也。《报恩》云:"戒有三品:五戒为下,十戒为中,具戒为上。"又有经云:"戒如平地,万善从生。戒如良医,能疗众疾。戒如明珠,能破昏暗。戒如船筏,能渡苦海。戒如璎珞,庄严法身。"《智度论》云:"破戒者,堕三恶道。若下品持戒,生人间。中品持戒,生欲天;兼行四禅、八定,生色无色界天。上品持戒有三,下等持戒清净得阿罗汉,中等持戒清净得辟支佛,上等持戒清净得佛道果。"是故千里忆戒,即为常在佛前,疾成道也。设纵五根,入五欲中,意念分别诸邪非法,众善功德皆不得生。犹如恶马无辔,狂象无钩,猿猴得树,腾跃踔躁,犯人苗稼,丧人善事。此则虽在佛之左右,戒心不具,与佛无缘,可谓阶前万里也。观波罗脂国二比丘事,足为此征。见与不见,只在一戒瓶矣,如之何勿持?

【钞】"佛子"下,持则有益。"在吾"下,毁则有损。

始觉中者,佛觉也。具缚凡夫,名本觉佛子。发心修行,名始觉佛子,复有三位:初识法门名义,名名字觉佛子;次与观行相应,名相似觉佛子;后得分证法身,名随分觉佛子。方尽妙觉,名究竟觉佛子。今经不顺、不得,名字也;念戒、得道,通始觉三,兼究竟也。

"设纵"下,《遗教》云:"汝等住戒,当制五根,勿令放逸,入于五欲。如牧牛人,执杖视之,不令纵逸,犯人苗稼。若纵五根,非唯五欲,将无涯畔,不可制也。"

"众善"二句,彼经又云:"当持净戒,勿令毁缺,是则能有善法。若无净戒,诸善功德皆不得生。"

二比丘事者，《诸经要集》云：波罗脂国有二比丘，来舍卫国问讯世尊，中路渴乏，前到一井，一比丘汲水便饮，一比丘看水见虫不饮。问言："汝何不饮？"答曰："世尊制戒，不得饮于虫水。"彼又劝言："汝但饮水，勿令渴死，不得见佛。"答曰："宁丧我身，不毁佛戒。"遂即渴死。饮水比丘往到佛所，佛知故问："汝自何来？有同伴否？"答言："我从波罗脂国而来，二人为伴。道中渴乏，井水有虫，我饮水故，得见世尊。彼坚守戒，不饮渴死。"佛言："汝谓见我，实不见我。彼死比丘，已先见我。若有比丘，放逸懈怠，不摄诸根，虽共我住，彼离我远，我不见彼。若有比丘，在海彼岸，能不放逸，精进不懈，敛摄诸根，虽去我远，我常见彼，彼常近我。"

一戒瓶者，《杂譬喻经》云：持戒之人，无事不得。破戒之人，一切皆失。譬如贫人，四方求乞，经十二年，奉天不舍，常为供养，祝愿富贵。人心既至，天即悯之，问求何等，答求富贵。天与一器，名功德瓶，凡所愿者，悉从瓶出。有客问曰："汝何骤富？"答言："我得天瓶。"客借瓶视，其人骄逸，执之不固，失手瓶破，一切诸物俱时灭去。例持戒人，无愿不得；若毁戒者，瓶破物失。是知戒为第一安隐功德住处，正顺解脱之本也。

△二、知命了道

【经】佛问沙门："人命在几间？"对曰："数日间。"佛言："子未知道。"复问一沙门："人命在几间？"对曰："饭食间。"佛言："子未知道。"复问一沙门："人命在几间？"对曰："呼吸间。"佛言："善哉！子知道矣。"

【疏】暖、息、识三事连持，一期果报不断，名之曰命，此依第八种子假立。故知人命无常，出息不保入息，一息不来，便同灰壤。而曰在于数日及饭食间，可谓不知人命无常之理，刹那生灭之说，乌足与言道焉？若夫匿王，观得念念迁谢，新新不住，与今沙门答人命呼吸间，即能知其已解死生之道，勿蹉时光，勇猛进修，不待言矣。审如是，而犹谓之谬赞其善，得乎？

【钞】暖、息，色也。识，心也。《开蒙》："问：何为命根？答：依业所引第八种上，连持色心不断功能，假立命根。"又有经说："寿、暖、识三，说名为命。"释曰：阿赖耶识相分色法，名暖。此识种子，名寿。此识现行，名识。《唯识》云："然依亲生此识种子，由业所引功能差别，住时决定，假立命根。"释曰：谓依亲生第八识种子，此种由先善（放生等）恶（杀生等）业之所引，而有持身久近差别之功能，令色心等住时，随因长短决定。依此种子，说为命根。以此种子为业力故，有持一报之身功能差别，令得决定。若此种子无此功能，身便烂坏。

几间，几时间也。

刹那生灭者，《仁王经》云："众生一念中，有九十刹那。一刹那间，经九百生灭。"

匿王者，《楞严》匿王答言："变化密移，我诚不觉。沉思谛观，刹那刹那，念念之间，不得停住。"

"审如是"下，《楞伽》云："初生即有灭，不为愚者说。"今此沙门，悟得诸行无常，喻如呼吸。一言之下，顿契佛心。不赞其善，而赞谁哉？

△三、依经证道

【经】佛言："学佛道者，佛所言说，皆应信顺。譬如食蜜，中、边皆甜。吾经亦尔，其义皆快，行者得道矣。"

【疏】初法。初句，人也。次二句，法也。法有教、行、理、果四种。言说，教也，即人天禅戒，二乘谛缘，大乘分教五位百法、始教八十一科、终教一心二门、一乘顿教四十一门、圆教十无尽门。学者，行也，即事行观、苦空观、法相观、真空观、藏心观、真性观、法界观。信顺，理也，教诠理故，即我空真如、法空真如、依言不空真如、离言无性真如、唯一法界总相真如。佛道，果也，佛成道故，即人天乐果、罗汉、辟支、三贤、十地、等妙二觉。广在《教章》。

"譬"下，次喻。食喻行，甜喻果，花喻理，蜜喻教。边喻人天小教，中喻顿、圆，不边不中喻始、终。食皆甜者，竖而次第言之，离苦得乐，超凡入圣，回小向大，自始至终，会渐归顿，转偏成圆，故五教乘，皆为机益，小大虽异，终必归圆。所以者何？皆住性故，金刚种故，行方便故，圆为极故。《法华》云："求声闻者，求辟支佛者，求菩萨道者，无得恼之，令其疑悔，语其人言：'汝等去道甚远，终不能得一切种智。'"是故烧香散花，合掌低头，皆为佛道因也。横而圆融言之，法无大小，大小在机，则知门门五教，事事三乘，亦在《教仪》机益中明。故《楞严》云："圣性无不通，顺逆皆方便。方便有多门，归元性无二。"《法华》云："诸所说法，随其义趣，皆与实相不相违背。若说俗间经书，治世语言，资生业等，皆顺正法。"《涅槃》云："下智观谛缘者，得声闻菩提。中智观谛缘者，得辟支菩提。上智观谛缘者，得佛菩提。"

"吾经"下，后合。经，教也。义，理也。行，行也。道，果也。何以快得？盖由人天《提谓》，二乘《阿含》，始教《深密》、《般若》，终教《妙智》、《涅槃》，顿则《楞伽》、《圆觉》，圆则《法华》、《华严》，皆从真如流出。《梁论》云："真如流出十二分教。"《摄论》云："无不从此法界流。"《仁王》云："法轮者，法本如，应颂如，乃至论议如"等。既一切皆如，何莫而非益也。

【钞】人指学者，法谓佛说。

百法，《唯识论》。八十，《般若经》。二门，《起信论》。四十，《楞伽经》。十门，《华严》明。

事行，六行观也，厌下苦、粗、障，欣上净、妙、离故，属人天行。

五种真如，出《起信论》。

三贤、等、妙，摄余四教。

《教章》，指《五教仪》，及《一乘教义章》等。

住性者，一切众生皆有佛性，有佛性者无不作佛故，如《涅槃》、《圆觉经》说。

金刚种者，《华严·出现品》云："如人食少金刚，终竟不销，要穿其身，出在于外。于如来所，种少善根，要穿一切烦恼身过，到于无为究竟智处。"

方便者，《法华》云："一切诸如来，以无量方便，度脱诸众生，入佛无漏智。无数诸法门，其实为一乘。""诸声闻众，皆非灭度。汝等所行，是菩萨道。""诸佛方便力，分别说三乘。唯有一佛乘，息处故说二。既知是息已，引入于佛慧。"

圆为极者，《清凉疏》云："权教菩萨，不受圆法，后因熏习，方信圆融。以离此普法无所归故，权教极果无实事故。"《钞》云："五教因果，唯圆教有实事。前四，因中则有，至果皆无。由修权因，若入地后，即入实故。犹如百川，浩荡千里，亦无究竟归处，究竟归处即是海故。"

"烧香"二句，详如《法华》第一卷末。

《教仪》机益者，谓在《五教仪》教中第四"随机摄益门"内广明也。

《法华》、《涅槃》，引证人天小教，亦通余四教也。余四教亦通三根五性，例此可知。

"《梁论》"下，第十释云："由缘真如，起无分别智，由此智流出后得智。后得所生大悲，说十二部经，救济众生。"《无性摄论》云："真如所流，十二分教。"

"乃至"者，超略之谓，具云："法本如，重颂如，授记如，不颂偈如，无问而自说如，戒经如，譬喻如，法界如，本事如，方广如，未曾有如，论议如。"释曰：戒经者，即因缘经，因事制戒故。法界者，即本生经，界即因义故。

"等"者，指余经论。《金刚三昧》云："如我说者，义语非文。"《唯识》云："真如所流教法，于余教法最为胜故。"彼疏释云："由三地中得于三慧，照大乘法，观此法教根本真如，名胜流真如。"

"既一切"下，谓一切圣教皆从真如流，则无如非教。众生闻思修者，无不还归此法界，而为真如所摄也。所谓依金作器，器器皆金，正此义耳。

△四、显称理胜二：初、竟断爱根顿成觉道，二、直心念道圆断诸苦。

△初、竟断爱根顿成觉道

【经】佛言："沙门行道，应渐拔去爱欲之根。譬如摘悬珠者，一一摘之，会有尽时。恶尽自得道也。"

【疏】初、法也。道即真如理性，以此化他，名为行道。爱是烦恼惑，欲为生死业，皆妄也。十烦恼本，先于贪爱；十恶业种，始于淫欲，故名为根。证真由于断惑，断惑应去其根。草不除根，春来还发。而云渐者，理则顿悟，乘悟并销；事非顿除，因次第尽也。

"譬"下，次、喻也。悬珠，果树名，梵语"恶叉"，又翻"线贯珠"。其子形如此方杏仁，一枝三子，生必同科，名恶叉聚，喻惑、业、苦三道，次第相连，同时具足。今灭苦、止业、断惑，犹如摘恶叉果，渐次摘去，果自尽矣。

"恶"句，后、合也。爱欲恶尽，法性理显，道果安有不得者哉！

【钞】悬珠者，三颗同蒂，如彩悬珠故。线贯珠者，次第相连，如线贯珠故。《楞严》云："一切众生，从无始来，种种颠倒，业种自然，如恶叉聚。"《长水疏》云："'恶叉'梵语，此云'线贯珠'。应法师云：'恶叉，树名，其子形似没食子，生必三颗同蒂，如此间杏仁，故如三道。'以无始无明熏成业种，业必招果，子子相生，熏习不断，如线贯珠；次第相连，名恶叉聚。经云：'诸法于识藏，藏于法亦然，更互为果性，亦常为因性。'"

"今灭苦"下，生因惑有，灭从苦除，故云次摘。又声闻人，知苦断集。缘觉人，集为初门。菩萨人，道为发觉。故灭三道，亦无有前后一定也，如经可思之。

△二、直心念道圆断诸苦

【经】佛言："夫为道者，如牛负重，行深泥中，疲极不敢左右顾视，出离淤泥，乃可苏息。沙门当观情欲，甚于淤泥，直心念道，可免苦矣。"

【疏】先举喻。牛喻行人，重喻道法，泥喻情欲，疲喻怯弱，左右喻违顺境，苏息喻二涅槃。车牛负重溺泥，故一心行去，而不敢懈。非如磨牛，身虽行道，心道不行也。

"沙门"下，次合法。沙门合牛，修观合行走，直心合正中道而行不顾左右，念道合负重，免苦合息处，住于三百由旬化城，可免三界生死苦也。唯人自生至老，自老至病，自病至死，其苦无量。苦又生恼，心恼即罪。生死不息，苦更难说。如是苦恼，皆由情欲。故欲于泥，殆有甚焉。

心能行道，出五欲泥，不唯息二涅槃而已，亦可直至宝所，嬉戏快乐，自在无碍，如此者是谓全免苦者也。

【钞】行人，指权教三乘。道法，谓谛、缘、度等。

欲喻泥者，五欲秽污，没溺道心故。

喻怯弱者，经云："若众生但闻一佛乘者，则不欲见佛，不欲亲近。便作是念：佛道长远，久受勤苦，乃可得成。"

左喻五欲违境，求不得故。右喻五欲顺境，爱别离故。

二涅槃者，有余、无余也。经云："佛知是心怯弱下劣，以方便力，而于中道，为止息故，说二涅槃。"又云："如来知其志乐小法，深着五欲，为是等故，说于涅槃。是人若闻，则便信受。"

磨牛，喻趣寂二乘，虽不溺泥，亦不前进，故云心不行道。应知沙门学道，无如磨牛。心道若行，何用身道？

车牛，即权教三乘，渐入佛道者。有大悲故，行深泥中。有大智故，出离不顾。非如众生全陷五欲泥内，溺于贪爱水者。故《法华》云："见六道众生，深着于五欲，如牦牛爱尾，以贪爱自蔽，不求大势佛，及与断苦法。"

息处者，经云："为止息故，化作大城。"

"唯人"下，释"甚"字。泥没一世人身，欲溺多劫法身。苦恼深浅远近，可比知矣。

"心能"下，重显"免"意。愚法二乘，身行心不行，故但止化城，灭分段苦，此名分免。今权教三乘人，身心俱能行道，故直至宝所，灭变易苦，此名全免。《法华》云："我本立誓愿，欲令一切众，如我等无异。今为汝说实，汝所得非灭，息处故说二。"学佛道者，顾可负诸？

△三、结示能所如幻

【经】佛言："吾视王侯之位，如过隙尘。视金玉之宝，如瓦砾。视纨素之服，如敝帛。视大千世界，如一诃子。视阿耨池水，如涂足油。视方便门，如化宝聚。视无上乘，如梦金帛。视佛道，如眼前花。视禅定，如须弥柱。视涅槃，如昼夕寤。视倒正，如六龙舞。视平等，如一真地。视兴化，如四时木。"

【疏】初明世间诸法如梦幻，有五。

一、名位。隙尘，言轻微也，似有非实故。王位如过尘者，言其易过而不久也。万八千岁，王气俄收。七十二君，弹指便过。扬升庵云："富贵一场鸳枕梦，是非千载马蹄尘。残山剩水年年在，不见图王霸业人。"

"视金"下，二、财利。人为财死者，以宝重故。若作瓦砾观，虽锄金不顾，岂如漂人之受诛耶？

"视纨"下，三、衣食。锦绣缯縠，鲜白罗绮，是人之所欲也。今志于道，不耻恶衣，虽加纨服，亦如缊袍，此即佛门之迦叶，孔门之仲由也。

"视大"下，四、世界。大千广阔，不异诃子小者。盖无相无为者大，有相有为者小。本觉常住者大，迷妄而有者小。《楞严》云："微尘国土，非无漏者。当知虚空生汝心内，犹如片云点太清里。况诸世界在虚空耶？汝等一人发真归元，此十方空皆悉消殒，云何国土而不振坼？"人于家园田产作活计者，可醒悟矣。

"视阿"下，五、河海。阿耨达，《西域记》云：赡部洲之中者，阿那婆答多池，唐言"无热恼"，在香山之南，雪山之北，琉璃、颇胝饰其岸焉，金沙弥漫，银波皎洁。东面银牛口，流出殑伽河，绕池一匝，入东南海。南面金象口，流出信度河，绕池一匝，入西南海。西面琉璃马口，流出缚刍河，绕池一匝，入西北海。北面颇胝狮子口，流出徙多河，绕池一匝，入东北海。而言如涂足油少者，池虽深广，例如涓滴。所以者何？皆是幻化，非有实故。

【钞】万八千者，按《帝王甲子记》云：天皇氏治一万八千年，地皇氏治九千年，人皇氏治四千五百年。有本云：三皇皆治一万八千年。

王气者，秦始皇时，望气者云："东南有王者气。"故巡游东南以应之，至建业，凿秦淮河，埋金以为厌胜，故曰金陵。至六朝时，陈后主穷奢极侈，隋文帝命将出师伐之。后主曰："王气在此，彼何为者也？"傅縡谏曰："陛下忌忠直若仇寇，视生民如草芥，神怒民怨，众叛亲离，臣恐东南王气俄顷而尽矣。"

七十二君者，司马相如《封禅书》云："继昭穆，受谥号，略可道者，七十有二君。"故管子云："昔者封太山、禅梁父者，有七十二家。"梁父，即太山下小山名也。

"扬升庵"下，前四句云："记得东周并入秦，回头楚汉闹乾坤。时来骤雨推潢潦，势败狂风卷片云。"又有词云："追想千年往事，六朝踪迹茫然。隋唐相继统中原，世态几回云变。"则知功名富贵，犹如电光石火，梦觉黄粱，一笑何有。呜呼！龙争虎斗者往矣。

锄金不顾者，管宁、华歆共在园中锄菜，见地有片金，管挥锄与瓦石不异，华提而掷之。

漂人受诛者，《六度集经》云：昔菩萨为大理家，积财巨亿，慈向众生。见市卖鳖，问其价，答曰百万，菩萨云善，将鳖归家，临水放之。鳖至后夜，啮门语曰："无以报恩，知水盈虚，洪水为害，愿速严舟，临时相迎。"菩萨启王，迁下处高。鳖至水来，即急下载，随鳖所之。有蛇趣船，菩萨曰取，鳖曰善。狐来亦取，鳖亦善之。又睹人漂，菩萨曰取，鳖曰："慎勿取也。"菩萨曰："虫类尚济，人岂不救？"于是取之。后鳖辞曰："恩毕，请退。"狐、蛇继去。狐以穴居，获伏藏黄金百斤，报菩萨恩。漂人曰："可分吾半。"菩萨以十斤惠之。漂人曰："掘冢劫金，何不平分？"菩萨答云："我欲等施余贫困者，汝欲专之，不亦偏乎？"漂人遂告有司。菩萨见拘，无所告诉。蛇遂衔药入狱，付菩萨曰："吾将齧于太子，其毒莫治。菩萨以药闻王，傅即瘳矣。"蛇如所云，太子命危。王令曰："能济者，封之相国。"菩萨上闻，一傅果瘳。王喜，问之，陈其本末。王自咎曰："吾暗甚哉！"封为相国，即诛漂人。大理家者，吾佛是。国王者，弥勒是。鳖，阿难是。狐，舍利是。蛇，目连是。漂人者，调达是。

"今志"下，以道为心，无不平等，故观宝服与砾帛，无有异也。

迦叶者，粪扫衣故，佛弟子中，头陀第一。仲由者，《鲁论》云："衣敝缊袍，与衣狐貉者立，而不耻者，其由也欤！"衣既随常，食不求精，可知。

【疏】"视方"下，次明出世诸法如梦幻，亦五。

一、方便。佛以种种因缘譬喻，善巧方便，而为众生演说诸法，令入佛道，犹如游行仙点石成金，耿先生削雪成银，救济穷乏，感激其心也。

"视无"下，二、无上。上乃三乘权教，故曰方便。今是一乘实教，故曰无上。既一待三明，一亦非有。实对权立，实岂是真？故曰如梦金帛。觉后金何在，心空教亦无也。

"视佛"下，三、佛道。狂心顿歇，歇即菩提。菩提圆满，归无所得，故知智果亦如空花不可得也。

"视禅"下，四、禅定。对散乱者，说禅定行。一心不动，作何禅观？故如拄须弥之柱，岂有实耶？

"视涅"下，五、涅槃。迷则生死寐，觉则涅槃寤。生死寐若无，涅槃寤亦忘。故曰如昼夕寤。经云："有诤说生死，无诤说涅槃。生死及涅槃，二俱不可得。"

【钞】出世法亦五者，初二教也，第三果，第四行，第五理也。

"一、方便"下，佛以化现法财，济诸窘急故。《起信》云："若有众生来求法者，随己能解，方便为说。若见一切来求索者，所有财物，随力施与。"

游行仙者，《楞严》云："坚固金石而不休息，化道圆成，名游行仙。"解曰：摄土点石，化宝成金，以游戏人间，名游行也。

耿先生者，《异人录》云：耿公有道术，保太中召入宫，削雪为银锭，投炽燃火中不融。

救济感激者，《西域传》云：昔有仙士，能使瓦砾为宝，人畜易形，但未能驭风云、入天宫耳。后得一方，要先筑坛，命一烈士执剑立前，屏息绝言，自昏达曙。求仙者中坛而坐，手按长刀，口诵神咒，收视反听，达明登仙。于是访求烈士，旷岁未谐。后遇之，其人佣工五年，一旦违失，被笞无得，悲号巡路。仙命同游，到茅庐中，以术力故，化诸肴馔，令入池浴，服以新衣。又遗五百金钱，嘱曰："尽当来求，幸勿外也。"

厥后数加重赂，潜行阴德，感激其心。烈士恳求效命，以报知己。仙曰："非有他图，愿一夕不声耳。"烈士曰："死尚不辞，岂徒屏息？"于是依法行之。隐仙诵神咒，烈士按铦刀，殆将晓矣，忽发声叫。是时空中火下，烟焰云蒸。隐仙疾引此人入池避难，已而问曰："诫子无声，何以惊叫？"烈士曰："受命后，至夜分，惛然若梦，变异更起。见昔事主，躬来慰谢，忍不报语，主人震怒，遂见杀害，犹愿历世不言，以报厚德。遂托生一富贵家，出胎，受业，冠婚，丧亲，生子，皆念前恩，忍而不语。年至六十，妻曰：'汝可言矣，若不语者，当杀汝子。'我念衰老，唯此稚子，因止妻云：'不可杀害。'遂发此声耳。"隐仙曰："此魔娆耳。"烈士感恩，悲事不成，愤恚而死。若开导未悟，能令如此生信仰心，岂有不济度耶？

"三"下，菩提，佛之觉道智果也，对烦恼立。烦恼本空，菩提何有？《楞严》云："言妄显诸真，妄真同二妄。"说有菩提，亦眼花耳。

如拄须弥柱者，须弥山崩，故应柱拄。山王巩固，何有拄柱？

昼夕寤者，昼夜朝夕之中，匪寐则寤。若佛菩萨，色空天等，无寐无寤。则知寤因寐立，寤岂真耶？

【疏】"视倒"下，后明世出世法如梦幻，有三。

初、中谛观。事为倒，生灭故；理为正，无生故。俗为倒，情有故；真为正，理无故。有为倒，缘生故；无为正，无性故。边为倒，遍计故；中为正，圆成故。即为倒，有着故；离为正，无住故。偏为倒，局一故；圆为正，普融故。皆对待立，无有实法。如六龙舞，或上或下，何有一定辨是非耶？

"视平"下，二、真谛观。平等对不平等而立故，如一真之地。然真如实际，不受一尘，岂有其地？高下既无，又何平等？

"视兴"下，三、俗谛观。兴，诸法生起也。化，诸法变灭也。因缘和合，虚妄有生。因缘别离，虚妄有灭。生住异灭，皆随缘转，无有实性。犹如花木，春至敷荣，冬来雕谢，皆随时气，非真常也。故《般若》云："一切有为法，如梦幻泡影，如露亦如电，应作如是观。"

【钞】中谛观者，事理无碍，真俗融通，名中道谛；遮照同时，空有不二，名中道观。"事为"下，约教开六：初、小；次、分，相宗；三、始，空宗；四、终；五、顿；六、圆。皆无定实，故如六龙舞也。

岂有地者，《华严》云："普贤身相如虚空，依真而住非国土。"故云实际理地，但有地之名也。

诸法生灭者，正则心有生住异灭，身有生老病死；依则界有成住坏空，时有春夏秋冬，皆随缘转者。经云："诸法从缘生，亦复从缘灭。"住、异例知。

无实性者，观生也如石女之怀儿，观住也若阳焰之翻浪，观异也同浮云之万变，观灭也犹狂花之谢空。《论》云："因缘所生法，我说即是空。"《楞伽》云："真实无生缘，亦无因缘灭。观一切有为，犹如虚空花。"

皆随时者，春生、夏长、秋衰、冬枯，非自主宰，气使然也。

"故般"下，约法合明也。《楞伽》亦云："有（界也）无（空也）缘起法，是悉无有生。习气所迷转，从是三有（欲、色，有也；无色，无也）现。"则世出世一切诸法，无不皆如梦幻者矣。

△三、流通分

【经】诸大比丘，闻佛所说，欢喜奉行。

【疏】无人传则不流，传遇障则不通。今此文言流而不住，通而不塞，故云流通。

诸比丘句，重举听众也。而云大者，回小向大，非愚法故。

"闻佛"下，明悉遵行也。闻说，闻慧也，信受熏习故。欢喜，思慧也，庆法起解故。又能说之人清净则欢，所说之法清净则喜，所证之果亦净，则欢又喜。奉行，修慧也，依教传持故。佛所说法，契理契机，凡有见闻，无不获益，不唯现在十方者喜行，即过、未三世一切众生，皆悉欢奉也。

【钞】"无"下，释科名。

"诸"下，解经文。重举者，始则明其听经，终则明其受教也。独比丘者，举一众以摄余三众（比丘尼、优婆塞、优婆夷也）故。

"闻说"下，通约三慧释。"又能"下，别约三义释欢喜。又，闻说，教也；欢喜，理、果也；奉行，行也。又上句自利，下句利他。

"佛所"下，上节别释，此段总解。是则四十二章中，随闻一章，乃至一句，皆可成种，近报人、天、二乘，远得三乘佛果。况全持此经者，其功德又何可思议耶！

附录

遗教经论

天亲菩萨造
陈天竺三藏法师真谛译

顶礼三世尊，无上功德海，
哀愍度众生，是故我归命。
清净深法藏，增长修行者，
世及出世间，我等皆南无。
我所建立论，解释佛经义，
为彼诸菩萨，令知方便道。
以知彼道故，佛法得久住，
灭除凡圣过，成就自他利。

△此修多罗中，建立菩萨所修行法，有七分：一、序分，二、修习世间功德分，三、成就出世间大人功德分，四、显示毕竟甚深功德分，五、显示入证决定分，六、分别未入上上证为断疑分，七、离种种自性清净无我分。

△初、序分

【经】释迦牟尼佛，初转法轮，度阿若憍陈如；最后说法，度须跋陀罗。所应度者，皆已度讫。于娑罗双树间，将入涅槃。是时中夜，寂然无声，为诸弟子略说法要。

【论】修多罗显示利益成就毕竟故，是中成就毕竟有六种功德：一、法师成就毕竟功德，二、开法门成就毕竟功德，三、弟子成就毕竟功德，四、大总相成就毕竟功德，五、因果自相成就毕竟功德，六、分别总相成就毕竟功德。

初成就毕竟，有三种相：一、总相，二、别相，三、总别相。总相者，如经"牟尼"故。别相者，如经"释迦"故。总别相者，"佛"故。是中"释迦"者，示现化众生巧便故，复家姓尊贵故。"牟尼"者，一切诸佛功德故，复示自体清净故。

开法门成就毕竟功德者，有二白净法句：一、道场白净法句，二、涅槃白净法句。此二白净法，前后二句，显示转说义，应知。道场白净法句者，如经"初转法轮"故。涅槃白净法句者，如经"最后说法"故。

弟子成就毕竟功德者，示能受持二种白净法门故，成就自利益行故，显现如来快说法门功德故，如经"度阿若憍陈如"故，"度须跋陀罗"故。此二句修多罗，示八种成就故。云何为八？谓二种受持成就故，二种白净法门成就故，二种自利益行成就故，二种快说法门功德成就故。

大总相成就毕竟功德者，二八成就总故，如经"所应度者，皆已度讫"故。

因果自相成就毕竟功德者，有四种自相：一、因自相，如经"娑罗双树间"故；二、因共果自相，如经"将入涅槃"故；三、总自相，如经"是时中夜"故；四、果自相，如经"寂然无声"故。于中总自相者，远离二边故，成就二种中道故，一者正觉中道，二者离正觉中道。是中离正觉中道者，即果自相，应知。此果有二种，一者自性无说离念涅槃果，二者远离觉观涅槃果故。

分别总相成就毕竟功德者，分别人法二位差别故。人位差别者，上首眷属差别故，如经"为诸弟子"故。法位差别者，世间出世间法等故，如经"略说法要"故。

已说序分。

△次说修习世间功德分，此功德有三：一者修习对治邪业功德，二者

修习对治止苦功德，三者修习对治灭烦恼功德。

△初、修习对治邪业功德者

【经】"汝等比丘，于我灭后，当尊重珍敬波罗提木叉，如暗遇明，贫人得宝。当知此则是汝大师，若我住世，无异此也。"

【论】此修多罗中，每说"比丘"者，示现远离相故，复示摩诃衍方便道与二乘共故，又于四众亦同远离行故。"于我灭后"者，此言示现遗教义故，不尽灭法故。以不尽法清净法身，常为世间作究竟度故，如经"当尊重珍敬波罗提木叉"故。此木叉亦是毗尼相顺法故，复是诸行调伏义故。如来不灭法身自体解脱，说波罗提木叉。依此法身得度二种障故：一者有烦恼暗障，二者空无善根障。得度烦恼暗障者，如盲得眼相似法故，如经"如暗遇明"故。得度空无善根障者，满足财宝相似法故，如经"贫人得宝"故。余者示现波罗提木叉是修行大师故，如经"当知此则是汝大师"故。又示住持利益，人法相似故，如经"若我住世，无异此也"故。

【经】"持净戒者，不得贩卖贸易，安置田宅，蓄养人民、奴婢、畜生，一切种植，及诸财宝，皆当远离，如避火坑。不得斩伐草木，垦土掘地。合和汤药，占相吉凶，仰观星宿，推步盈虚，历数算计，皆所不应。节身时食，清净自活，不得参预世事，通致使命。咒术仙药，结好贵人，亲厚媟慢，皆不应作。当自端心，正念求度。不得包藏瑕疵，显异惑众。于四供养，知量知足。趣得供事，不应蓄积。"

【论】依根本清净戒已说，次说方便远离清净戒。此中方便远离净者，护根本净戒故，如经"持净戒者"故。云何护根本？何者是根本？

护根本者，今说二种。何等为二？一者不同凡夫增过护，二者不同外道损智护。

不同凡夫增过护者，有十一事：一者方便求利增过，如经"不得贩"故。二者现前求利增过，如经"不得卖"故。三者交易求利增过，如经"不得贸易"故。若依世价，无求利心，不犯。卖买法式，如毗尼中广说。四者所居业处求多安隐增过，如经"不得安置田宅"故。五者眷属增过，如经"不得蓄养人民"故。此示外眷属，非同意者。何故不但言人，而复说民者？以其同在人中，于善法不了，畜生之属故。六者难生卑下心增过，如经"不得蓄奴婢"故。七者养生求利增过，如经"不得蓄畜生"故。八者多事增过，如经"不得一切种植"故。九者积聚增过，如经"及诸财宝"故。十者不觉增过，如经"皆当远离，如避火坑"。十一者不顺威仪及损众生增过，如经"不得斩伐草木，垦土掘地"故。此十一种增过事，修行菩萨宜速远离，不应亲近，避大火聚相似法故，如经"皆当远离，如避火坑"故。

不同外道损智护者，谓世间分别见故。此分别见，有五句十种分别，如经"合和汤药"乃至"皆所不应"故，遮异见故。

何者是根本者？此示根本有二种：一者行法根本故，二者行处根本故。行法根本者，波罗提木叉故。行处根本者，身、口、意故，于身、口、意行处，行波罗提木叉故。"节身时食"等，示现身、口、意行处波罗提木叉故。修行菩萨当知三处波罗提木叉，无复有余解脱故。

身处波罗提木叉，有五种解脱，三种障对治，二种不应作不作故。一者他求放逸障，此障对治，如经"节身"故。二者内资无厌足障，此障对治，如经"时食"故。三者共相追求障，此障对治，如经"清净自活"故。四者自性止多事，如经"不得参预世事"故。五者自性尊重，不作轻贱事，如经"不得通致使命"故。后二句示现不应作不作。云何五种身解脱？一者外缘身解脱，二者内缘身解脱，三者自相缘身解脱，四者众事缘身解脱，五者远离异方便缘身解脱。五种解脱中，初句总，余句别，应知。

口处波罗提木叉者，有二种邪语不应作不作。一者依邪法语，有二种不应作：一、邪术恼众生语，二、依邪药作世辩不正语。如经"咒术仙药"故。二者依邪人语，亦二种不应作：一者与族姓同好，多作鄙媟语，二者亲近族姓，多作我慢语。如经"结好贵人，亲厚媟慢，皆不应作"故。

意处波罗提木叉者，有六句，说三种障对治，三种不应作不作。一者多见他过障，犯自净心故，此对治，如经"当自端心"故。二者邪思惟障，不能自度下地故，此对治，如经"正念求度"故。三者于受用众具中无限无厌足障，此对治，第五句"于四供养，知量知足"故。此供养有二种：

一者于身分中供养，谓饮食、衣服、卧具、汤药，供养身分故。二者于心分中供养，谓不共心供养、无厌足心供养、二事相违心供养、等分心供养，此四种心供养，痴乱众生常受用故，不知节量故。若入三昧分者知量故，若入道分者知足故。三种不应作不作者：一者不污净戒，不受持心垢故，如经"不得包藏瑕疵"故。二者远离无缘显己胜行，令他不正解故，如经"显异惑众"故。三者远离贪覆心，贮积众具故，如经"趣得供事，不应蓄积"故。

【经】"此则略说持戒之相。戒是正顺解脱之本，故名波罗提木叉。依因此戒，得生诸禅定，及灭苦智慧。"

【论】已说从根本戒，次说根本戒与从戒俱解脱，能生诸功德故。从戒是戒相故，不可广说，显示略说，应知，如经"此则略说持戒之相"故。"戒是正顺"者，此言示现从戒义故。于此彼处说从有二种：一者从根本戒，二者从根本所起成就戒。从根本戒者，示现顺根本无作波罗提木叉，如向已说故。从根本所起成就戒者，示现后际解脱，因中际从戒生故，如经"解脱之本"故。戒是解脱体，能正度故，如经"故名波罗提木叉"故。此言示现能度身口意恶，彼岸成就三业解脱故。能生诸功德者，示现有色解脱功德、无色解脱功德、彼二相顺相违解脱功德，皆从彼生故，如经"依因此戒，得生诸禅定及灭苦智慧"故。

【经】"是故比丘，当持净戒，勿令毁缺。若人能持净戒，是则能有善法。若无净戒，诸善功德皆不得生。是以当知，戒为第一安隐功德住处。"

【论】次说劝修戒利益故。云何劝修戒利益？于中有五种劝：一者劝不失自体，如经"当持净戒"故。二者劝不舍方便，如经"勿令毁缺"故。三者劝远离诸过，身口意业常集功德故，如经"若人能持净戒，是则能有善法"故。四者劝知多过恶，于身口意中，一切时不能生功德故，如经"若无净戒，诸善功德皆不得生"故。五者显示持戒菩萨于所修行三种戒中有如是得失者，我当住安隐处，不住不安隐处故，如经"是以当知，戒为第一安隐功德住处"故，此言正示现劝修利益胜义故。

已说修习对治邪业功德。

△次说对治修习止苦功德。是中苦有三种：一者根欲放逸苦，二者多食苦，三者懈怠睡眠苦。是三种苦，三昧乐门对治，应知。

【经】"汝等比丘，已能住戒，当制五根，勿令放逸，入于五欲。譬如牧牛之人，执杖视之，不令纵逸，犯人苗稼。若纵五根，非唯五欲，将无涯畔，不可制也。亦如恶马，不以辔制，将当牵人坠于坑坎。如被劫害，苦止一世。五根贼祸，殃及累世，为害甚重，不可不慎。是故智者制而不随，持之如贼，不令纵逸。假令纵之，皆亦不久见其磨灭。"

【论】云何根欲放逸苦对治？根放逸苦者，是苦因苦果故，依戒净三昧方便摄念对治故，如经"已能住戒，当制五根"故。何故但说五根？示现色、非色别故。复示意根中有五根，二种对治故。云何二种？一者动念对治故，二者不动对治故。

戒念护根，利益相似法故，如经"勿令放逸"乃至"犯人苗稼"故。身戒清净故，种种色不放逸，牧牛相似法故。正念成就故，种种心不行，执杖相似法故。以戒念成就故，三昧方便及正受功德无减无失故，不犯苗稼相似法故。复示无戒念失，上上损心故，气分成就难对治故，如经"若纵五根，非唯五欲，将无涯畔，不可制也"故。次说无对、难对治，恶马相似法故，如经"亦如恶马，不以辔制，将当牵人坠于坑坎"故。复示过重相似不相似，又因果深苦无量世故，示现先际中慎故，如经"如被劫害，苦止一世。五根贼祸，殃及累世，为害甚重，不可不慎"故。

向说戒念护，今说智护故。智者三昧观故，彼是三昧重障故，如经"是故智者制而不随"故。护彼如害命者相似法故，如经"持之如贼，不令纵逸"故。重者既如是，轻者云何制？是中轻者，谓细相习障故，于此处有时则有，无时则无故，不作意起故，如经"假令纵之"故；势无自立故，如经"皆亦不久"故；性是无对，不相见故，如经"见其磨灭"故。是中云何立见？示现依见时说故，彼无见故，灭见故。

【经】"此五根者，心为其主，是故汝等当好制心。心之可畏，甚于毒蛇、恶兽、怨贼、大火越逸，未足喻也。譬如有人，手执蜜器，动转轻躁，但观于蜜，不见深坑。譬如狂象无钩，猿猴得树，腾跃踔踯，难可禁制。当急挫之，无令放逸。纵此心者，丧人善事。制之一处，无事不办。是故比丘，当勤精进，折伏汝心。"

【论】次说欲放逸苦对治。是中欲苦者，心性差别故，亦是苦因苦果故，示现种种色苦依彼而有故，如经"此五根者，心为其主"故，应知。自他生过故，勤遮故，如经"是故汝等当好制心"故。

何故勤遮？示现此心三昧障法故。何者是三昧相？云何障法相？三昧相者，有三种：一者无二念三昧相，二者调柔不动三昧相，三者起多功德三昧相故。障法相者，亦有三种：一者心性差别障，二者轻动不调障，三者失诸功德障。

心性差别障者，如经"心之可畏，甚于毒蛇、恶兽、怨贼、大火越逸，未足喻也"故。是中差别者，贪等四种差别故。修无二念三昧者，于此差别处可畏，应知。四种譬喻相似法故，复示不相似法大可畏故。

轻动不调障者，如经"动转轻躁"如是等故。于中动转者，示现诸根中转识动故，复速疾故，猿猴相似法故。但观于蜜者，示现有翳，不见未来故。深坑者，障碍义故。是障碍有二种，一者生处障碍，二者修一切行时困苦不能成就障碍，狂象相似法故。急挫者，示现抑入无动处故。无令放逸者，显示摄入调伏聚故。

失诸功德障者，如经"纵此心者，丧人善事"故。

无二念三昧相者，如经"制之一处"故。起多功德三昧相者，如经"无事不办"故。调柔不动三昧相者，如经"当勤精进，折伏汝心"故。

【经】"汝等比丘，受诸饮食，当如服药。于好于恶，勿生增减。趣得支身，以除饥渴。如蜂采花，但取其味，不损色香。比丘亦尔，受人供养，趣自除恼，无得多求，坏其善心。譬如智者，筹量牛力所堪多少，不令过分以竭其力。"

【论】已说根欲苦对治，次说多食苦对治。多食者，三昧障故。食有二种，何等为二？一者身食，二者心心数法食。若多段食，难止息故，去禅定远故。是心心数法食者，欲界相违法中方便对治故，复有第一义心三昧中尽故，成就无食三昧故。如是二种三昧，有六种功德成就。何等为六？

一者受用对治功德成就，二者平等观功德成就，三者究竟对治功德成就，四者显示平等观功德相似成就，五者不虚受功德成就，六者知时功德成就。此六种功德成就，显示二种三昧：第一、第五、第六功德成就，显示少食三昧故；余者三种功德成就，显示无食三昧故。

受用对治功德成就者，如经"汝等比丘，受诸饮食，当如服药"故。平等观功德成就者，如经"于好于恶，勿生增减"故。究竟对治功德成就者，如经"趣得支身，以除饥渴"故，此示平等法身摄平等观，究竟无饥渴故。显示平等观功德相似成就者，如经"如蜂采花，但取其味，不损色香，比丘亦尔"故，是中不损者，示现非坏法观故。不虚受功德成就者，如经"受人供养，趣自除恼"故。知时功德成就者，如经"无得多求，坏其善心"故。多求者，示现心心数法多，三昧功德不现前故。筹量牛力等，示知时相似法故。示现知时有二种：一者方便时，计较故；二者成就时，相应故。示多食过故。

【经】"汝等比丘，昼则勤心修习善法，无令失时。初夜、后夜，亦勿有废。中夜诵经，以自消息。无以睡眠因缘，令一生空过，无所得也。当念无常之火，烧诸世间。早求自度，勿睡眠也。诸烦恼贼，常伺杀人，甚于怨家。安可睡眠，不自警悟？烦恼毒蛇睡在汝心，譬如黑蚖在汝室睡。当以持戒之钩，早摒除之。睡蛇既出，乃可安眠。不出而眠，是无惭人。惭耻之服，于诸庄严，最为第一。惭如铁钩，能制人非法。是故比丘，常当惭耻，勿得暂替。若离惭耻，则失诸功德。有愧之人，则有善法。若无愧者，与诸禽兽无相异也。"

【论】已说多食苦对治，次说懈怠睡眠苦对治。懈怠睡眠苦对治者，不疲惓思惟对治故。是中何故懈怠、睡眠共说障法？示现懈怠者，谓心懒惰故。睡眠者，身闷重故。此二相顺，共成一苦故，五种定障中共说故。于中起睡眠有三种：一从食起，二从时节起，三从心起。若从食及时节起者，是阿罗汉眠，以彼不从心生故，无所盖故。

是三种睡眠中，初二种以精进对治，无有时节故，无始来未曾断故，复示圣道难得故，如经"汝等比丘，昼则勤心修习善法，无令失时。初夜、后夜，亦勿有废。中夜诵经，以自消息。无以睡眠因缘，令一生空过，无所得也"故。

自余修多罗，示现第三从心起睡眠对治故。是中对治有二种：

一者思惟观察对治。观诸生灭，坏五阴故，如经"当念无常之火，烧诸世间"故。复示求禅定、智慧，度所度故，如经"早求自度，勿睡眠也"故。复次观察阴、界、入等常害故，是中可畏，求自正觉故，如经"诸烦恼贼，常伺杀人，甚于怨家。安可睡眠，不自警悟"故。

二者净戒对治，谓禅定相应心戒故。六种境界心安住自心故，可畏如蛇相似法故，如经"烦恼毒蛇睡在汝心，譬如黑蚖在汝室睡"故。净心戒对治故，如经"当以持戒之钩，早摒除之"故。复示远离故，安隐故，如经"睡蛇既出，乃可安眠"故。次说下地相似安隐，无对治故，如经"不出而眠，是无惭人"故。

又示治法胜，能令自地清净庄严，亦令他地无过故，如经"惭耻之服，于诸庄严，最为第一。惭如铁钩，能制人非法"故。是中"最为第一"者，示现胜余戒庄严故。"是故比丘"等，为明何义？示现劝修胜庄严故，常修故。复示远离者损自地故，如经"若离惭耻，则失诸功德"故。复示有无得失故，如经应知。

已说修习对治止苦功德。

△次说修习对治灭烦恼功德，于中有三种障对治，示道义应知。

【经】"汝等比丘，若有人来，节节肢解。当自摄心，无令瞋恨。亦当护口，勿出恶言。若纵恚心，则自妨道，失功德利。忍之为德，持戒苦行所不能及。能行忍者，乃可名为有力大人。若其不能欢喜忍受恶骂之毒，如饮甘露者，不名入道智慧人也。所以者何？瞋恚之害，则破诸善法，坏好名闻，今世后世，人不喜见。当知瞋心，甚于猛火，常当防护，无令得入。劫功德贼，无过瞋恚。白衣受欲，非行道人，无法自制，瞋犹可恕。出家行道无欲之人，而怀瞋恚，甚不可也。譬如清冷云中，霹雳起火，非所应也。"

【论】是中初障对治者，瞋恚烦恼障对治故，示现堪忍道故。

修行菩萨住堪忍地中，能忍种种诸苦恼故，无轻重对治故，如经"汝等比丘，若有人来，节节肢解，当自摄心，无令瞋恨"故，此示幻化法身成就故。又复口行清净，常作软语故，如经"亦当护口，勿出恶言"故。复说自他利道德障法故，如经"若纵恚心，则自妨道，失功德利"故。显示功德、智慧二种心行净故，较量胜诸眷属行故，如经"忍之为德，持戒苦行所不能及"故。于中行者三昧功德，苦对治故。三种业清净，及较量胜相，示行安苦道，应知。

次说真如观清净，显示安乐道故，成就观智大人力故，如经"能行忍者，乃可名为有力大人"故。又显示不入丈夫力成就者，无智慧观故，依相违显胜，应知，如经"若其不能欢喜忍受"乃至"智慧人也"故。是中"不欢喜"者，无信入观故；"恶骂之毒"者，示无生法门相中不如法受故；"甘露"者，示无生法自体相相似法故；于中"道"者，示智慧自体故。

复说过患事，常护故，如经"所以者何"如是等故。于中"诸善法"者，自利智慧相故；"好名闻"者，利他善法名称功德故；"人不喜见"者，自他世无可乐果报故。于中"防护"有二种，何等为二？一者护自善法，如防火相似法故；二者护利他功德，防贼相似法故。

复示世间功德违顺法中有受用故，未毕竟相违故，如经"白衣受欲，非行道人，无法自制，瞋犹可恕"故。于中"无法"者，无白净法对治故。次示出世间道，于世间受用二法中一向相违故，如经"出家行道无欲之人，而怀瞋恚，甚不可也"故。余者显示道分中不应有相似法故，如经"譬如清冷云中，霹雳起火，非所应也"故。

【经】"汝等比丘，当自摩头，已舍饰好，着坏色衣，执持应器，以乞自活。自见如是，若起骄慢，当疾灭之。增长骄慢，尚非世俗白衣所宜，何况出家入道之人，为解脱故，自降其身而行乞也。"

【论】次说第二烦恼障对治道。第二烦恼障对治道者，示现自无尊胜心，成就轻贱身心行故，远离贡高烦恼故。于中有七句行远离：一者于上上尊胜处最先折伏故，常应自知故，如经"汝等比丘，当自摩头"故。二者于余处庄严不受用故，如经"已舍饰好"故。三者于衣服处，对治为好故，如经"着坏色衣"故。四者自己受用具常自持故，如经"执持应器"故。五者于内外受用事，不作余生过方便故，及自调伏故，如经"以乞自活"故。六者智慧成就，常自观察故，如经"自见如是"故。七者对治成就，远离微起故，如经"若起骄慢，当疾灭之"故。余者明何义故？示现较量自降伏者不应起骄慢故，障碍先后际功德故，如经"增长骄慢，尚非世俗"如是等故。

【经】"汝等比丘，谄曲之心，与道相违，是故宜应质直其心。当知谄曲但为欺诳，入道之人，则无是处。是故汝等宜当端心，以质直为本。"

【论】次说第三障对治。第三障对治者，示现根本直心，远离谄曲烦恼障故，于口意中自违违彼故，如经"汝等比丘，谄曲之心，与道相违"故。复示违道障对治故，如经"是故宜应质直其心"故。又复相违法，道分时中不应有故，如经"当知谄曲但为欺诳，入道之人，则无是处"故。是中"欺诳"者，心口俱时不实用故。余者示现直心，是道心本故，如经"是故汝等宜当端心，以质直为本"故。

已说修习世间功德分。

△次说修习出世间大人功德分。大人功德分有八种，一切大人常用此以自觉察故，长养成就方便毕竟故。

【经】"汝等比丘，当知多欲之人，多求利故，苦恼亦多。少欲之人，无求无欲，则无此患。直尔少欲，尚应修习，何况少欲能生诸功德。少欲之人，则无谄曲以求人意，亦复不为诸根所牵。行少欲者，心则坦然，无所忧畏，触事有余，常无不足。有少欲者，则有涅槃。是名少欲。"

【论】是中第一大人成就无求功德，知觉多欲过故。于中说所知觉有五种相：一者知觉障相，谓烦恼、业、苦三种障故，如经"汝等比丘，当知多欲之人，多求利故，苦恼亦多"故，此示回转不息故。二者知觉治相，成就远离三种妄想故，如经"少欲之人，无求无欲，则无此患"故。三者知觉因果集起相，成就无量行故，如经"直尔少欲，尚应修习，何况少欲能生诸功德"故。四者知觉无诸障毕竟相，三障毕竟故，如经"少欲之人，则无谄曲以求人意，亦复不为诸根所牵"故。五者知觉果成就相，般若等三种功德果成就故，如经"行少欲者，心则坦然，无所忧畏，触事有余，常无不足。有少欲者，则有涅槃。是名少欲"故。

【经】"汝等比丘，若欲脱诸苦恼，当观知足。知足之法，即是富乐安隐之处。知足之人，虽卧地上，犹为安乐。不知足者，虽处天堂，亦不称意。不知足者，虽富而贫。知足之人，虽贫而富。不知足者，常为五欲所牵，为知足者之所怜愍。是名知足。"

【论】复次说第二大人知觉功德。第二大人知觉功德者，成就知足行故，对治苦因果故，如经"汝等比丘，若欲脱诸苦恼，当观知足"故。是中"恼"者，示现烦恼过，从苦生故。复说清净因果，成就治法故，如经"知足之法，即是富乐安隐之处"故。

若如是者，二种知觉云何差别？此中示现初知觉者，远离他境界事故；知足者，于自事中远离故。

复次有三种差别，示现知足、不知足故，一者于何等何等处受用差别故，二者于何等何等事受用差别故，三者于何等何等法中无自利、有自他利差别故，如经"知足之人，虽卧地上"如是等，如经应知。

【经】"汝等比丘，欲求寂静无为安乐，当离愦闹，独处闲居。静处之人，帝释诸天所共敬重。是故当舍己众、他众，空闲独处，思灭苦本。若乐众者，则受众恼，譬如大树，众鸟集之，则有枯折之患。世间缚着，没于众苦，譬如老象溺泥，不能自出。是为远离。"

【论】次说第三大人远离功德。第三大人远离功德，于中三门摄义应知：一者自性远离门，体出故；二者修习远离门，方便出故；三者受用诸见门，常缚故。

自性远离门者，示现四种对治：一者我相执着障，此障对治，如经"汝等比丘，若求寂静无为安乐"故。于中"寂静"者，示法无我空故；"无为"者，无相空故；"安乐"者，无取舍愿空故。二者我所障，五众乱起无次第故，此障对治，如经"当离愦闹"故。三者彼二无相障，此障对治，如经"独处闲居"故。四者无为首功德障，以其天可重法故，此障对治，如经"静处之人，帝释诸天所共敬重"故。

修习远离门者，远离我我所，不复集生故，如经"是故当舍己众、他众"故。方便慧成就，如法如住故，如经"空闲独处"故。善择智成就，远离起因故，如经"思灭苦本"故。

受用诸见门者，乐集我我所，生起自他心境相恼故，如经"若乐众者，则受众恼"故。诸见集生，生已自害，大树相似法故，如经"譬如大树，众鸟集之，则有枯折之患"故。复示无出离相，烦恼业染生故，老象溺泥相似法故，如经"世间缚着，没于众苦，如老象溺泥，不能自出。是为远离"故。

【经】"汝等比丘，若勤精进，则事无难者。是故汝等，当勤精进，譬如小水常流，则能穿石。若行者之心，数数懈废，譬如钻火，未热而息，虽欲得火，火难可得。是名精进。"

【论】次说第四大人不疲惓功德。是中不疲惓者，示现不同外道精进故，于一切法、一切行善趣故，成就不退转故，如经"汝等比丘，若勤精进，则事无难者"故。以能成就不退，须修习长养故，如经"是故汝等，当勤精进"故。复以譬喻显示不休息精进，成就有力故，如经"譬如小水常流，则能穿石"故。次说懈怠过，不能常精进，念处退失，不成就心慧故，依譬喻显示，应知，如经"若行者之心，数数懈废"如是等故。

【经】"汝等比丘，求善知识，求善护助，无如不忘念者。若有不忘念者，诸烦恼贼则不能入。是故汝等，常当摄念在心。若失念者，则失诸功德。若念力坚强，虽入五欲贼中，不为所害，譬如着铠入阵，则无所畏。是名不忘念。"

【论】次说第五大人不忘念功德。第五大人不忘念功德者，示现是一切行上首故，能破无始重怨故。于中一切行者，略说三种：一者求闻法行，如经"汝等比丘，求善知识"故；二者内善思惟行，如经"求善护"故；三者求如法修行，如经"求善助"故。复示此等行中为首为胜故，如经"无如不忘念者"故。能遮无始重怨，不害三种善根故，如经"若有不忘念者，诸烦恼贼则不能入"故。"烦恼"者，示心相中惑乱故；"贼"者，从外集生过故。复示劝修，令初后念成就，示现遮无始终心故，如经"是故汝等，常当摄念在心"故。无始终故，失念成就多过故，如经"若失念者，则失诸功德"故。又成就多功德，随顺世间门，集诸行故，如经"若念力坚强，虽入五欲贼中，不为所害"故。念力强故，勇健无畏，入阵相似法故，如经"譬如着铠入阵，则无所畏。是名不忘念"故。

【经】"汝等比丘，若摄心者，心则在定。心在定故，能知世间生灭法相。是故汝等，常当精勤修习诸定。若得定者，心则不散。譬如惜水之家，善治堤塘。行者亦尔，为智慧水故，善修禅定，令不漏失。是名为定。"

【论】次说第六大人禅定功德。大人禅定功德者，谓八种禅定等，因摄念生故，如经"汝等比丘，若摄心者，心则在定"故。云何摄心，能生禅定？示现摄遍所行处心行对治缘故，次及中、软取事心行对治缘故，此三种缘处对治成时，则近禅定故。禅定成就，有方便果用故，如经"心在定故，能知世间生灭法相"故。又懈怠无修习方便障故，如经"是故汝等，常当精勤修习诸定"故。是中懈怠有三种：一者不安隐懈怠，二者无味懈怠，三者不知恐怖懈怠。云何修习一一对治？示现精进修习，节量食卧，及调阿那波那故；精勤修习，觉知诸定有通慧功德，及尽苦源故，大稀有事故；精进修习，观察生老病死苦及四恶趣苦，我未能离故，是三障对治故。复修习功德成就，无所对治故，如经"若得定者，心则不散"故。又以譬喻，示善修功德，上上增长故，如经应知。

【经】"汝等比丘，若有智慧，则无贪着。常自省察，不令有失。是则于我法中，能得解脱。若不尔者，既非道人，又非白衣，无所名也。实智慧者，则是度老病死海坚牢船也，亦是无明黑暗大明灯也，一切病者之良药也，伐烦恼树之利斧也。是故汝等，当以闻、思、修、慧，而自增益。若人有智慧之照，虽是肉眼，而是明见之人也。是为智慧。"

【论】次说第七大人智慧功德。是中智慧功德者，于真实义处障，及世间事处障，能远离故，如经"汝等比丘，若有智慧，则无贪着"故。于一切时常修心慧故，以其难得故，如经"常自省察，不令有失"故。复示难得能得，于第一义处远离故，如经"是则于我法中，能得解脱"故。复示非自性慧，不入出世及世间中故，非施设故，如经"若不尔者，既非道人，又非白衣，无所名也"故。又以四种譬喻，显示四种功德，闻、思、修、证故，如经应知。言"实智慧"者，示实能对治故。于四种功德中，第四功德自利益最胜义故。又四种修学功德，于分内处而有觉照故，如经"若人有智慧之照，虽是肉眼，而是明见人也。是为智慧"故。

【经】"汝等比丘，若种种戏论，其心则乱，虽复出家，犹未得脱。是故比丘，当急舍离乱心戏论。若汝欲得寂灭乐者，唯当速灭戏论之患。是名不戏论。"

【论】已说长养方便功德，次说大人成就毕竟功德。大人成就毕竟功德者，示现自性远离，非对治法故。四种差别智障法，分别可分别故，如经"汝等比丘，若种种戏论，其心则乱"故。修道智非自性故，如经"虽复出家，犹未得脱"故。余者二句，劝修远离，成就无戏论故。一者有对相远离，有彼彼功德相故，如经"是故比丘，当急舍离乱心戏论"故。二者无对相远离，无彼彼功德相故，如经"若汝欲得寂灭乐者，唯当速灭戏论之患"故。示现行成就体性异故，如经"是名不戏论"故。

已说成就出世间大人功德分。

△次说显示毕竟甚深功德分

【经】"汝等比丘，于诸功德，常当一心，舍诸放逸，如离怨贼。大悲世尊所说利益，皆已究竟。汝等但当勤而行之，若于山间，若空泽中，若在树下，闲处静室，念所受法，勿令忘失。常当自勉，精进修之，无为空死，后致有悔。我如良医，知病说药，服与不服，非医咎也。又如善导，导人善道，闻之不行，非导过也。"

【论】显示毕竟甚深功德者，有二种毕竟，显示二种甚深功德故。一者如来分别说法毕竟功德，显示非分别说法甚深功德常说故。二者修行菩萨修世间功德毕竟，显示余者甚深功德常修故。此二种修行功德，如上一一种中各修二种功德，应知。

是中常修功德者，第一义心修故，如经"汝等比丘，于诸功德，常当一心"故；远离一心相似相违行，如怨故，如经"舍诸放逸，如离怨贼"故。无限齐大悲常利益，限齐毕竟故，如经"大悲世尊所说利益，皆已究竟"故。次复广说常修功德，有七种修相：一者云何修，示现常勤行故，如经"汝等但当勤而行之"故。二者于何处修，示无事处故，如经"若于山间，若空泽中，若在树下，闲处静室"故。三者何所修，示修真实无二念法故，如经"念所受法"故。四者何故修，修令现前故，如经"勿令忘失"故。五者以何方便修，如经"常当自勉，精进修之"故。六者于相似法处苏息，远离上上心故，如经"无为空死"故。七者于晚时自知有余悔，不及事故，如经"后致有悔"故。

次广说如来分别说法功德毕竟，示现二种毕竟相：一者说化法毕竟，相应无余故，如经"我如良医，知病说药，服与不服，非医咎也"故。二者与念毕竟，度法相应无余故，如经"又如善导，导人善道，闻之不行，非导过也"故。是中"服与不服"等，示现如来于二种毕竟中无过失故，不负众生世间法故。

△次说显示入证决定分

【经】"汝等若于苦等四谛有所疑者，可疾问之，毋得怀疑，不求决也。"尔时世尊如是三唱，人无问者。所以者何？众无疑故。时阿㝹楼驮观察众心，而白佛言："世尊，月可令热，日可令冷。佛说四谛，不可令异。佛说苦谛实苦，不可令乐。集真是因，更无异因。苦若灭者，即是因灭，因灭故果灭。灭苦之道，实是真道，更无余道。世尊，是诸比丘，于四谛中，决定无疑。"

【论】入证决定者，示现于所证法中成就决定无所疑故。是中有三门摄义，示现决定无疑：一者方便显发门，二者满足成就门，三者分别说门。

方便显发门者，示现于诸实法处显发故，以彼法是修行者当观察及依之起行故，如经"汝等若于苦等四谛"故。于四谛中，有作无作法，示现有疑、无疑分齐故，如经"有所疑者，可疾问之，无得怀疑，不求决也"

故。疾问者，示二种将毕竟故，如向已说二种毕竟事故。无得怀疑者，于见无作谛处，及修行有作谛处，彼二相违处，皆不得疑故。

满足成就门者，有三种示现：一者示现法轮满足成就，三转实法故，如经"尔时世尊如是三唱"故。二者示现证法满足成就，如经"人无问者"故。三者示现断功德满足成就，如经"所以者何？众无疑故"。

分别说门者，示现彼众上首知大众心行成就决定，复了知所证实义故，分别说彼彼事，答如来故，如经"时阿㝹楼驮观察众心"如是等故。日月冷热者，示于四谛中违顺观行，不可异故。实苦不可令乐者，以佛说故，苦乐各实，不变异故。更无异因者，示苦、灭各自因故，复示灭、道同是自性观故。决定者，苦乐因果，入行决定故。无疑者，无异无余义故。

已说显示入证决定分。

△次说分别未入上上证为断疑分

【经】"于此众中，所作未办者，见佛灭度，当有悲感。若有初入法者，闻佛所说，即皆得度，譬如夜见电光，即得见道。若所作已办，已度苦海者，但作是念：世尊灭度，一何疾哉！"

【论】分别未入上上证者，有三种分别，显示未入上上法故。一者于有作谛修分时中未入上上法故，如经"于此众中，所作未办者，见佛灭度，当有悲感"故。二者于无作谛见道时中速决定故，示现不同修分法故，去上上法转远故，如经"若有初入法者，闻佛所说，即皆得度"故。复以譬喻，示现见道速决定义，应知，如经"譬如夜见电光，即得见道"故。三者于彼二相违，无功用无学道中，于上上法境界有微细疑故，复有异义，于自地中见佛速灭故，如经"若所作已办，已度苦海者，但作是念：世尊灭度，一何疾哉"故。

【经】阿㝹楼驮虽说此语，众中皆悉了达四圣谛义。世尊欲令此诸大众皆得坚固，以大悲心，复为众说："汝等比丘，勿怀悲恼。若我住世一劫，会亦当灭。会而不离，终不可得。自利利人，法皆具足，若我久住，更无所益。应可度者，若天上、人间，皆悉已度。其未度者，皆亦已作得度因缘。自今以后，我诸弟子展转行之，则是如来法身常在而不灭也。"

【论】次说为断彼彼疑故。是中断疑者，断彼胜分疑故。于自地中先所成就故，如经"阿冤楼驮虽说此语，众中皆悉了达四圣谛义"故。复令上上成就，于彼所得究竟不退故，是如来悲心淳至故，不护上上法故，如经"世尊欲令此诸大众皆得坚固，以大悲心，复为众说"故。

云何说？说有为功德，自他俱灭故。自他者，说听差别故。如经"汝等比丘，勿怀悲恼。若我住世一劫，会亦当灭。会而不离，终不可得"故。

复说法门常住不灭故，如经"自利利人，法皆具足"故。又说他利事毕竟，无复所作故，如经"若我久住，更无所益"故。又说于彼彼众中自利事毕竟，无复所作故，如经"应可度者，若天上、人间，皆悉已度"故。又说未修习者，依不灭法门，能作得度因缘故，如经"其未度者，皆亦已作得度因缘"故。复有异义，于上上法中未得度者，依常住法门度故。

又说住持不坏功德，于中有二：一者于因分中住持不坏，常修故，不断修故，如经"自今以后，我诸弟子展转行之"故。二者于果分中住持不坏，常显故，如经"则是如来法身常在而不灭也"故。此二种住持不坏功德，示现上上法能断疑，应知。

【经】"是故当知，世皆无常，会必有离。勿怀忧恼，世相如是。当勤精进，早求解脱。以智慧明，灭诸痴暗。世实危脆，无牢强者。我今得灭，如除恶病。此是应舍罪恶之物，假名为身，没在老病生死大海。何有智者得除灭之，如杀怨贼，而不欢喜？"

【论】次重说有为功德无常相故。是中何故重说有为功德无常相者？示现于此处劝修世间生厌离行故，于有为相中得脱故，如经"是故当知，世皆无常"乃至"早求解脱"故。又示无我如实观成就，能灭我我所见根本故，如经"以智慧明，灭诸痴暗"故。阴等诸法，实不实故，如经"世实危脆，无牢强者"故。又示如来是度世大师，证成可患故，如经"我今得灭，如除恶病"故。又说异可厌患相，唯智能灭故，示现劝修智灭对故，得无对法现前故，如经"此是罪恶之物"如是等故。

△次说离种种自性清净无我分

【经】"汝等比丘，常当一心，勤求出道。一切世间动不动法，皆是败坏不安之相。汝等且止，勿得复语。时将欲过，我欲灭度，是我最后之所教诲。"

【论】是中种种自性者，于五阴法中作种种见患故，妄想自性障故，此障对治，如经"汝等比丘，常当一心"故。复以一心如实慧难可得故，如经"勤求出道"故。又示除如实慧，所有相对法悉无常故，示现名相等法，应知，如经"一切世间动不动法，皆是败坏不安之相"故。于中"动不动"者，谓三界相，静乱差别故。

清净无我者，示现于甚深寂灭法中寂灭故，如经"汝等且止"如是等故。且止勿语者，劝示三业无动故，是寂灭无我相应器故。最后教诲者，正显遗教义故。是遗教义于住持法中胜，以其遗教故。

唐太宗文皇帝施行《遗教经》敕

敕旨：法者，如来灭后，以末代浇浮，付嘱国王、大臣，护持佛法。然僧尼出家，戒行须备，若纵情淫佚，触途烦恼，关涉人间，动违经律，既失如来玄妙之旨，又亏国王受付之义。《遗教经》是佛临涅槃所说，诫勒弟子，甚为详要。末俗缁素，并不崇奉。大道将隐，微言且绝。永怀圣教，用思弘阐。宜令所司，差书手十人，多写经本，务尽施行。所须纸、笔、墨等，有司准给。其官宦五品以上，及诸州刺史，各付一卷，若见僧尼行业与经文不同，宜公私劝勉，必使遵行。（出《文馆辞林》第六百九十三卷）

宋真宗皇帝刊《遗教经》

　　夫道非远人，教本无类。虽蠢动之形各异，而常乐之性斯同，由爱欲之纷纶，致轮回之增长。是以迦维之圣，出世而流慈，舍卫之区，随机而演法。既含灵而悉度，将顺俗以归真，犹于双树之间，普告大乘之众，示五根之可戒，问四谛之所疑，期法奥之宣扬，俾众心而坚固。大悲之念，斯谓至乎！朕祇嗣庆基，顾惭凉德，常遵先训，庶导秘诠。因览斯经，每怀钦奉，冀流通而有益，仍俾镂于方板。所期贻厥庶邦，凡在群伦，勉同归向云尔！

附录

重刊《遗教经注解》序

夫净法界中，本无出没。大悲愿力，示现受生。无说中而示说，无形处而现形，故有四十九年露布，三百余会葛藤。大概而论，不出于三：一曰经藏，诠于定故。玄寂不动，尘尘而净国纯真。灵鉴随缘，念念而佛身普应。二曰律藏，诠于戒故。拟心萌念，条条而早犯尸罗。绝虑忘思，段段而皆成规范。三曰论藏，诠于慧故。明明不昧，而森罗星象灿然。湛湛虚澄，而鳞甲羽毛弗暗。虽有三名，曾无三体，故考绳墨而立定门，即贯花而开律部，据优波提舍而为其论。即一而三，即三而一，三一互融，名秘密藏也。

今兹《遗教经》，四十年以后而演也。虽曰修多罗，其实重示戒律。世尊见诸弟子尸罗将倾，告诸众等："于我灭后，当珍敬波罗提木叉，是汝大师。若我住世，无异此也。"当知戒是正顺解脱之本，禅定、智慧由此而生，是我佛最后垂范也。

兹有奉佛弟子古鉴清明，传讲之时，见其注略，并字之昏小，不无三豕之讹，请余勾科补注，校正流通于世。余缁素不分，焉敢校补也？公再恳之，不得已而应命，稍述其科文，略补其缺漏，聊正其讹脱，及记其岁月云尔。

时万历丙戌仲春吉日，钦依皇坛传讲紫衣沙门特赐金佛宝冠永祥禅师古灵了童述。

佛遗教经注

姚秦三藏法师鸠摩罗什奉诏译
宋郧郊凤山兰若嗣祖沙门守遂注
明永祥禅师古灵了童补注

△将释此经疏，科文分四：初、释经题目，二、译经人时，三、注述名号，四、释经本文。

△初、释经题目

【经题】佛遗教经

【注】此一题之中，有人有法，有能有所，人法双题，能所合目，故曰"佛遗教经"。此是总标，向下别释。

"佛"者，梵语"佛陀"，此云"觉者"，谓自觉、觉他、觉行圆满，故为佛也。

"遗"者，我大世尊四十九年说法，对病根而施与良药，遗留后代，化利人天，故曰"遗"也。

"教"者，一大藏教，即经、律、论三藏也。

"经"者，梵语"修多罗"，此云"契经"，谓契理合机之经也。

是故"佛"即人也，"遗教"即法也。"经"之一字，能诠之文。上三字，所诠之义。是以人法双题，能所合目，故曰"佛遗教经"。

【经题】一名《佛入涅槃略说教诫经》

【注】谓佛为能入，涅槃为所入。"涅槃"者，涅而不生，槃而不灭，不生不灭，真常之极果也。"略说"者，对广说略也。"教诫"者，我大世尊婆心太切，谆谆而教诫也。

221

△二、译经人时

【译者】姚秦三藏法师鸠摩罗什奉诏译

【注】姚秦,即东晋王也,姓姚名兴,为秦国王也。三藏者,此老师学通三藏,彻究五乘,道振华夷,声闻朝野,故称此号。法师者,广博多闻,能持一切言辞章句,决定善知世出世间诸法生灭之相,得禅定智慧,于诸经法随顺无诤,不增不损,如所说行,故曰法师。又法师者,以正法施于天上人间,普遍微尘刹海,故曰法师。梵语"鸠摩罗什",此云"童寿",谓童年而有耆德也,奉秦王诏,翻译此经也。翻梵成华曰译。

△三、注述名号

【注者】郧郊凤山兰若嗣祖沙门守遂注

【注】郧郊者,即湖广郧阳府是也。凤山者,就形得名,此山似凤,又即山名也。"兰若"者即梵语,此云"寂静"处。嗣祖者,言其老师绍续佛祖之位也。"沙门"者即梵语,此云"勤息",勤修戒定慧,息灭贪瞋痴,故号为沙门。上守下遂,是老师之名。註者,言边有主曰註,又分文析义曰註也。

△四、释经本文三:初、序分,二、正宗分,三、流通分。

△初、序分

△初、序始度

【经】释迦牟尼佛。

【注】梵语,此云"能仁寂默"。谓"能仁"者,视四生如一子,悲含同体之心;观三界亦同仁,慈启无缘之化。"寂默"者,谓其体也寂默无为,其用也灵明不昧。故曰"释迦牟尼"。"佛"者,十号中之一号也。

【经】初转法轮。

【注】即三转四谛法轮也。三转者,谓示相转:此是苦,逼迫性;此是集,招感性;此是灭,可证性;此是道,可修性。劝修转:此是苦,汝应知;此是集,汝应断;此是灭,汝应证;此是道,汝应修。作证转:此

是苦，我已知；此是集，我已断；此是灭，我已证；此是道，我已修。

【经】度阿若憍陈如。

【注】此有五人：父族三人，一、阿湿婆，二、跋提，三、摩诃男；母族二人，一、憍陈如，二、十力迦叶，共五人也。"阿若"名也，此云"无知"，非无所知，乃是知无耳。"憍陈如"姓，此云"火器"，其先祖事火，从此命族也。

△二、序终度

【经】最后说法，度须跋陀罗。

【注】我大世尊说法四十九年，将收玄唱，最后垂范也。"须跋陀罗"梵语，此云"好贤"，唐言"善贤"。《泥洹经》云：须跋陀罗聪明多智，诵四毗陀经，一切书论无不通达，为一切人之所崇敬。闻佛涅槃，方往佛所，闻八圣道，心意开解，遂得初果，从佛出家也。

【经】所应度者，皆已度讫。

【注】言所应度者，亦有不应度者。何以故？谓四众人等，因缘已熟，一闻其法，即证其果，皆已度讫。而城东老母等，与佛同生一处，佛不能化其为善也。

△三、示灭发起

【经】于娑罗双树间，将入涅槃。

【注】此树有四双八只，四荣四枯。谓四荣，表常、乐、我、净；四枯，表苦、空、无我、无常也。世尊入灭之时，八树皆变为白，亦名为鹤林也。将入涅槃者，将者，且然未毕之时，将灭度而未灭度也。

【经】是时中夜，寂然无声，为诸弟子略说法要。

【注】谓中夜，表中道妙理，寂然不动，无声无色，不妨感而遂通。出世度生，无缘不应。灭与不灭，皆方便焉。示灭化仪，佛佛皆尔。叮咛付嘱，表悲愿之不穷。在昔如来四十九年，三百余会，始从鹿野苑，终至跋提河，一大事因缘已毕，于此略说法要，为后人之纪纲耳。

以上序分竟。

△二、正宗分十九：初、重演戒法，二、慎护根门，三、受食勿增，四、习善勿失，五、忍行超戒，六、正命乞食，七、直心行道，八、少欲成功，九、知足清乐，十、寂静离众，十一、勤行不懈，十二、正念遣魔，十三、摄心知幻，十四、智慧除恼，十五、戏论妨道，十六、端心去逸，十七、诫疑重问，十八、替对伸演，十九、诫勉勿悲。

初、重演戒法

初、重戒如师

【经】汝等比丘，于我灭后，当尊重珍敬波罗提木叉，如暗遇明，贫人得宝。当知此则是汝等大师，若我住世，无异此也。

【注】波罗提木叉，宋云"别解脱"，身口七支，各别防非，即具足戒也。重戒如佛，佛常在焉。

△二、因戒邪命

【经】持净戒者，不得贩卖贸易，安置田宅，蓄养人民、奴婢、畜生，一切种植，及诸财宝，皆当远离，如避火坑。

【注】营求世利，业火加薪。志存无为，戒珠绝颣。

【经】不得斩伐草木，垦土掘地，合和汤药，占相吉凶，仰观星宿，推步盈虚。

【注】即是推算步量天地之盈虚，故曰推步盈虚。又云推步即俯察地理，盈虚即仰观天文也。

【经】历数算计，皆所不应。节身时食，清净自活。

【注】草系、鹅珠，弃命守戒。术数休咎，邪命之习，非清净也。草系者，有一比丘，被贼劫财，缚于草上，数日不敢动，恐害其青草，故曰草系。鹅珠者，有一僧化饭，至一施主家，其家有一金珠，僧见被鹅吞珠入腹，施主寻珠不见，只见一僧，定是这僧偷了，打骂不堪。忽报鹅死矣，僧曰："且止休打，我见金珠被鹅食了，可以取之。"主曰："何不早说？"僧曰："恐害其命，故不敢说。今既死矣，方才说耳。"古既如是，今何不然？

【经】不得参预世事，通致使命。咒术仙药，结好贵人，亲厚媟嫚，皆不应作。

【注】通使咒药，背涅槃道。结贵亲嫚，顺生死流。

【经】**当自端心，正念求度。**

【注】端心正念，彼岸非遥。

【经】**不得包藏瑕疵，显异惑众。**

【注】内不隐覆小失，发露自新。外不显炫非真，滥膺恭敬。

【经】**于四供养，知量知足。**

【注】衣服、卧具，身外无余。饮食、医药，乞求知足。

【经】**趣得供事，不应蓄积。**

【注】长余不积，旅泊无累。

△三、略说戒本

【经】**此则略说持戒之相。戒是正顺解脱之本，故名波罗提木叉。**

【注】结略戒相，持者正顺解脱，犯者正顺烦恼。开遮持犯，具诸律部。大圣略嘱，务要遵行。

△四、戒生定慧

【经】**依因此戒，得生诸禅定，及灭苦智慧。是故比丘，当持净戒，勿令毁缺。若人能持净戒，是则能有善法。若无净戒，诸善功德皆不得生。是以当知，戒为第一安隐功德住处。**

【注】因戒生定，因定生慧。一代时教，唯此三法，无不赅尽。众生无始无明，业惑重障，以此三法圆具，则应念消落。一切善法功德，应念于此建立者也。

△二、慎护根门

△初、结前启后

【经】**汝等比丘，已能住戒，当制五根，勿令放逸，入于五欲。**

【注】前是因事立戒，防非止恶。今明慎护根门，常须管带。

△二、法喻并明

【经】**譬如牧牛之人，执杖视之，不令纵逸，犯人苗稼。若纵五根，**

225

非唯五欲，将无涯畔，不可制也。

【注】如马祖问石巩云："汝作何务？"巩云："牧牛。"祖云："如何牧？"巩云："鼻索常在手，一回落草去，把鼻拽将来。"祖云："如是如是。"

【经】亦如恶马，不以辔制，将当牵人坠于坑坎。

【注】意马难调，戒为辔勒。

【经】如被劫害，苦止一世。五根贼祸，殃及累世，为害甚重，不可不慎。

【注】人命世财，苦唯现世。慧命法财，贫苦永劫。轻重霄壤，得不慎耶？

【经】是故智者制而不随，持之如贼，不令纵逸。

【注】持心正观，根境本空。物我皆如，攀缘何起。

【经】假令纵之，皆亦不久见其磨灭。

【注】妄情不真，须臾变灭。

【经】此五根者，心为其主，是故汝等当好制心。

【注】五根虚妄，妄识为宰。欲制妄宰，止观双行。

【经】心之可畏，甚于毒蛇、恶兽、怨贼、大火越逸，未足喻也。

【注】世间毒恶未可喻者，盖能害法身慧命故也。

【经】譬如有人手执蜜器，动转轻躁，但观于蜜，不见深坑。

【注】妄心妄境，味着弥坚。地狱深坑，躁动不觉。

【经】又如狂象无钩，猿猴得树，腾跃踔踯，难可禁制。当急挫之，无令放逸。

【注】狂象心猿，戒为钩锁。

【经】纵此心者，丧人善事。制之一处，无事不办。

【注】一念不生，诸缘顿息。

△三、总结勤伏

【经】是故比丘，当勤精进，折伏汝心。

【注】知心本空，当勤折伏。了境常寂，精进无疲。

△三、受食勿增

△初、正食

【经】汝等比丘，受诸饮食，当如服药。于好于恶，勿生增减。趣得支身，以除饥渴。

【注】药因治病，食以充饥。好不生贪，恶不生恚，但支身行道而已，复何增减乎？

△二、喻明

【经】如蜂采花，但取其味，不损色香。

【注】蜂虽采花，花亦结果。

△三、法合

【经】比丘亦尔，受人供养，趣自除恼，无得多求，坏其善心。

【注】多求则令他生恼，生恼则善心退没。

△四、喻结

【经】譬如智者，筹量牛力所堪多少，不令过分以竭其力。

【注】忖己德行而筹量，防心离过而无竭。

△四、习善勿失

△初、昼夜习

【经】汝等比丘，昼则勤心修习善法，无令失时。初夜、后夜，亦勿有废。中夜诵经，以自消息。

【注】昼三时，夜三时，似海之潮，应不失时。初后夜，表二边。中夜分，表中道。三观相续，如鸡抱卵，哪分昼夜？

△二、戒睡眠

【经】无以睡眠因缘，令一生空过，无所得也。当念无常之火，烧诸世间。早求自度，勿睡眠也。诸烦恼贼，常伺杀人，甚于怨家。安可睡眠，不自警寤？烦恼毒蛇睡在汝心，譬如黑蚖在汝室睡。当以持戒之钩，早摒除之。睡蛇既出，乃可安眠。不出而眠，是无惭人。

附录

【注】盖覆真性，增长无明，由睡眠之过患，是无惭愧也。昔者阿那律陀，是佛堂弟，白饭王之子，出家之后，多乐睡眠。如来呵云："咄咄胡为寐，螺蛳蚌蛤类。一睡一千年，不闻佛名字。"既闻佛呵，涕泣自责，七日不眠，遂失双目。佛令修乐见照明金刚三昧，乃得天眼。故知先佛严戒，委曲重宣，苦口垂慈，诚不可忽。

△三、结惭愧

【经】**惭耻之服，于诸庄严，最为第一。惭如铁钩，能制人非法。是故比丘，常当惭耻，无得暂替。若离惭耻，则失诸功德。有愧之人，则有善法。若无愧者，与诸禽兽无相异也。**

【注】六道之中，可以整心虑，趣菩提，唯人道为能耳。人而不为，是谓无惭愧也。惭愧若具足，法身之衣服。岂可无惭无愧，乐着睡眠，不进道乎？惭者内自悔责，愧者发露自新，岂不美哉！

△五、忍行超戒

△初、忍害勿瞋

【经】**汝等比丘，若有人来，节节肢解。当自摄心，无令瞋恨。亦当护口，勿出恶言。若纵恚心，则自妨道，失功德利。忍之为德，持戒苦行所不能及。能行忍者，乃可名为有力大人。若其不能欢喜忍受恶骂之毒，如饮甘露者，不名入道智慧人也。**

【注】经云：佛言："我于五百世作忍辱仙人，被歌利王割截身体，节节肢解时，若有我相、人相、众生相、寿者相，应生瞋恨。尔时无我相、无人相、无众生相、无寿者相，不生瞋恨。"智慧明，则彼己不二。彼己不二，则美恶齐止。美恶齐止，则怨亲等观。怨亲等观，则苦乐无寄。傅大士云："忍心如幻梦，辱境若龟毛。常能作此观，逢难转坚牢。"诚哉是言也！

△二、征释防护

【经】**所以者何？瞋恚之害，则破诸善法，坏好名闻，今世后世，人不喜见。当知瞋心，甚于猛火，常当防护，勿令得入。劫功德贼，无过瞋**

恚。白衣受欲，非行道人，无法自制，瞋犹可恕。出家行道无欲之人，而怀瞋恚，甚不可也。

【注】广明瞋之患害如此，皆因我见执着，迷不知返故也。一念瞋心起，百万障门开，为烦恼之根，是三途之火。俗谛可恕。出世佛子，可不慎欤？可不慎欤？

△三、举喻双结

【经】譬如清冷云中，霹雳起火，非所应也。

【注】持戒如冰霜，洁白而无染。瞋火如霹雳，何得而清凉？所谓水火不同器，寒暑不同时也。

△六、正命乞食

△初、执钵顺仪

【经】汝等比丘，当自摩头，以舍饰好，着坏色衣，执持应器，以乞自活。

【注】坏衣持钵，顺佛律仪。乞食资身，是为正命。

△二、伏骄入理

【经】自见如是，若起骄慢，当疾灭之。增长骄慢，尚非世俗白衣所宜，何况出家入道之人，为解脱故，自降其身而行乞耶？

【注】折伏骄慢，入如来家。谦下身心，顺解脱理。

△七、直心行道

△初、曲直并明

【经】汝等比丘，谄曲之心，与道相违，是故宜应质直其心。当知谄曲但为欺诳，入道之人，则无是处。

△二、结正为本

【经】是故汝等宜应端心，以质直为本。

【注】谄曲多欺诈，直心是道场。

229

△八、少欲成功

△初、多少并明

【经】汝等比丘,当知多欲之人,多求利故,苦恼亦多。少欲之人,无求无欲,则无此患。

【注】有求皆苦,无欲何忧。

△二、少欲利益

【经】直尔少欲,尚应修习,何况少欲能生诸功德。少欲之人,则无谄曲以求人意,亦复不为诸根所牵。行少欲者,心则坦然,无所忧畏,触事有余,常无不足。有少欲者,则有涅槃。是名少欲。

【注】少欲一法,功德如此。直修少欲,别无功德,尚可修习,况与解脱涅槃相应乎?

△九、知足清乐

△初、脱苦获安

【经】汝等比丘,若欲脱诸苦恼,当观知足。知足之法,即是富乐安隐之处。

△二、足不足互明

【经】知足之人,虽卧地上,犹为安乐。不知足者,虽处天堂,亦不称意。不知足者,虽富而贫。知足之人,虽贫而富。不知足者,常为五欲所牵,为知足者之所怜愍。是名知足。

【注】知足则心绝希冀,清乐有余。不知足者,贪爱转增,苦轮难息。

△十、寂静离众

△初、静处天钦

【经】汝等比丘,欲求寂静无为安乐,当离愦闹,独处闲居。

【注】心境静寂,孤然乃则。

【经】静处之人,帝释诸天所共敬重。

【注】如善现尊者宴坐岩间,释天雨花之类,事迹非一。

△二、法喻并明

【经】**是故当舍己众、他众。**

【注】自他徒众皆舍。

【经】**空闲独处，思灭苦本。**

【注】安住涅槃。

【经】**若乐众者，则受众恼。譬如大树，众鸟集之，则有枯折之患。世间缚着，没于众苦。**

【注】众者，事理有二义：事则愦闹也。理者，己谓五蕴为众，他谓一切烦恼为众。迷执五蕴，聚集烦恼，没于生死，故当远离身心见也。永嘉云："若见山忘道，则森罗眩目，音声聒耳，虽山林独处，何由静也？若见道忘山，则城隍闹市，心境翛然。万法本闲，而人自闹。回光返照，触处皆渠。无一法可当情，亦无一法可容情者，得无所离，即除诸幻耳。"

△三、单喻总结

【经】**譬如老象溺泥，不能自出。是名远离。**

【注】乐众心为累，远离行当修。

△十一、勤行不懈

△初、勤行法喻

【经】**汝等比丘，若勤精进，则事无难者。是故汝等，当勤精进。譬如小水常流，则能穿石。**

【注】勤行精进，佛果可期。

△二、懈废法喻

【经】**若行者之心，数数懈废，譬如钻火，未热而息，虽欲得火，火难可得。是名精进。**

【注】木中火性，是火正因。若不加功借缘，火终难得。若加功不已，如水性柔弱，亦有穿石之期。比况勤懈之得失如此，宜勉励焉！

△十二、正念遣魔

△初、正念去贼

【经】汝等比丘,求善知识,求善护助,无如不忘念。

【注】无忘之念,资正定故。夫烦恼出于妄情,观察法理以遣之。初观之时,见理未明,心不住理,要须念力,然后得观。念以不忘为用。正心念法,审其善恶,善者增而不灭,恶者灭而不生。

【经】若有不忘念者,诸烦恼贼则不能入。

【注】正念不忘,烦恼不生。

△二、诫勉勿失

【经】是故汝等,常当摄念在心。若失念者,则失诸功德。若念力坚强,虽入五欲贼中,不为所害。

【注】内若不动,外不能乱。

△三、以喻结正

【经】譬如着铠入阵,则无所畏。是名不忘念。

【注】正念常存,魔军克殄。

△十三、摄心知幻

△初、定心知灭

【经】汝等比丘,若摄心者,心则在定。心在定故,能知世间生灭法相。

【注】定水澄渟,森罗影现。

△二、诫行不散

【经】是故比丘,常当精进,修习诸定。若得定者,心则不散。

【注】随机浅深,大小诸定,皆当修习。散心渐止,随顺定门。

△三、法喻双结

【经】譬如惜水之家,善治堤塘。行者亦尔,为智慧水故,善修禅定,令不漏失。是名为定。

【注】若无定力,干慧不免苦轮,定能资慧故。古云:"菩萨清凉月,常游毕竟空。众生心水净,菩提影现中。"若水浊器破,则月影不现耳。

△十四、智慧除恼

△初、去贪得脱

【经】汝等比丘，若有智慧，则无贪着。常自省察，不令有失。是则于我法中，能得解脱。

【注】智为前导，不可暂离。无慧名缚，有慧名解。

△二、二名俱失

【经】若不尔者，既非道人，又非白衣，无所名也。

【注】心与形乖，二名俱失。

△三、智之利益

【经】实智慧者，则是度老病死海坚牢船也，亦是无明黑暗大明灯也，一切病者之良药也，伐烦恼树之利斧也。是故汝等，当以闻思修慧，而自增益。

【注】般若实智，能度苦海。无明大夜，智灯能照。三毒重病，智慧能治。烦恼根株，智刃能伐。从闻、思、修，渐次增益，入三摩地。

△四、总结成慧

【经】若人有智慧之照，虽是肉眼，而是明见人也。是为智慧。

【注】肉眼廓照，无明永灭，智慧之力也，故名明见之人。

△十五、戏论妨道

△初、标

【经】汝等比丘，若种种戏论，其心则乱，虽复出家，犹未得脱。

【注】语默动静，乖于轨则，能令心乱，违解脱理。

△二、结

【经】是故比丘，当急舍离乱心戏论。若汝欲得寂灭乐者，唯当善灭戏论之患。是名不戏论。

【注】若灭戏论虚妄分别，涅槃之乐可庶几乎。

△十六、端心去逸

附录

△初、诫离怨

【经】汝等比丘，于诸功德，常当一心，舍诸放逸，如离怨贼。

【注】放逸者，放荡狂逸。

△二、诫勤行

【经】大悲世尊所说利益，皆已究竟，汝等但当勤而行之。

【注】大悲方便，分别说三。究竟涅槃，唯一乘道。

【经】若于山间，若空泽中，若在树下，闲处静室，念所受法，勿令忘失。常当自勉，精进修之。

【注】随力所受，思惟修习。勉励勤进，防退失焉。

【经】无为空死，后致有悔。

【注】生死流浪，后悔何益？

△三、二喻结

【经】我如良医，知病说药，服与不服，非医咎也。

【注】佛说法药，治烦恼病。闻不信服，非佛咎也。

【经】又如善导，导人善道，闻之不行，非导过也。

【注】佛为大导师，引导众生，令至涅槃正道。不信不行，是谁之过欤？

△十七、诫疑重问

【经】汝等若于苦等四谛有所疑者，可疾问之，无得怀疑，不求决也。

【注】四谛法中，有疑未决，我当决之。

【经】尔时世尊如是三唱，人无问者。

【注】众默不问。

【经】所以者何？

【注】征也。

【经】众无疑故。

【注】释不问之意。

△十八、替对伸演

△初、四谛无变

【经】时阿㝹楼驮观察众心，而白佛言：世尊，月可令热，日可令冷。佛说四谛，不可令异。

【注】即阿那律陀，梵音小异，宋云"无灭"，以天眼观察众意。水火之性，可令无定。佛语真实，决定不虚。

【经】佛说苦谛实苦，不可令乐。

【注】苦是世俗果，谛当审实，决定无乐。

【经】集真是因，更无异因。

【注】集是世俗因，集诸不善业故，决定是招苦之因。

【经】苦若灭者，即是因灭，因灭故果灭。

【注】诸苦所因，贪欲为本。若灭贪欲，无所依止。灭谛出世真果，即涅槃也。

【经】灭苦之道，实是真道，更无余道。

【注】道谛即断烦恼出世真因，无别道也。

【经】世尊，是诸比丘，于四谛中，决定无疑。

△二、三根不等

【经】于此众中，若所作未办者，见佛灭度，当有悲感。

【注】未证无生忍，不了法身常住尔。

【经】若有初入法者，闻佛所说，即皆得度。譬如夜见电光，即得见道。

【注】亲闻佛诲，无不蒙益。暂得心开，未能究竟。

【经】若所作已办，已度苦海者，但作是念：世尊灭度，一何疾哉！

【注】自虽已度，愍未度故，作念兴叹。

△三、经家序结

【经】阿㝹楼驮虽说此语，众中皆悉了达四圣谛义。世尊欲令此诸大众皆得坚固，以大悲心，复为众说。

【注】未彻未办，闻佛灭度，或生退没。末后殷勤，委曲慰喻。

△十九、诫勉勿悲

△初、生毕有灭

【经】**汝等比丘，勿怀悲恼。若我住世一劫，会亦当灭。会而不离，终不可得。**

【注】缘起之法，固不可留。

△二、二利俱备

【经】**自利利人，法皆具足。**

【注】积万行，成万德，演教海，利群机。兼济之道，悉具备矣。

【经】**若我久住，更无所益。**

【注】佛久住，则众生不起难遭想，不种善根，贪着五欲，不求出苦，故佛示灭耳。

【经】**应可度者，若天上、人间，皆悉已度。**

【注】成道四十九载，应度度毕无余。

【经】**其未度者，皆亦已作得度因缘。**

【注】清净法眼，戒定慧藏，内则付嘱摩诃迦叶诸大弟子，外则付嘱国王、大臣，令慧命不断，为得度因缘耳。

以上正宗分竟。

△三、流通分二：初、嘱累流通，二、劝勉流通。

△初、嘱累流通

△初、展转不息

【经】**自今以后，我诸弟子展转行之，则是如来法身常在而不灭也。**

【注】世尊嘱累，行之不绝，则法身常存焉。

△二、叹世无常

【经】**是故当知，世皆无常，会必有离。勿怀忧恼，世相如是。**

【注】迁流不住曰世，形质可状曰相。应会示生，宁无灭乎？

△三、以智烁幻

【经】**当勤精进，早求解脱。以智慧明，灭诸痴暗。**

【注】勤精进而智慧明，痴暗灭则脱诸苦。

【经】世实危脆，无牢强者。

【注】有为虚假，今昔皆然。

△四、示灭除恶

【经】我今得灭，如除恶病。此是应舍罪恶之物，假名为身，没在老病生死大海。

【注】佛身无为，示同有为，欲令众生知身过患，早悟法身也。

△五、结智人喜

【经】何有智者得除灭之，如杀怨贼，而不欢喜？

【注】身为苦本，众苦所依。众生妄执为实，不求出离。大圣知生死皆幻，示生死而化物。

△二、劝勉流通

△初、勤出无常

【经】汝等比丘，常当一心，勤求出道。

【注】涅槃正道。

【经】一切世间动不动法，皆是败坏不安之相。

【注】欲界六天为动法。色、无色二界，寿命劫数长久，外道计以为常，名不动法。

△二、诫止遗范

【经】汝等且止，勿得复语。时将欲过，我欲灭度，是我最后之所教诲。

【注】应会时节，宁容久留。最后垂范，付嘱斯在。化仪舒卷，情谓杳亡。方便门中，哪无指住。法华会上金口亲宣云："为度众生故，方便现涅槃。"广如《寿量品》。其知此者，则灵山一会，俨然未散矣，岂不韪欤？若谓不然，谅非吾道。何也？欲得不招无间业，莫谤如来正法轮。

237

重刻跋

　　尝考传灯世谱，载大鉴下青原派曹洞宗第十三世守遂禅师，所注《四十二章经》、《遗教经》，并了童禅师补校，我慈圣宣文明肃皇太后刊板，在金台西直门里迤南永祥寺。适海盐广磐刘宰官，讳祖锡，号念崧，系云栖莲大师高足，秉教念佛，行敦孝义，历官光禄，于崇祯四年辛未八月二十六日，舟次东昌，借一味禅院震宇法师藏本《四十二章经注》，手写携归。迨崇祯九年丙子十月之八日，借本邑沈广冠居士藏本《遗教经注》，仍以手写，与东昌所钞，得成合璧，庆快示余。捧读注语，直指彰显，如佛诫敕。其正文对云栖刻本，字句多异同，而义实胜。因忆莲大师跋云："二经实末法救病之良药。一是圣教流入震旦之始也，今以其言近，僧不持诵，师不讲演。要知不专近，有远者，人自不察也。一是如来入灭最后要语，喻世人所谓遗嘱也。子孙昧祖宗创始之来源，是忘本也。子孙背父母之遗嘱，是不孝也。为僧者胡不思也？"并颂念崧寿逾六旬，诚心手书，且愿重刻，以广其传，真善述莲大师志意者也。余亦愿效一臂乐成之，敢曰随力栽因耶？且纪诸善知识展转劝发缘起，以告见闻者，幸毋忽！

　　时即崇祯丙子腊八日，弟子通灯敬述。

佛遗教经解

明古吴蕅益释智旭述

归命常住大悲尊，应病与药权实法，
亦礼天亲造论主，为顺初机重解释。

述曰：天亲菩萨以七分建立所修行法，释此经义，推征精密，开诱殷勤，万古以下，无能更赞一辞。观其言曰："为彼诸菩萨，令知方便道。以知彼道故，佛法得久住，灭除凡圣过，成就自他利。"噫！此经奥旨，菩萨诚尽之矣。末世钝根，读菩萨论，或解或不解，或昧或明。虽有源师《节要》，宏师《补注》，仍亦摄机未遍。今不揣庸愚，辄复为解，庶几下里巴人，易为赓和而已。

△将释此经，大分为二：初、题目，二、入文。
△初中二：初、正释题，二、出译人。
△今初

【经题】佛遗教经

【解】"佛遗教"三字，是别名。"经"之一字，是通名。

就别名中，"佛"为能说之人，"遗教"为所说之法。人法双标，能所并举也。

"佛"翻为"觉"。众生长劫在梦。佛断无明，如从梦觉，既自觉已，又能觉他，觉一切法无不究竟，故名为佛。又在梦之心，心不可灭，名为本觉；从梦初醒，知梦本空，名为始觉；既从梦醒，唯一觉心，更无二心，

239

名究竟觉。此之觉性，含灵本具，无始无终。释迦牟尼不过先得我等之所同然，所以示成佛道，为我等师。又因我等长迷不觉，故于无生无灭性中，示有生灭。譬如月轮在天，水清影现，水浊影亡。是故佛实常住，未尝灭度，特为我等一辈浊恶凡夫，唱言入灭，令生悲恋。又以大悲无尽，旷济无边，故虽示灭，仍留遗教，接引后昆。

"遗"者，贻留。"教"者，训诫。犹儒书所称顾命，亦人世所谓遗嘱也。依而行之，则是法子。不依所嘱，则是大逆不孝者矣。

"经"者，训法，训常。具如余处广释。

【经题】亦名《佛垂涅槃略说教诫经》

【解】"垂"者，将入未入之时。

"涅槃"者，离过绝非，不生不灭之义。而有四种：一、自性清净涅槃，即一切诸法本来常寂灭相。佛与众生平等无二，不增不减。此则不论出入。二、有余依涅槃，谓三乘已断见思子缚，而所依果缚身心尚在。此约证果时入。三、无余依涅槃，谓三乘灰身泯智，复归无名无物本体。今正约此论垂入也。四、无住涅槃，谓诸佛菩萨有智慧故，不住生死；有慈悲故，不住涅槃。不住生死，故能非灭示灭；不住涅槃，故能非生示生。佛久证此无住涅槃，今为有缘度尽，故示垂入无余涅槃，实不同二乘之一灭永灭也。

又涅槃有三义：一、性净涅槃，即法身理体，此则无出无入。二、圆净涅槃，即般若，断惑究竟，冥合性真，此则一入永入。三、方便净涅槃，即解脱，方便示现，起诸应化，此则数出数入。

若以三义对上四种者：性净，即自性清净涅槃，亦即无住涅槃之体；圆净，即无住涅槃之相；方便净，即无住涅槃之用。其有余依、无余依二种，若在二乘分中，则摄属圆净，以是圆净之少分故，但显偏真，未显俗谛、中谛；但净见思、分段，未净尘沙、无明及变易也。若在如来分中，则摄属方便净。初成道时，示同二乘之有余依。今灭度时，示同二乘之无余依也。

"略说"者，对平日广说，此为要略，又对大机所见《大般涅槃经》，此为简略故。

△二、出译人

【译人】姚秦三藏法师鸠摩罗什译

【解】姚兴建国,亦称为秦,故名姚秦。

三藏者,经、律、论也。经诠一心,律规三业,论开慧辩。以兹三学自轨轨他,名为法师。

鸠摩罗什,此云"童寿",童年时便有耆德故。

翻梵成华,名之曰译。

△二、入文为三:初、序分,二、正宗分,三、流通分。

△今初

【经】释迦牟尼佛,初转法轮,度阿若憍陈如;最后说法,度须跋陀罗。所应度者,皆已度讫。于娑罗双树间,将入涅槃。是时中夜,寂然无声,为诸弟子略说法要。

【解】释迦,此翻"能仁",佛之姓也。牟尼,此翻"寂默",佛之名也。约姓,则事相有异,故《论》中称为别相。约名,则诸佛理同,故《论》中称为总相。又能仁则具大慈悲,不住无为,此相与二乘全别。寂默则具大智慧,不住有为,此相与二乘略同。具此总别二相,名之为佛,义如前解。《论》判此句是"法师成就毕竟功德"也。

佛成道已,说法四十九年,度人无量。今举初后,以括始终。初在鹿野苑中,三转四谛法轮,憍陈如最先得度。乃至涅槃会上,须跋陀罗最后得度。

言转法轮者,佛以自心中所悟四谛之法,度入一切众生之心,名之为转。此法能摧众生烦恼、业、苦三障,名之为轮。陈如闻此法故,见四谛理,出生死海,名之为度。梵语"阿若",此翻为"解",亦翻"无知"。解者,明见四真谛理。无知者,根本智证见谛理,不存能所故也。"憍陈如",此翻"火器",乃尊者之姓。

须跋陀罗,此翻"好贤",或翻"善贤"。本是外道,住鸠尸那城。

年一百二十，闻佛将涅槃，方往佛所。闻八圣道，遂得初果，因即出家。嗣闻四谛，成阿罗汉。

是中"初转法轮"及"最后说法"二句，《论》名为"开法门成就毕竟功德"。"度阿若憍陈如"及"度须跋陀罗"二句，《论》名为"弟子成就毕竟功德"也。"所应度者，皆已度讫"，明佛智鉴机，恒无忘失，得益之众，算数莫穷。《论》名为"大总相成就毕竟功德"也。

娑罗，此翻"坚固"。双树者，此树四方各二，各各一荣一枯，上枝相合，下根相连。以表四德，破于八倒。或唯见一双，即表破于断常。由大小机异，故异见耳。中夜，即表中道。大乘以非荣非枯为中道，小乘以离断离常为中道也。寂然者，心行处灭。无声者，言语道断。《论》名此四句为"因果自相成就毕竟功德"。谓双树间，是因自相；将入涅槃，是因共果自相；是时中夜，是总自相；寂然无声，是果自相也。

诸弟子者，上首眷属人位差别。法要者，世出世间法位差别。《论》名此句为"分别总相成就毕竟功德"也。

夫垂入涅槃，则无复再会。已在中夜，则为时不多。故取要略说，以作最后警策。真不啻一字一血矣，读者可弗思乎！

△二、正宗分为二：初、明共世间法要，二、明不共世间法要。

△初中三：初、对治邪业法要，二、对治止苦法要，三、对治灭烦恼法要。

△初又四：初、明根本清净戒，次、明方便远离清净戒，三、明戒能生诸功德，四、说劝修戒利益。

△今初

【经】"汝等比丘，于我灭后，当尊重珍敬波罗提木叉，如暗遇明，贫人得宝。当知此则是汝等大师，若我住世，无异此也。"

【解】比丘，此翻"除馑"，即福田之称也，又含三义：一、怖魔，二、乞士，三、破恶。然佛之遗教，通诫一切四众弟子，而经中处处独举比丘者，亦有三义：一者示远离相故；二者示摩诃衍方便道与二乘共故；

三者比丘为四众之首，举其首以赅四众，亦皆同远离行故。言"灭后"者，即示现遗教义。

波罗提木叉，此翻"保解脱"，亦翻"别别解脱"，亦云"处处解脱"，此即是不尽灭法。依此法身，度二种障。得度烦恼暗障，故云如暗遇明。得度空无善根障，故云如贫得宝。

佛在世时，以佛为师。佛灭度后，以戒为师。不能持戒，则同堂犹隔万里。苟能持戒，则百世何异同时。金口诚言若此，奈何舍此别求？

△次、明方便远离清净戒

【经】"持净戒者，不得贩卖贸易，安置田宅，蓄养人民、奴婢、畜生，一切种植，及诸财宝，皆当远离，如避火坑。不得斩伐草木，垦土掘地。合和汤药，占相吉凶，仰观星宿，推步盈虚，历数算计，皆所不应。节身时食，清净自活。不得参预世事，通致使命。咒术仙药，结好贵人，亲厚媟慢，皆不应作。当自端心，正念求度。不得包藏瑕疵，显异惑众。于四供养，知量知足。趣得供事，不应蓄积。"

【解】是中有二段文，从初至"垦土掘地"，是护戒令不同凡夫增过；从"合和汤药"至"不应蓄积"，是护戒令不同外道损智。

初中凡十一事：一、不得贩，是方便求利增过。二、不得卖，是现前求利增过。三、不得贸易，是交易求利增过。若依世价，无求利心，不犯。卖买法式，如律广说。四、不得安置田宅，是所居业处求多安隐增过。五、不得蓄养人民，是眷属增过。此示外眷属，非同意者。六、不得蓄奴婢，是难生卑下心增过，以向此等人易生我慢故。七、不得蓄畜生，是养生求利增过。八、不得一切种植，是多事增过。九、不得蓄诸财宝，是积聚增过。十、皆当远离，如避火坑，是不觉增过。十一、不得斩伐草木，垦土掘地，是不顺威仪及损众生增过。此十一种增过事，修行菩萨宜速远离，不应亲近。或有为众许开者，具如律说，大须精审也。

第二文中，先总遮五事，次明三处波罗提木叉。

先五事者：一、不得合和汤药，二、占相吉凶，三、仰观星宿，四、推步盈虚，五、历数算计。凡此皆属邪心求利，不达正因缘法，故遮止也。

次身处波罗提木叉，有五句：一、节身，对治他求放逸障。二、时食，对治内资无厌足障。三、清净自活，对治共相追求障。四、不得参预世事，是自性止多事。五、不得通致使命，是自性尊重，不作轻贱事。

次口处波罗提木叉，有二种邪语不应作：一者依邪法语，谓邪术恼众生语，及依邪药作世辩不正语，即咒术、仙药是也。二者依邪人语，谓与族姓同好，多作鄙媟语，及亲近族姓，多作我慢语，即"结好贵人，亲厚媟慢"是也。

次意处波罗提木叉，有六句：一、当自端心，对治多见他过障，不犯自净心故。二、正念求度，对治邪思惟障，能自度下地故。三、不得包藏瑕疵，不污净戒，不受持心垢故。四、不得显异惑众，远离无缘显己胜行，令他不正解故。五、于四供养，知量知足，对治于受用众具中无限无厌足障。若入三昧分，则知量。若入道分，则知足故。四供养，谓饮食、衣服、卧具、医药也。六、趣得供事，不应蓄积，远离贪覆心贮积众具故。

以上方便远离凡夫及外道过，则令戒身清净，堪绍如来净法身也。

△三、明戒能生诸功德

【经】"此则略说持戒之相。戒是正顺解脱之本，故名波罗提木叉。因依此戒，得生诸禅定，及灭苦智慧。"

【解】戒体唯一，所谓无作。戒相至多，所谓五篇七聚。今举恒情最易犯者言之，故名略说。由此戒故，能度身口意恶彼岸，成就三业解脱。是故行人若欲正顺解脱，必以此戒为本。因戒生定，因定发慧，定、慧无不从戒生也。

△四、说劝修戒利益

【经】"是故比丘，当持净戒，勿令毁缺。若人能持净戒，是则能有善法。若无净戒，诸善功德皆不得生。是以当知，戒为第一安隐功德住处。"

【解】是中凡有五劝：一、当持净戒，是劝不失自体。二、勿令毁缺，是劝不舍方便。三、能有善法，是劝常集功德。四、若无净戒等，是劝知多过恶。五、安隐功德住处，是劝住安隐处，勿住不安隐处也。

初对治邪业法要竟。

△二、对治止苦法要三：初、根欲放逸苦对治，二、多食苦对治，三、懈怠睡眠苦对治。

△初中二：初、根放逸苦对治，二、欲放逸苦对治。

△今初

【经】"汝等比丘，已能住戒，当制五根，勿令放逸，入于五欲。譬如牧牛之人，执杖视之，不令纵逸，犯人苗稼。若纵五根，非唯五欲，将无涯畔，不可制也。亦如恶马，不以辔制，将当牵人坠于坑坎。如被劫贼，苦止一世。五根贼祸，殃及累世，为害甚重，不可不慎。是故智者制而不随，持之如贼，不令纵逸。假令纵之，皆亦不久见其磨灭。"

【解】已能住戒，指前根本、方便二种言之。以下正明护根法要，凡有三喻：

初、"当制五根"下，是牧牛喻，先法，后喻。五根，谓眼、耳、鼻、舌、身。五欲，谓色、声、香、味、触。牛喻五根，牧人喻比丘，执杖喻戒念，苗稼喻诸善功德，即定慧等法也。

次、"若纵五根"下，是恶马喻，亦先法，后喻。恶马亦喻五根，辔制亦喻戒念，坑坎喻三恶道。盖纵五根，不唯妨善，又必坠恶，故云"非唯五欲，将无涯畔"也。

三、"如被劫贼"下，是劫贼喻，先喻，后法。殃及累世，其祸甚于劫贼。倘非制而不随，岂得名为智者？又假令纵之，不久磨灭，如刀刃上蜜，不足一餐，小儿舐之，徒遭割舌之患耳。

△二、欲放逸苦对治

【经】"此五根者，心为其主，是故汝等当好制心。心之可畏，甚于毒蛇、恶兽、怨贼、大火越逸，未足喻也。譬如有人，手执蜜器，动转轻躁，但观于蜜，不见深坑。譬如狂象无钩，猿猴得树，腾跃踔踯，难可禁制。当急挫之，无令放逸。纵此心者，丧人善事。制之一处，无事不办。是故比丘，当勤精进，折伏汝心。"

【解】五根是色法，顽钝无知，依心而转，故皆以心为主。所以欲制五根，莫如制心。言"好制心"者，应知此心有三种三昧相，有三种障法：一者心性差别障，能障无二念三昧；二者轻动不调障，能障调柔不动三昧；三者失诸功德障，能障起多功德三昧。

文中"心之可畏"等，先明心性差别障。贪分烦恼，吸噬善根，过于毒蛇；瞋分烦恼，吞害善根，过于恶兽；痴分烦恼，损灭善根，过于怨贼；等分烦恼，焚烧善根，过于大火越逸，故云未足喻也。

次"譬如有人"下，明轻动不调障。蜜器，喻五根受五尘乐。动转轻躁，喻转识随逐诸根，念念不定。但观于蜜，喻六识唯缘现世六尘。不见深坑，喻不知未来障碍，障碍有二种：一、生处障碍，二、修一切行时困苦不能成就障碍。狂象无钩，喻心无三昧法所制。猿猴得树，喻心缘六尘境生染。故当急挫，令入调柔不动三昧也。

次"纵此心者，丧人善事"，明失诸功德障。

次"制之一处"句，示无二念三昧相。"无事不办"句，示起多功德三昧相。"精进折伏汝心"句，示调柔不动三昧相。

△二、多食苦对治

【经】"汝等比丘，受诸饮食，当如服药。于好于恶，勿生增减。趣得支身，以除饥渴。如蜂采花，但取其味，不损色香。比丘亦尔，受人供养，趣自除恼。无得多求，坏其善心。譬如智者，筹量牛力所堪多少，不令过分以竭其力。"

【解】多食能障三昧，故以五观治之：一、当如服药，是受用对治观。二、勿生增减，是好恶平等观。三、支身除饥渴，是究竟对治观。四、如蜂采花等，先喻后法，是不损自他观。五、譬如智者筹量牛力等，是知量知时观也。

药以疗病，食以疗饥。苟可疗饥则已，奈何于好便贪心增啖，于恶便瞋心减受耶？趣者，裁取。支者，支持。蜂喻比丘，花喻供养，味喻借此修道除恼，色香喻自他善心。贪食多求，既损自三昧善，亦损檀越善心也。牛能负重，然所负过分，其力则竭，喻比丘虽为人世福田，然贪受多供，则其道自败矣。

△三、懈怠睡眠苦对治

【经】"汝等比丘，昼则勤心修习善法，无令失时。初夜、后夜，亦勿有废。中夜诵经，以自消息。无以睡眠因缘，令一生空过，无所得也。当念无常之火，烧诸世间。早求自度，勿睡眠也。诸烦恼贼，常伺杀人，甚于怨家。安可睡眠，不自警寤？烦恼毒蛇睡在汝心，譬如黑蚖在汝室睡。当以持戒之钩，早摒除之。睡蛇既出，乃可安眠。不出而眠，是无惭人。惭耻之服，于诸庄严，最为第一。惭如铁钩，能制人非法。是故常当惭耻，无得暂替。若离惭耻，则失诸功德。有愧之人，则有善法。若无愧者，与诸禽兽无相异也。"

【解】心懒惰故懈怠，身闷重故睡眠，此二相须，共成一苦，障于定慧，令不得生。然此睡眠，从三事起：一从食起，二从时节起，三从心起。

经中"勤修善法，无令失时"，是对治从食所起睡眠。

"初夜、后夜，亦勿有废"等，是对治从时所起睡眠。

"当念无常之火"以下，皆对治从心所起睡眠。复有二意：初从"当念无常"至"不自警寤"，是观察对治；二从"烦恼毒蛇"至"无相异也"，是净戒对治。

初观察对治中，无常有二：一者一期生灭，为粗；二者念念生灭，为细。世间亦二：一者三界依报，是器世间；二者六道正报，是众生世间。依正皆归磨灭，无可停留，故如火烧。且爱、见二种烦恼，约三界九地，则见有八十八使，爱有八十一品，无不足以伤法身，戕慧命，故尤甚于怨家。如此观察警寤，名观察对治也。

次净戒对治中，谓烦恼虽不现行时，亦未尝不眠伏在汝藏识心中。而此烦恼毒害可畏，犹如黑蚖，不起则已，起必杀人法身慧命。自非持戒之钩，何能摒除？言戒钩者，木叉戒，能防身口；定共戒，能伏心惑；道共戒，能断心惑。具此三戒，永灭八识田中烦恼种子，名为睡蛇既出。从此所作已办，不受后有，名为乃可安眠。是故阿罗汉断心眠已，不断食起、时节起眠，以彼眠不为盖故。今若烦恼种子未断，而辄安眠，则不知尊重己灵，名为无惭；不知羞己过恶，名为无愧。又不希圣贤，名为无惭；不耻卑下，名为无愧。惭、愧二善心所，起必同时。人之所以异于禽兽，正在此耳，可弗勉乎？

二对治止苦法要竟。

△三、对治灭烦恼法要三：初、瞋恚烦恼障对治，二、贡高烦恼障对治，三、谄曲烦恼障对治。

△今初

【经】"汝等比丘，若有人来，节节肢解。当自摄心，无令瞋恨。亦当护口，勿出恶言。若纵恚心，则自妨道，失功德利。忍之为德，持戒苦行所不能及。能行忍者，乃可名为有力大人。若其不能欢喜忍受恶骂之毒，如饮甘露者，不名入道智慧人也。所以者何？瞋恚之害，则破诸善法，坏好名闻，今世后世，人不喜见。当知瞋心，甚于猛火，常当防护，无令得入。劫功德贼，无过瞋恚。白衣受欲，非行道人，无法自制，瞋犹可恕。出家行道无欲之人，而怀瞋恚，甚不可也。譬如清冷云中，霹雳起火，非所应也。"

【解】文有六节：

初、"若有人来，节节肢解"，是举所忍之境，以重况轻。肢解尚在所忍，余诸逆境，何足介怀？

次、"当自摄心"等，正示堪忍之相。"无令瞋恨"，则身意清净。"勿出恶言"，则口业清净也。

三、"若纵恚心"等，明不忍之失。"自妨道"者，不能自利。"失功德利"者，不能利他。恚心一起，二利俱丧，甚明其不可纵也。

四、"忍之为德"等，深叹胜力，以劝修行。盖持戒者未必能忍辱，忍辱者决无不持戒。所以六度之中，戒居第二，忍居第三，以前不兼后，后必具前故也。以我心而持戒，则报仅在人天。以无我而行忍，便成出世大道。犯而不较，譬如海阔天空，一任鸢飞鱼跃，故名有力大人。

五、"若其不能"等，重明不忍之过，以诫行人。甘露是不死之药。因他恶骂，成我忍力。如猪揩金山，金则愈光。石磨良剑，剑则愈利。所以歌利、调达，皆是释迦真善知识。设不于恶骂作甘露想，不能欢喜忍受，便是愚痴，未闻道故。况一念瞋心起，百万障门开。破诸善法，何能自利？坏好名闻，何能利他？今世无二利之因，后世无二利之果，谁当喜见之者？所以欲护自利善法，当防瞋火。欲护利他功德，当防瞋贼也。

六、"白衣受欲"等，结况不应。从人至六欲天，未入道者，皆名白衣。彼有二过：一者受欲，欲与瞋相为表里；二不行道，无善法以制心。故瞋犹可恕，所谓俗人造罪，是其分内，不足深责也。出家行道无欲，如清冷云，岂容怀瞋恚心，如起霹雳火耶？

△二、贡高烦恼障对治

【经】"汝等比丘，当自摩头，已舍饰好，着坏色衣，执持应器，以乞自活。自见如是，若起骄慢，当疾灭之。增长骄慢，尚非世俗白衣所宜，何况出家入道之人，为解脱故，自降其身而行乞耶？"

【解】文有二节：初、"汝等比丘"下，正设对治。二、"增长骄慢"下，较量不应。

初中有五句对治：一、当自摩头，则无冠冕以严首。二、已舍饰好，则无剑佩以饰身。三、着坏色衣，则无五彩以焕服。四、执持应器，则无僮仆以供役。五、以乞自活，则无帑藏以积财。故应用智慧常自观察，设起骄慢，便应疾疾灭除之也。

坏色衣，即三种袈裟，及一切下裙、坐具等，皆用青、黑、木兰三种坏色。

应器，即钵多罗，体、色、量三，皆悉应法。体唯瓦、铁二物，色则熏如鸠鸽，量乃随腹大小也。

次文举白衣较量，白衣尚不宜骄慢，况求解脱者耶？

△三、谄曲烦恼障对治

【经】"汝等比丘，谄曲之心，与道相违，是故宜应质直其心。当知谄曲但为欺诳，入道之人，则无是处。是故汝等宜当端心，以质直为本。"

【解】逢迎希合之言，名谄。随境透迤之念，名曲。谄则不质，曲则不直，只为自欺诳，亦欺诳他人，决非入道者所有也。直心是道场，心言

249

直故，永无诸委曲相。设非正念真如，岂得名端心哉？

初明共世间法要竟。

△二、明不共世间法要，谓成就出世间大人功德也。文分为八：初、无求功德，二、知足功德，三、远离功德，四、不疲倦功德，五、不忘念功德，六、禅定功德，七、智慧功德，八、毕竟功德。

△今初

【经】"汝等比丘，当知多欲之人，多求利故，苦恼亦多。少欲之人，无求无欲，则无此患。直尔少欲，尚宜修习，何况少欲能生诸功德。少欲之人，则无谄曲以求人意，亦复不为诸根所牵。行少欲者，心则坦然，无所忧畏，触事有余，常无不足。有少欲者，则有涅槃。是名少欲。"

【解】文有五种所知觉相：

一、知觉障相，谓多欲是烦恼障，多求是业障，苦恼亦多是报障也。

二、知觉治相，谓无求无欲，则无此患也。

三、知觉因果集起相，谓少欲无患，已应修习，况能生诸功德，成就无量圣善法耶？

四、知觉无诸障毕竟相，谓无谄曲，是无惑障；无求人意，是无业障；不为诸根所牵，是无苦障。盖眼根牵人受色，乃至身根牵人受触，令人不得自在，是大苦故。

五、知觉果成就相，谓心则坦然，故法身成就；无所忧畏，是般若成就；触事有余，常无不足，是解脱成就。三德具足，名大涅槃。是知少欲为因，涅槃为果也。

△二、知足功德

【经】"汝等比丘，若欲脱诸苦恼，当观知足。知足之法，即是富乐安隐之处。知足之人，虽卧地上，犹为安乐。不知足者，虽处天堂，亦不称意。不知足者，虽富而贫。知足之人，虽贫而富。不知足者，常为五欲所牵，为知足者之所怜愍。是名知足。"

【解】前无求功德，是远离他境界事。今知足功德，是于自事中远离也。

文中欲脱苦恼，是对治苦因果；富乐安隐，是复说清净因果。次地上与天堂对辨，是约二处示现差别。又富与贫对辨，是约二事示现差别。又欲牵与怜愍对辨，是约二法无自利、有自他利示现差别：一则常为五欲所牵，是无自利；一则五欲不牵，是有自利，又能怜愍不知足者，是有利他也。

△三、远离功德

【经】"汝等比丘，欲求寂静无为安乐，当离愦闹，独处闲居。静处之人，帝释诸天所共敬重。是故当舍己众、他众，空闲独处，思灭苦本。若乐众者，则受众恼。譬如大树，众鸟集之，则有枯折之患。世间缚着，没于众苦，譬如老象溺泥，不能自出。是名远离。"

【解】文有三门摄义：

一、自性远离门，体出故。示现四种对治，谓"寂静无为安乐"，对治我相执着障，寂静即法无我空，无为即无相空，安乐即无取舍愿空也；"当离愦闹"，对治我所障，五阴乱起，无有次第，名愦闹也；"独处闲居"，对治彼二无相障，谓我及我所，本自无相，今修三三昧，显无相理，彼障随灭也；"帝释诸天所共敬重"，对治无为首功德障，静处是可重法，于诸善法最为首故也。

二、修习远离门，方便出故。"己众"谓五阴心心所法，"他众"谓师徒、同学。"空闲独处"，如法而住，是方便慧成就。"思灭苦本"，远离起因，是善择智成就也。

三、受用诸见门，常缚故。谓乐众者则受众恼。大树喻第六识，众鸟喻诸心所法，此约己众言之。大树喻比丘，众鸟喻同学、弟子等，此约他众言之。从此诸见集生，喻招枯折之患。又因见成业，因业招苦，故喻如老象溺泥，不能自出。老譬观智衰微，即是惑障；象身重大，譬缚着情厚，即是业障；溺泥譬没于众苦，即是报障。一不远离，三障恒缚，奈何不深思出要乎？

△四、不疲倦功德

【经】"汝等比丘，若勤精进，则事无难者。是故汝等，当勤精进，譬如小水长流，则能穿石。若行者之心数数懈废，譬如钻火，未热而息，虽欲得火，火难可得。是名精进。"

【解】勤则不惰，精则不杂，进则不退，所以三乘圣果，克获无难，不同外道无益苦行也。次以小流穿石，喻恒不休息之功。钻火数息，喻懈怠失念之过。如文可知。

△五、不忘念功德

【经】"汝等比丘，求善知识，求善护助，无如不忘念。若有不忘念者，诸烦恼贼则不能入。是故汝等，常当摄念在心。若失念者，则失诸功德。若念力坚强，虽入五欲贼中，不为所害，譬如着铠入阵，则无所畏。是名不忘念。"

【解】此不忘念，是一切行上首。言一切行者，略说三种：一、闻法行，即求善知识；二、内善思惟行，即求善护；三、如法修行，即求善助。此三行亦名三慧。慧以照了为义，行以进趣为义。照了、进趣，悉由不忘念也。无闻行，如覆器不能受水。无思行，如漏器虽受而失。无修行，如秽器虽不漏失，秽不可用。今有不忘念，则有三行。有三行者，能破无始烦恼怨贼。是故常当摄念在心，即着坚铠入阵，则不被贼害，而能杀贼矣。

△六、禅定功德

【经】"汝等比丘，若摄心者，心则在定。心在定故，能知世间生灭法相。是故汝等，常当精勤修习诸定。若得定者，心则不散。譬如惜水之家，善治堤塘。行者亦尔，为智慧水故，善修禅定，令不漏失。是名为定。"

【解】摄心，谓善巧方便诃弃下地心行，便能次第证入诸禅，乃至出生种种三昧也。心既在定，则如杲日当空，明照万象，故即能知世间生灭法相。

言精勤者，对治三种懈怠：一、精勤修习，节量食卧，调出入息，对治不安隐懈怠；二、精勤修习，觉知诸定有通慧功德，能尽苦源及能成就大稀有事，对治无味懈怠；三、精勤修习，观察生老病死苦，及四恶趣苦，我未能离，对治不知恐怖懈怠。由修习此三对治已，心则不散，无所对治，便能发无漏慧，断惑证果也。举喻合法，在文易知。

△七、智慧功德

【经】"汝等比丘，若有智慧，则无贪着。常自省察，不令有失。是则于我法中，能得解脱。若不尔者，既非道人，又非白衣，无所名也。实智慧者，则是度老病死海坚牢船也，亦是无明黑暗大明灯也，一切病者之良药也，伐烦恼树之利斧也。是故汝等，当以闻、思、修慧而自增益。若人有智慧之照，虽是肉眼，而是明见人也。是名智慧。"

【解】"若有智慧，则无贪着"，是标实慧离障功德，谓远离真实义处障及世间事处障故。由断迷理无明，故六、七二识，不贪着第八识之见分以为我法，是名远离真实义处障。由断迷事无明，故前六识，不于六尘境界而生贪着，是名远离世间事处障也。

"常自省察，不令有失"，是总勖增益闻、思、修慧。"是则于我法中，能得解脱"，谓由三慧，得证实智慧也。增益三慧以证实慧，乃名道人。未曾出家，乃名白衣。今既出家，又无四慧，进退咸失，故无所名也。

次以四喻，喻实智慧。见苦谛智，如坚牢船。断集谛智，如大明灯。证灭谛智，犹如良药。修道谛智，犹如利斧。

然实智难证，故必当以闻、思、修慧而自增益。名字位中，闻慧增益，得入停心、别、总相念。观行位中，思慧增益，得入暖、顶、忍、世第一法。相似位中，修慧增益，得见四圣谛理，发无漏实慧，证四道果。

因中三慧，未具天眼。慧解脱人，亦无天眼。然皆四谛分明，不堕邪见，则是明见人矣。

且约藏教义解如此，通教例知，以是三乘共方便故。

△八、毕竟功德

【经】"汝等比丘，种种戏论，其心则乱。虽复出家，犹未得脱。是故比丘，当急舍离乱心戏论。若汝欲得寂灭乐者，唯当善灭戏论之患。是名不戏论。"

【解】上来七种功德，皆是长养方便功德。此示自性远离，非对治法，故名毕竟功德也。

真如涅槃，本性清净，言语道断，心行处灭，本非戏论所行境界。由戏论故，违寂灭乐。初果得实智慧，见四圣谛，分别烦恼虽已永断，而三界九地八十一品思惑，皆是无始名言戏论熏习所成，令心扰乱，不契真常，是故当急舍离戏论，乃得涅槃寂灭之乐。言善灭者，即以所得四谛实慧，重虑缘真，数数观察，净除业识种现，令其究竟不生也。此亦且约三藏义解。

若开显者，真居事外，仍是戏论；即事恒真，乃非戏论。又即空不具，仍是戏论；中道不空，乃非戏论。又离边立中，仍是戏论；即边即中，乃非戏论。又对权明实，仍带戏论；开权显实，无粗非妙，乃非戏论。又说权说实，说本说迹，亦皆戏论；观心若起，本迹俱绝，乃非戏论。又唯贵默然，堕绝言见，仍属戏论；知四句皆不可说，有因缘故亦可得说，说与不说，性自平等，不作二解，不作一解，不作亦一亦二解，不作非一非二解，乃非戏论也。

以上正宗分竟。

△三、流通分为四：初、劝修流通，二、证决流通，三、断疑流通，四、嘱付流通。

△今初

【经】"汝等比丘，于诸功德，常当一心，舍诸放逸，如离怨贼。大悲世尊所说利益，皆已究竟。汝等但当勤而行之，若于山间，若空泽中，若在树下，闲处静室，念所受法，勿令忘失。常当自勉，精进修之，无为空死，后致有悔。我如良医，知病说药，服与不服，非医咎也。又如善导，导人善道，闻之不行，非导过也。"

【解】诸功德，指正宗分中"共世间法要"三种对治功德，及"不共世间法要"八种大人功德也。常当一心者，依第一义心而修也。舍诸放逸，如离怨贼者，远离一心相违行也。所说利益，皆已究竟者，无限剂大悲，于法无遗吝也。

此中云何修？谓宜勤而行之也。何处修？谓山间、空泽、树下、闲处、静室也。何所修？谓念所受法也。何故修？谓勿令忘失也。以何方便修？谓常当自勉，精进修之也。若未入真实，皆名空死。若得少为足，后必有悔。悔何及哉？

约灭恶拔苦，喻如良医。约生善与乐，喻如善导。佛不负众生，众生多负佛耳。可不悲夫！

△二、证决流通

【经】"汝等若于苦等四谛有所疑者，可疾问之，毋得怀疑，不求决也。"尔时世尊如是三唱，人无问者。所以者何？众无疑故。时阿冕楼驮观察众心，而白佛言："世尊，月可令热，日可令冷，佛说四谛不可令异。佛说苦谛实苦，不可令乐；集真是因，更无异因；苦若灭者，即是因灭，因灭故果灭；灭苦之道，实是真道，更无余道。世尊，是诸比丘，于四谛中，决定无疑。"

【解】如来一代教法，义理虽多，四谛摄尽。以苦、集二谛，摄尽世间因果；灭、道二谛，摄尽出世因果。故于四谛怀疑，则一切法咸皆有疑。苟于四谛无疑，则一切法皆得无疑。所以垂灭殷勤三唱，深显除四谛外，更无余法也。

文中有三门摄义，示现决定无疑：

从初至"不求决也"，是第一方便显发门。以此四谛乃修行者常所观察，及依之起行故。

从"尔时世尊"至"众无疑故"，是第二满足成就门。于中"如是三唱"句，示现法轮满足成就；"人无问者"句，示现证法满足成就；"众无疑故"句，示现断功德满足成就也。

从"阿冕楼驮"至"决定无疑"，是第三分别说门。

"阿冕楼驮"，亦云"阿那律"，亦云"阿泥楼豆"，亦云"阿难律陀"，皆梵音楚夏耳，此翻"无贫"，亦翻"无灭"，亦翻"如意"。昔于饥世，施辟支佛一食，获九十一劫中往来人天，常受福乐，至今不灭，所求如意，故得此名。天眼第一，故能观察众心，决定分别说也。

月是太阴精，故冷。日是太阳精，故热。然此依报器世间法，皆是吾人唯识所现，即是识之相分，本无实法，故有得神通者，便可令月热、日冷。至于佛所说之四谛，乃是众生心性法尔道理，理无变异。如苦谛者，三界二十五有，下自阿鼻地狱，上至非非想天，虽升沉迥异，然无不为四相所迁，八苦所逼，安可令乐？如集谛者，见、思二惑，善、恶、不动三有漏业，的的是牵生三界之因，岂有异因？如灭谛者，因灭则苦果随灭，岂非寂静无为安乐？如道谛者，戒、定、慧三，能断苦因、苦果，至无苦处，安有余道？此四皆审实不虚，故名为谛。佛如实说，比丘亦如实解，所以决定无疑也。

△三、断疑流通又三：初、显示余疑，二、为断彼彼疑，三、重说有为无常相劝修。

△今初

【经】"于此众中，所作未办者，见佛灭度，当有悲感。若有初入法者，闻佛所说，即皆得度，譬如夜见电光，即得见道。若所作已办，已度苦海者，但作是念：世尊灭度，一何疾哉！"

【解】此仍是阿㝹楼驮分别语也，于中有三种分别：

一、所作未办者，指初果、二果、三果。以思惑未尽断故，当有悲感，如阿难愁忧等是也。

二、初入法者，指内外凡。由观行力深，故今一闻佛法，速疾见道，如夜见电光，更非延缓，以见道一十六心，不出一刹那故也。

三、所作已办者，指阿罗汉。见思断尽，永超三界苦海，故无复情爱悲感，但未知佛实不灭，故谓灭度何疾也。

△二、为断彼彼疑

【经】阿㝹楼驮虽说此语，众中皆悉了达四圣谛义。世尊欲令此诸大众皆得坚固，以大悲心，复为众说："汝等比丘，勿怀悲恼。若我住世一劫，会亦当灭。会而不离，终不可得。自利利他，法皆具足。若我久住，更无所益。应可度者，若天上、人间，皆悉已度。其未度者，皆亦已作得度因缘。自今以后，我诸弟子展转行之，则是如来法身常在而不灭也。"

【解】四圣谛者，证此四谛，得成圣果，故名圣谛。又理虽固然，唯圣谛了，故名圣谛也。时众虽悉了达，而如来悲心淳至，普为未来永断余疑，所以复为众说。是中文亦分三：

初、从"勿怀悲恼"至"更无所益"，即断所作未办，见灭悲感之疑。

既自利利他，法皆具足，便可依之修道。至于会必有离，自是世法应尔。且我久住，于汝无益，何用悲感为哉？

二、从"应可度者"至"得度因缘"，即断电光见道之疑。谓有疑曰：佛住世时，闻说即皆得度。佛灭度后，见道无由。故今释曰：所应度者，我已度讫。纵未度者，皆已为作得度因缘。因缘若到，勿愁不见道也。

三、"自今以后"至"而不灭也"，即断灭度何疾之疑。既弟子展转行之，则因分住持不坏。既法身常在不灭，则果分住持不坏。因果俱常，何云疾灭？然此仍对权机，故且说五分法身为常住耳。若入实者，应化亦常。灵山一会俨然未散，非欺我也。

△三、重说有为无常相劝修

【经】"是故当知，世皆无常，会必有离。勿怀忧恼，世相如是。当勤精进，早求解脱。以智慧明，灭诸痴暗。世实危脆，无坚牢者。我今得灭，如除恶病。此是应舍罪恶之物，假名为身，没在老病生死大海。何有智者得除灭之，如杀怨贼，而不欢喜？"

【解】文有二意：从初至"无坚牢者"，正明无常观门，以劝勤修。从"我今得灭"以下，是引己作证也。佛妙色身，等真法性，无量功德庄严显现。而云是罪恶物，喻以恶病、怨贼者，示同凡夫，令警省耳。

△四、嘱付流通

【经】"汝等比丘，常当一心，勤求出道。一切世间动不动法，皆是败坏不安之相。汝等且止，勿得复语。时将欲过，我欲灭度，是我最后之所教诲。"

【解】常当一心，是嘱令住于实慧。勤求出道，是嘱令方便修习。以实慧难得，故劝令精进以修之也。

欲界为动法，色、无色界为不动法。虽有动静之殊，总属无常、无我，不可不思出离也。

勿得复语，是劝止三业，成就寂灭无我法器。时将欲过，是示当归灭，不离中道以为究竟。最后教诲，是正显遗训，住持法中最胜最要。

呜呼！末后殷勤，悲心极矣。为弟子者，宜何如镂骨铭肝也！

跋 语

　　旭未出家时，读此遗教，便知字字血泪。既获剃染，靡敢或忘。所恨慧浅障深，悠悠虚度。二十余年，空无克获。既非道人，又非白衣。方抚心自愧，对镜生惭。而虚名所误，谬膺恭敬。承甫敦沈居士，固请解释此经。嗟夫！予不能臻修世出世间功德，徒以语言文字而作法施，何异诸天说法鸟耶？然一隙之明，弗忍自吝。藉此功德，回向西方，仍作迦陵频伽，代弥陀广宣法要可矣。甲申九月二十日记。

八大人觉经略解

西土圣贤集　后汉沙门安世高译
明蕅益释智旭解

△大文为三：初、总标，二、别明，三、结叹。
△今初
【经】为佛弟子，常于昼夜，至心诵念八大人觉。
【解】不论在家、出家，但是归依于佛，即为佛之弟子。既为佛子，即应恒修此八种觉。言常于昼夜者，明其功无间断。言至心者，明其亲切真诚。言诵念者，明其文义淳熟，记忆不忘也。八大人觉，释现结叹文中。
△二、别明，即为八：
△初、无常无我觉
【经】第一觉悟，世间无常，国土危脆。四大苦空，五阴无我。生灭变异，虚伪无主。心是恶源，形为罪薮。如是观察，渐离生死。
【解】此入道之初门，破我法执之前阵也。

先观世间无常，国土危脆，如高岸为谷、深谷为陵等，则于依报无可贪着。

次以四大观身，地、水、火、风互相凌害，故有四百四病之苦，各无实性，故究竟皆空。次以四阴观心，所谓受、想、行、识，并此色身，共名五阴。于中实无我及我所，但是生灭之法，刹那刹那迁变转异，不实故虚，非真故伪，递相乘代故无主，则于正报无可贪着。

又此正报身心，不唯空爱惜之，于事无益。而且一迷六尘缘影为自心相，则心便为众恶之源。一迷四大为自身相，则形便为众罪之薮。倘不直下觑破，害安有极？若能如是观察，则身心二执渐轻，即渐离生死之第一方便也。

△二、常修少欲觉

【经】第二觉知，多欲为苦。生死疲劳，从贪欲起。少欲无为，身心自在。

【解】此既以第一觉降伏见惑，次以第二觉降伏思惑也。思惑虽多，欲贪为首。能修少欲，则可以悟无为而得自在矣。

△三、知足守道觉

【经】第三觉知，心无厌足，唯得多求，增长罪恶。菩萨不尔，常念知足，安贫守道，唯慧是业。

【解】此既修少欲，复修知足，以专心于慧业也。多欲不知足人，最能障慧。今于少欲之中，又复知足，则慧业任运可进矣。

△四、常行精进觉

【经】第四觉知，懈怠坠落。常行精进，破烦恼恶，摧伏四魔，出阴界狱。

【解】夫所谓少欲知足者，正欲省其精力以办出要耳。倘托言知足，而反坐在懈怠坑中，则坠落不浅矣。故必常行精进，以破见思烦恼。烦恼之魔既破，则阴魔、天魔、死魔皆悉摧伏，而五阴、十八界狱乃可出也。

△五、多闻智慧觉

【经】第五觉悟，愚痴生死。菩萨常念广学多闻，增长智慧，成就辩才，教化一切，悉以大乐。

【解】虽云精进，若不广学多闻，增长智慧，则成暗证之愆。又有闻无慧，如把火自烧。有慧无闻，如执刀自割。闻慧具足，方可自利利他。

△六、布施平等觉

【经】第六觉知，贫苦多怨，横结恶缘。菩萨布施，等念怨亲，不念旧恶，不憎恶人。

【解】虽有智慧而无福德，亦不可以自利利他，故须具行三檀也。知贫苦之多怨，而行布施，即财施也。知怨亲之平等，而不念不憎，即无畏施也。法施已于上文明之，今以财及无畏，圆满三檀耳。

　　△七、出家梵行觉

　　【经】**第七觉悟，五欲过患。虽为俗人，不染世乐。常念三衣、瓦钵、法器，志愿出家，守道清白，梵行高远，慈悲一切。**

　　【解】虽修智慧、福德，若不永离居家五欲，终不可以绍隆僧宝，住持佛法。当知三世诸佛，无有不示出家而成道者也。三衣，一、安陀会，二、优多罗僧，三、僧伽梨也。然使身虽出家，而不能守道清白，梵行高远，慈悲一切，则为窃佛形仪，罪加一等，不可不知。

　　△八、大心普济觉

　　【经】**第八觉知，生死炽然，苦恼无量。发大乘心，普济一切，愿代众生受无量苦，令诸众生毕竟大乐。**

　　【解】虽复出家，不发大乘普济之心，则慈心不周；不发代众生苦之心，则悲心不切。慈悲周切，方是绍佛家业之真子也。

　　△三、结叹

　　【经】**如此八事，乃是诸佛菩萨大人之所觉悟。精进行道，慈悲修慧，乘法身船，至涅槃岸。复还生死，度脱众生，以前八事，开导一切，令诸众生觉生死苦，舍离五欲，修心圣道。若佛弟子诵此八事，于念念中，灭无量罪，进趣菩提，速登正觉，永断生死，常住快乐。**

　　【解】"如此八事"下十六字，结成名义。

　　"精进行道"下十六字，结成自觉功德。法身船，指所悟性德。涅槃岸，指修德所显也。

　　"复还生死"下三十二字，结成觉他功德。唯自觉，方能觉他也。

　　"若佛弟子"下三十二字，结成诵念功德。能诵其文，必能精思其义。能思其义，必能以此自觉觉他。故能灭罪而断生死苦，趣觉而证常住乐也。

佛说八大人觉经疏序

　　众生迷而不觉，诸佛觉而不迷。世间虚而不实，法性实而不虚。即生心而见佛心，即世界而成法界者，其唯《八大人觉经》焉。不考其文，罔征迷悟之本。不研其义，靡测真妄之源。小人不可大受而可小知，于鸡园应语小乘。君子不可小知而可大受，为佛子宜扬大觉。少欲知足，显头陀之妙行。发心博施，示菩萨之初因。清白翻乎世染，闻慧转乎颛愚。精进治疲怠之病，苦空化极乐之邦。佛若不阐，三界九类曷能乘法身之航。经或不传，六道四生无以至涅槃之岸。幸承世高奉译，圣教宣明。自汉迄今，未蒙训解。续法避静泉石，养疾山川，偶阅斯文，随修其疏。庶令八大觉门，如杲日之昭乎中天。五尊胜益，似甘霖之润乎槁木。凡见闻随喜者，宜劝勉启迪焉。

　　康熙二十九年岁次庚午五月端阳节日，灌顶行者续法题于崇寿紫竹林间。

佛说八大人觉经疏

清浙水崇寿沙门灌顶续法集

△疏此经义，五门分别：一、教起因缘，二、藏乘教摄，三、宗趣通局，四、略释题名，五、详解文义。

△初、教起因缘

《法华》云："诸佛唯以一大事因缘，出现于世。"《起信》云："有如是等八种因缘，所以造论。"今此教兴，略开为十：一为了世法虚幻故，二为显无为真常故，三为破恶恼修慧故，四为离欲患净行故，五为示耐苦守道故，六为劝解怨兴慈故，七为明大乘心愿故，八为圆诸佛果觉故，九为度众生离苦故，十为施教化与乐故。

△二、藏乘教摄

藏有二：一、三藏，经、律、论也。佛为弟子说八大觉，经藏所摄。二、二藏，菩萨、声闻也。此是诸佛菩萨大人之所觉悟，菩萨藏所摄。

乘有二：一、五乘，人、天、声闻、辟支、菩萨也。今教菩萨常念，菩萨乘摄。二、四乘，小乘羊车，中乘鹿车，大乘牛车，一乘大白牛车也。经云八事乃是佛菩萨觉，大乘、一乘所摄。

教有三：一、十二分教，契经、重颂、授记、讽颂、因缘、自说、本事、本生、方广、未曾有、譬喻、论议也。今此契经、自说二分所摄。二、化仪十教，本末差别、依本起末、摄末归本、本末无碍、随机不定、显密同时、一时顿演、寂寞无言、赅通三际、重重无尽也。今属本末差别教中，本分所摄。一经始终，唯大人觉，定无异故。三、化法五教，小、始、终、顿、圆也。经云苦空无我，初教空宗所摄；又云精进广学，分教相宗所摄；

又云进趣菩提,性宗实教所摄;又云速登正觉,顿教所摄;又云念念灭罪,普济一切,永断常乐,圆教所摄。是知此经之义,广大深远也矣。

△三、宗趣通局

通辨诸宗:儒教孔子宗于五常,意以修身慎行,齐家治国,扬名后代也。道教老子宗于自然,意以融荡是非,齐平生死,终归虚无也。释教世尊宗于因缘,意以识心达本,断惑证真,称体起用也。

小乘以生灭因缘为宗。大乘以无性因缘为宗:因缘即空,空宗也;因缘即假,相宗也;因缘即中,性宗终、顿、圆也。存二以显中,终义。泯二以显中,顿义。混融以显中,圆义。故一代佛教,通宗因缘也。

局论此经,复有总、别。总以觉观事法、修心圣道为宗,进趣菩提、普济一切、令诸众生悉以大乐为趣。别有五对:一、教义,教诵八大人觉文字为宗,了达所诠八门义旨为趣。二、事理,举八重事相为宗,显八法理性为趣。三、境智,所缘真俗谛境为宗,能缘权实观智为趣。四、修证,精进修道、梵行高远为宗,直趣菩提、速登正觉为趣。五、体用,圆满菩提、还归觉体、常住快乐为宗,全大觉体、发真如用、普化一切为趣。如是五对,展转相因,而为生起也。

△四、略释题名二:初、经题,二、译人。

△初、经题

【经题】佛说八大人觉经

先随相释。"佛"者,梵语"佛陀",此云"觉者"。准《起信论》,具有三义:一、本觉,即所证理;二、始觉,即能证智;三、究竟觉,即智与理冥,始本不二也。又一者自觉,觉于我空,异凡夫也;二者觉他,觉于法空,异二乘也;三者觉满,觉于俱空,异菩萨也。《楞严》云:"自觉已圆,能觉他者,如来应世。"即本师释迦牟尼佛也。

"说"者,悦也。八音四辩,畅本怀故。《中论》云:"佛依二谛,为众生说。法义无碍,莫不欢悦。"拣非余人说也。

"八"者,法数。一、苦空,二、少欲,三、知足,四、精进,五、多闻,六、布施,七、梵行,八、心愿。即见、定、思、进、语、业、念、命,八正道也。亦即理、断、智、位、教、因、行、果,八法门也。"大人"者,菩萨称为大道心众生,如来称为大觉世尊。"觉"者,觉悟证知也。先觉后觉,自觉觉他,名大人觉,高出凡夫、二乘唯自觉者。《华严》云:"奇哉大导师,自觉能觉他。"孟子曰:"大人者,正己而物正者也。""八大人觉"者,经云:"如此八事,乃是诸佛菩萨大人之所觉悟。复还生死,度脱众生,以前八事,开导一切。"《宝积》亦云:"菩萨成就八法,于诸佛前,莲花化生。"

"经"者,梵语"修多罗",此云"契经"。契谓契理、契机,经谓贯说、摄生也。按:五印土呼彩线、席经、井索、圣教,皆名"修多罗"。线能贯花,经能持纬,索能汲水,教能诠义。敌对翻之,应名"圣教"。古德见此方圣说为经,贤说为传,遂分借"席经"一义,以目西方佛说名"修多罗",菩萨、罗汉说名"阿毗达磨"。又恐滥"席经"名,更加"契"字拣之,故名"契经",甚为允当。

次作对释,共有六义:一、通别,"经"字,通也,通余经故;"佛"等,别也,别诸部故。二、人法,"佛说",人也;"八觉",法也。三、一多,就法中,"八"者多也,"大人觉"一也,不离一觉观故。四、能所,"人"为能,"觉"为所。经云:"大人之所觉悟。"五、名德,"人"则共有虚名,"大"乃独成实德。六、应感,就人中,"佛"者应也,显我能应法主也;"说"者感也,悦彼所感机宜也。

三、离合释。佛之说经,依主释。佛说有八大人觉经,有财释。八大人觉经,带数释。八大人觉即经,持业释。《佛说八大人觉经》,非《法华论》、《四分律》,相违释也。

四、立名释。诸经得名,或人或处,或法或喻,乍单乍复,乍具乍缺。此经以人法受称也。

则一题名,具四门义。释题尚尔,况经文耶。

△二、译人

【译人】后汉安息国沙门安世高译

后汉,标朝代,对前高祖,称名曰后。安息,出处所,拣非余国土也。

沙门，人也，此言"功劳"，修八正道，有多功劳故；秦言"勤行"，勤行八觉，进取涅槃故。安世高，字也。译者，翻译，谓翻梵天之语，转成汉地之言，音虽似别，义则大同也。

传云：姓安，名清，字世高，安息国王子也。当嗣位，让国于叔，而求出家。博晓经纶，七曜五行、医方异术，无不综达。既而游方，遍历诸国。行见群燕，忽谓伴曰："燕云：'应有送食者。'"顷之，果有致焉。汉桓帝建和二年，来到中夏，通习华言，宣译佛经二十九部，凡一百七十六卷。多有神迹，自称先身已经出家，有一同学多瞋，乃与辞诀云："我当往广，毕宿世之对。"既而适广州，路逢一少年，唾手拔刀。乃延颈受刃无惧，少年杀之，观者骇异。已而神识还为安息王子。今来游化，度昔同学。灵帝建宁四年，关洛扰乱，乃附舟过庐山，行达𫶑亭湖。庙神极灵，能分风送往来之舟。会同旅三十余船，奉牲请福。神降祝曰："舟有沙门，请来入庙。"告高云："吾昔与子出家学道，好行布施，而性多瞋。今为𫶑亭庙神，此湖千里，皆吾所辖。寿尽旦夕，当堕恶道。有绢千匹，并杂宝物，可为立法营塔，使生善处。"高向之梵语数番，即取绢物辞别，便达豫章，遂以庙物为造东寺，名曰大安，乃江淮寺塔之始也。暮有一少年，长跽高前，受其咒愿。高谓众曰："向之少年，即𫶑亭庙神，得生善处，离丑恶形矣。"后于山西泽中，见一死蟒，头尾数里（今浔阳郡大蛇村是）。高后复到广州，寻前害己少年。时少年尚在，高投其家，说昔日偿对之事，欢喜相向，谓云："吾犹有余报，今当往会稽毕对。"广州客悟高非凡，豁然意解，追悔前愆，厚相资供，随高东游，遂达会稽，至便入市，正值群斗，误伤高首，应时殒命。广客频验二报，遂发心出家，精勤佛法，弘传《八大人觉经》，具说世高事缘。远近闻知，莫不叹伏。

△五、详解文义。道安三分，今古同遵。考此文意，似有正宗，而无序、通。今以义判，仍分为三：初、标八法诵念以发起，二、详八大法相以成宗，三、结八门利益以广通。

△初、标八法诵念以发起

【经】为佛弟子，常于昼夜，至心诵念八大人觉。

【疏】三分中，此当序分。属发起，非证信也。

八大觉事，佛菩萨本，故不待问，而自教诫。文有四句：

初句人。作成曰为，妙觉曰佛，解后曰弟，从生曰子。然有五位：一、本性，二、名字，三、相似，四、随分，五、究竟。今属名字。依佛为师，更不皈依邪魔外道，允成大乘佛弟子也。

次句时。昼夜，约日，昼三夜三也。常者，约年，尽形不懈也。

三、四句法。先行也，至心，意业行；诵念，身口行。后教也，八种法门，诸佛菩萨大人之所觉者。

服佛之服，诵佛之言，行佛之行，是佛而已矣。若昼夜不念八大人觉，岂称佛弟子哉！

△二、详八大法相以成宗，分二：先别释八法以起信解，后总结三觉以成行证。

△先别释八法以起信解八：初、觉身心无常，观念真常；二、觉贪欲为苦，观念少欲；三、觉多求增罪，观念知足；四、觉懈怠坠落，观念精进；五、觉愚痴无智，观念多闻；六、觉贫苦结怨，观念施善；七、觉五欲过患，观念梵行；八、觉生死苦恼，观念心愿。

△初、觉身心无常，观念真常

【经】第一觉悟，世间无常，国土危脆。四大苦空，五阴无我。生灭变异，虚伪无主。心是恶源，形为罪薮。如是观察，渐离生死。

【疏】此下八门，当正宗也。

初门分二：先觉知事相非真，次观察法相对治。

先觉知事相非真。明而不昧谓之觉，知而不迷谓之悟。于中有八：

一、三世。世为迁流，流数有三，过去、未来、现在也。无常有二，一者败坏无常，二者念念无常。过去诸法恍惚如梦，现在诸法犹如电光，未来诸法如云欻起。《贤首疏》云："过去则无体难追，现在则刹那不住，未来则本无积聚，故曰无常。"《楞严》云："岂唯年变，亦兼月化。何直月化，兼又日迁。沉思谛观，刹那刹那，念念之间，不得停住。"

二、十方。国土横遍十方故，界为方位。方位有十，四方、四维、上下也。总收国界，略为八类，谓净、秽、小、大、粗、妙、广、狭。不安曰危，虚浮曰脆。三界不安，犹如火宅。尘刹虚浮，喻同朝露。经云："假使妙高山，劫尽皆散坏。大海深无底，亦复有枯竭。大地及日月，时至皆归尽。未曾有一事，不被无常吞。"

三、四大。坚相为地大，润湿为水大，暖触为火大，动摇为风大。内四大为苦，外四大为空。经云："水火风土，旋令觉知。四大各离，谁和合者？"则内四大皆苦空也。又云："火乃烧于色，水复为烂坏，风能令散灭，四大互相违。坚湿暖动法，假名无有实。大种本无生，故无所造色。"则外四大亦苦空也。

四、五阴。根尘名色，质碍为义；违顺名受，领纳为义；苦乐名想，取像为义；善恶名行，造作为义；是非名识，了别为义。皆曰"阴"者，盖覆真性故。无我者，谓五阴中，都无我主，但形骸色、思虑心耳。《楞伽》云："诸蕴业因，和合而起，离我我所，是名行空。"圭山云："色有地水火风，心有受想行识，若皆是我，即成八我。翻覆推析，皆不可得。便悟此身，众缘和合，似我人相，元无我人。"欲求出离，修无我观，断分别我执，证我空真如，即知五阴皆空无我也。

五、生死。生灭是生死之因，生死为生灭之果。天如云："那个生死业根，只在汝一念生灭之间。"变异者，迁改也。经云："我此之身，虽未曾灭。我观现前，念念迁谢，新新不住，如火成灰。决知此身，当从灭尽。"然四相迁流，有一期、刹那二种之别。以理推之，生如石女怀儿，住若阳焰翻浪，异同浮云千变，灭犹狂花谢空。

六、烦恼。虚妄相想为虚，假名无明为伪。无主者，谓此无明妄想，因缘和合而有，实无自性，亦无有我。观此想念属谁，谁使是烦恼想？历历见此一念想中，无有主宰，即人空慧；如幻化相，即法空慧。颂曰："一切妄想中，因缘空无主。"

七、内心。心，六识也。恶，十恼三毒也。根尘为缘，识生其中，聚缘内摇，趣外奔逸，昏昏扰扰，以为性相。是故心为功之首，恶之魁也。《六识颂》曰："动身发语独为最，引满能招业力牵。"息心达本，无善无恶，是一真源如如不动心矣。

八、外身。形，身口也。罪，七支四种业也。本末续生，递相为种，喻如草木，生长不绝，故云薮也。《遗教》云："此是罪恶之物，假名为身，没在老病生死大海。智者除之，如杀怨贼。"

"如是"下，次观察法相对治。五识照瞩曰观，意识寻伺曰察。如是，结上八种觉悟。上乃别明，此句总摄。谓世间国土，五阴生灭，虚伪心形，皆为恶源罪薮，无常苦空，危脆无我，变灭无主者也。渐离者，举第五生死，以赅余七也。若对翻之，转无常寿命以成十世真常，转危脆家产以成性土悠久，苦空大种成五大圆融，无我阴处成法身真我，变异生死成不灭不生，无主虚想成无位真人，翻恶源之心而为菩提道心，翻罪薮之身而为涅槃法身。如此最胜法益，非观察觉悟，不能得成也。

△二、觉贪欲为苦，观念少欲

【经】第二觉知，多欲为苦。生死疲劳，从贪欲起。少欲无为，身心自在。

【疏】先觉事相非真。初一句，现招苦恼。《唯识》云："云何为欲？于所乐境，希望为性。"欲境有五，谓财、色、名、食、睡。今约希望，欲心不一而足曰多。经云："常求诸欲境。"苦者，五苦中求不得苦也。《遗教》云："多欲之人，多求利故，苦恼亦多。"次二句，当感生死。生死，果也。疲劳，轮转不休故。贪欲，因也。《唯识》云："云何为贪？于有、有具，染着为性。贪爱为本，欲乐为末。"《圆觉》云："一切众生，从无始际，由有种种恩爱贪欲，故有轮回。"《佛名经》云："有爱则生，爱尽则灭。故知生死，贪爱为本。"若去贪欲之因，生死苦轮之报息矣。

"少欲"下，次观法相对治。初句，无为乐则无苦恼，少欲而外无所贪，无为而内无所作，岂不逍遥畅快？次句，自在乐则无生死，身离生老病死，心离生住异灭，岂不解脱自在？经云："少欲之人，则无谄曲以求人意，亦复不为诸根所牵。行少欲者，心则坦然，无所忧畏。有少欲者，则有涅槃。"少欲既能生诸功德，无欲更受无尽益矣。

△三、觉多求增罪，观念知足

【经】第三觉知，心无厌足，唯得多求，增长罪恶。菩萨不尔，常念知足，安贫守道，唯慧是业。

【疏】先觉事非真也。初句内存无厌足心，次句外唯多求境物，三渐增恶求罪过。《梵网》云："自为饮食、钱财、利养、名誉故，亲近王臣，恃作形势，横取钱物，名为恶求。"

"菩萨"下，次观法对治。菩萨心者，利人为先，岂有恶求多求？故云不尔。念知足，如迦叶头陀，无厌断矣；贫乐道，若颜回陋巷，多求灭矣，此则惑障除也。空慧业，犹善现阿兰那行，罪恶消矣，此则业障除也。惑、业之因既绝，苦报之果何来？故《遗教》云："汝等若欲脱诸苦恼，当观知足。知足之法，即是富乐安隐之处（念知足也）。知足之人，虽卧地上，犹为安乐。不知足者，虽处天堂，亦不称意。不知足者，虽富而贫。知足之人，虽贫而富（贫乐道也）。不知足者，常为五欲所牵，为知足者之所怜愍（唯以二空观慧为事业也）。"

△四、觉懈怠坠落，观念精进

【经】第四觉知，懈怠坠落。常行精进，破烦恼恶，摧伏四魔，出阴界狱。

【疏】先觉事相。懈则根身疲倦，怠则心识恣放，坠则堕下难上，落则退后不前。由此，上弘下化之功，自利利他之德，皆丧失矣。《华严》云："如钻燧求火，未出而数息，火势随止灭，懈怠者亦然。"《遗教》云："行者之心，数数懈废，譬如钻火，未热而息，虽欲得火，火难可得。"《清凉疏》约三慧以辨懈怠："闻则听习数息，明解不生。思则决择数息，真智不生。修则定慧数息，圣道不生。"懈怠之过，岂细小哉！

"常"下，次观治法。

初一句总。纯一不杂曰精，勇往直前曰进。常行者，一生不退也。《起信》云："一切时，一切处，所有众善，随己堪能，不舍修学。"《遗教》云："若勤精进，则事无难。是故汝等，当勤精进。譬如小水常流，则能穿石。"

次三句别。

初即《唯识论》中摄善精进，以诸十善破十恼恶，八万法行破八万尘劳，盖此精进观中，无法不欲其精，无行不欲其进故。亦即《起信论》明勤勇精进，文云："于诸善事，心不懈退。"《净名》云："譬如胜怨，乃可名勇。"此明见思、无明怨贼，皆悉破也。

二即《唯识论》中被甲精进。四魔者，一、天魔，二、烦恼魔，三、五阴魔，四、生死魔。摧伏者，以知生死定为苦故，佛果决然乐故，众生与己足可度故，由是志坚不怯，必定取办，与五阴魔、烦恼魔、死魔共战，有大功勋，灭三毒，出三界，破魔网。亦即《起信论》明难坏精进，文云："立志坚强，远离怯弱。"《宝藏论》云："决归者不顾其疲，决战者不顾其死，决学者不顾其身，决道者不重其事。"此其难坏相也。

后即《唯识论》中利乐精进。阴即五阴，界即三界。狱者，三界五阴如牢狱桎梏故。出者，克己造修，唯日不足，直至超出阴界，得大利乐而后已也。亦即《起信论》明无足精进，文云："念过去久远以来，虚受一切身心大苦，无有利益。是故应勤修诸功德，自利利他，速远离众苦。"此明练磨其心，修二利行，坚固炽然，总无厌足，毕竟超出，成最胜乐也。破治怠失，摧治懈失，出治坠失，精进法门广矣大矣。

△五、觉愚痴无智，观念多闻

【经】**第五觉悟，愚痴生死。菩萨常念广学多闻，增长智慧，成就辩才，教化一切，悉以大乐。**

【疏】先觉事相。六识茫昧无知曰愚，五根昏迷不晓曰痴。愚为惑恼之首，痴是恶业之元因也。无明事理，从冥入冥，生死险道受苦不断，背去三宝，贫无福慧，不识苦尽道，不知求解脱果也。

"菩萨"下，次观治法。广学，博究三藏也。多闻，听讲十二部也。增慧，无观不习故。成辩，无经不诵故。闻即闻慧，身根聪也。智即思慧，意识通也。辩即修慧，口舌利也。上三句自度，此"教化"句度他，一切不拣，道俗贤愚，五性三根，普皆化导也。末一句，自他均利也，他得开通佛法乐，自得增明教观乐，又自他现得六根通利乐，当得三德安住乐。并以出世大道，拣非世间小果，故云大也。四弘对之：闻即法门，智即烦恼,教即众生,乐即佛道。前二治愚痴,后二治生死。

△六、觉贫苦结怨,观念施善

【经】第六觉知,贫苦多怨,横结恶缘。菩萨布施,等念怨亲,不念旧恶,不憎恶人。

【疏】先觉事。财产缺乏为贫,饥寒逼迫为苦。多怨者,上则怨天,下则怨人,内则怨于父母妻子,外则怨于师友亲邻。经云:"贫而无怨难。"结恶缘者,苦境、怨心一时交接,诸恶业缘无不备造,所谓悭惜己物,贪求人财,嫉妒其富,瞋恨其贵,起诸邪见,拨无因果,好勇斗狠,欺长凌幼,由此父子不和,夫妻反目。孟子曰:"无恒产而有恒心者,唯士为能。若民,则无恒产,因无恒心。苟无恒心,放辟邪侈,无不为已。"而云"横"者,儒云:"死生有命,富贵在天。"佛云:"今感贫富贵贱之报,皆因前世悭施敬慢之业。"与人结诸怨尤,岂不枉造空作恶耶?

"菩萨"下,次观法。孔子曰:"贫与贱,是人之所恶也,不以其道得之,不去也。"孟子曰:"古之人修其天爵,而人爵从之。仁义忠信,乐善不倦,此天爵也。公卿大夫,此人爵也。"今开四法,即是去贫之道,得爵之术也:

一、布施。经言:"为人贫困,从悭贪中来。为人大富,从布施中来。"故以施治贫也,有二:财则四事、七珍,乃至一缕一麻;法则五教、三乘,片言片行。老子曰:"富贵者送人以财,仁人者送人以言。"一言可以兴邦,则法施之拔苦与乐,诚不可较量也。

二、等念。经言:"有亲则有怨,离亲即离怨。"今以同体慈悲、怨亲平等观之,善与人同,乐取于人,求仁得仁,何怨之有?孟子云:"不怨胜己者,反求诸己而已矣。"故以等治怨也。

三、不念。如伯夷、叔齐不念旧恶,怨是用稀。是以有旧恶者,当与劝释,不得加报也。

四、不憎。如子张之尊贤容众,嘉善而矜不能。老子曰:"善人,不善人之师。不善人,善人之资。"孔子曰:"三人行,必有我师焉,择其善者而从之,其不善者而改之。"是以见恶逆者,当与教诫,不得痛绝也。

三、四治结恶。

四法一修,贫苦无不离矣。

△七、觉五欲过患,观念梵行

【经】第七觉悟,五欲过患。虽为俗人,不染世乐。常念三衣、瓦钵、法器,志愿出家,守道清白,梵行高远,慈悲一切。

【疏】初觉事。五欲者,五尘欲也。过患者,烦恼过也。欲是境,患是心,由外尘欲,牵起爱心。《瑜伽》云:"欲有二种:一、事境欲,二、烦恼欲。"经云:"由于欲境,起诸违顺。"老子曰:"五色令人目盲,五音令人耳聋,五味令人口爽。驰骋田猎,令人心发狂。难得之货,令人行妨。"如五百仙,闻甄陀女歌,而失禅定。一角仙,为淫女骑颈,而无神通。夏以妹喜,商以妲己,周以褒似,并亡其国。凡为道者,须知过罪,当诃责也。

世乐有十,谓女色、财宝、声名、饮食、睡眠、家宅、田园、衣服、眷属、官贵。《圆觉疏》开为四相:一、内爱欲,缘自身形,按拭摩触,起诸染着;二、外爱欲,缘他男女,姿态妖艳,念念贪爱;三、内外爱欲,于自他身柔软细滑,攀缘不舍;四、遍一切处爱欲,缘于一切五欲尘境,生结缚心。不染者,犹如莲花不着水,亦如日月不住空也。《大论》云:"五欲无乐,如狗啮骨。五欲增诤,如鸟竞肉。五欲烧人,如执风炬。五欲害人,如践毒蛇。五欲无实,如梦所得。五欲不久,如击石火。"禅经偈云:"智者应观身,不贪染世乐。无累无所欲,是名真涅槃。"岂可入道则净,涉俗便染耶?

"常"下,次观法,有五:

一、衣钵。迦叶受头陀法,衣但粪扫三衣,食常次第乞食,器即香炉、锡杖、念珠、澡瓶。《梵网》云:"菩萨行头陀时,此十八物常随其身。"

二、出家。阿兰若处,离于聚落,放牧声绝,无诸愦闹。此则出五欲尘染之家,入一真寂静之家。曰志愿者,身虽俗家,心实佛家也。四句拣之ff:一、心形俱不出家,二、心形俱出家,三、心出形不出,四、形出心不出。今当第三句。

273

此二治为俗。《四十二章经》云:"受道法者,去世资财,乞求取足。日中一食,树下一宿,慎勿再矣。使人愚蔽者,爱与欲也。"

三、守道。谓守涅槃清净之道,出离生死浊海。守菩提洁白之道,解脱烦恼淤泥。此一治五欲过患。

四、梵行,有三:一、明悟欲心,二、洁净欲身,三、不犯欲尘。出世第一,如梵天行,高超六欲,远越释天。如诸佛所说:"一心一意行,数息在禅定,是名行头陀。"此一治不染世乐。

五、慈悲。慈与一切之乐,悲拔一切之苦。若非一味法雨,何能三根普润。此句总治三种也。

配四法门:初二理,三果,四行,五教也。

问:二、七何别?

答:二约能缘,莫起多欲心也。七约所缘,莫染五尘欲也。

△八、觉生死苦恼,观念心愿

【经】第八觉知,**生死炽然,苦恼无量。发大乘心,普济一切。愿代众生,受无量苦。令诸众生,毕竟大乐。**

【疏】先觉事相。生死者,三界内外,有二种生死,称为苦海。第一、分段生死,即六道众生,四大所成身体,有分齐段落,受其生生灭灭。第二、变易生死,即声闻、菩萨,虽离分段之身,未得圆证法身常寂,不免四相迁流,因移果易。炽然者,《楞严》云:"生死死生,生生死死,如旋火轮,未有休息。"

苦恼无量者,苦有三苦、八苦、一百一十苦,恼有六恼、十恼、八万四千恼。

问:前后何别?

答:初明一切生死,虚幻不实。二明自他生死,因贪欲起。五明自己生死,愚迷痴受。八明众生生死,发心普济。又四明自己多欲,便多苦恼。六明自他贫苦,多怨结恶。七明一切五欲,皆有过患。八明众生苦恼,誓愿代受。故前后不同也。

四句拣之,谓一人受一生死苦恼,一人受多生死苦恼,多人受一生死苦恼，多人受多生死苦恼。复有四句，谓同业同报，别业别报，同业别报，别业同报。故如火之炽然，空之无量。

"发"下，次观法相。

初二句，发心济一切出生死。自未得度先度人者，菩萨发心。三心四愿，乃菩萨之初因也。《起信》云："发心尽于未来，化度一切众生，使无有余，皆令究竟无余涅槃。"故云普济。

次"愿代"二句，立愿代众生受苦恼。《还源观》云："普代众生受苦者，谓修诸行法，不为自身，但欲广利群生。冤亲平等，普令断恶，备修万行，速证菩提。又菩萨大悲大愿，以身为质，于三恶趣，救赎一切受苦众生，要令得乐。尽未来际，心无退屈，不于众生希望毛发报恩之心。问：众生无量，业苦无边，云何菩萨而能普代众生受苦？答：菩萨代众生受苦者，由大悲方便力故。但以众生妄执，不了业体从妄而生，无由出苦。菩萨教令修止观两门，心无暂替，因亡果丧，苦业无由得生。但令不入三途，名为普代众生受苦恼也。"

后"令诸"二句，誓令与无上二果乐。《起信》云："为令众生离一切苦，得究竟乐，非求世间名利恭敬故。"《贤首疏》云："苦者，二死烦恼苦也。乐者，无上菩提觉法乐，无上涅槃寂静乐。非求者，非欲令其求于后世人天利乐。"《长水记》云："凡诸菩萨有所作为，皆为众生离苦得乐。此令转灭烦恼生死，得此菩提涅槃，一得永得，大患永灭，超度四流，不亦乐乎！然上离苦，是菩萨大悲。此令得乐，是菩萨大慈。至觉之心，于焉备矣。"

△后总结三觉以成行证

【经】如此八事，乃是诸佛菩萨大人之所觉悟。精进行道，慈悲修慧，乘法身船，至涅槃岸。复还生死，度脱众生，以前八事，开导一切，令诸众生觉生死苦，舍离五欲，修心圣道。

【疏】先结前八事。有大人之事，有小人之事。前七自利，第八利他，故属诸佛一乘、菩萨大乘之事，非比自利小乘，界内人天乘，轻细事也。孟子曰："从其大体为大人，从其小体为小人。"然事为所观境，觉为能知心，佛是满觉、先觉、果地觉，菩萨是始觉、后觉、因地觉也。

"精"下，次起后三觉。初四句自觉，"复还"下觉他，合则三觉圆矣。

又精进，四法。行道，正助道品也，三法。慈悲，七法。修慧，二空观智也，五法。

法身，无为法性也。经云："夫为道者，犹木在水，寻流而行，不触两岸，不为洄流所住，吾保此木决定入海。学道之人，不为情欲所惑，不为众邪所娆，精进无为，吾保此人必得道矣。"当第一。

涅槃，秦言"灭度"，义翻"圆寂"。《唯识》明四种，一、性净涅槃，二、有余涅槃，三、无余涅槃，四、无住涅槃。今属后二也。当第二。

复还生死海，代受苦恼，八也。度脱恶众生，怨亲平等，六也。

上乃自觉，"八事"下，以前等觉他。八事开导，五、六也。觉苦，一、八也。离欲，二、七也。修道，三、四也。修习自心，入于圣道。故肇师曰："佛者何也？盖穷理尽性，大觉之称也。生死长寝，莫能自觉。自觉觉彼，其唯佛也。"《佛地论》云："于一切法，一切种相，能自开觉，亦能开觉一切有情，故名为佛。"今依八事觉之，岂有不成正觉也哉？

△三、结八门利益以广通

【经】若佛弟子诵此八事，于念念中，灭无量罪，进趣菩提，速登正觉，永断生死，常住快乐。

【疏】此当流通分也。初举能修法行。"于念"下，次显所获胜益。

略开有五：一、灭罪。罪业为因，苦报为果。修行断惑，罪灭福生矣。二、趣果。五十五位真菩提路，必须多闻广慧而进。今诵八大人觉，自到菩提觉道。经云："观灵觉，即菩提。如是知识，得道疾矣。"三、成觉。迅疾曰速，成证曰登，中直曰正，种智曰觉。过五十五菩提路已，方尽妙觉，成无上道，坐花王座，名登正觉。四、断死。五住究尽，二死永亡也。五、住乐。约三身释：法性身土，无为不动真常乐故；受用身土，具足无量快乐相故；变化身土，相续不断诸法乐故。

广开为八：一、二果成证乐，二、依正常然乐，三、恒见诸佛乐，四、时闻妙法乐，五、贤圣相会乐，六、众生离苦乐，七、愿行广大乐，八、本觉真常乐。

三德配之：念念灭罪，解脱德也；菩提正觉，般若德也；永断常乐，法身德也。

三德五益，唯此经为然，可不诵习而力行之！